MIX
Papier | Fördert
gute Waldnutzung
FSC® C083411

Zeitfracht Medien GmbH
Ferdinand-Jühlke-Straße 7
99095 Erfurt, Deutschland
produktsicherheit@kolibri360.de

Edition Pajam

Coverfotografie: © Kaveh Golestan

Druck und Verarbeitung:
CPI Druckdienstleistungen GmbH
Ferdinand-Jühlke-Straße 7
99095 Erfurt

www.goethehafis-verlag.de

Printed in Germany
Erste Auflage 2023

ISBN 978-3-949715-31-0

چهارفصل ایرانی

چهارفصل ایرانی

(بیست داستان کوتاه)

قاضی ربیحاوی

* عکس روی جلدِ کتاب، کار مرحوم کاوه گلستان از یک روسپی در شهر نو تهران

برای کاوه گلستان

فهرست

چراغونی

بعد سیگاری شدم.

صدای پیچیدن ماشین توی کوچه شنیدی؟

خب دیگه باید روپوشمم بپوشم و راه بیفتم. بقیه بمونه برای بعد؛ شاید فردا شب؛ اگه باز نصرت جون برام قرار نذاشته باشه.

تو از او خوشت نمی‌آد اونم از تو اما نصرت جون اگه نبود من هنوز آواره‌ی پیاده‌روها بودم.

دلش می‌خواد من روپوش رنگ‌به‌رنگ تنم کنم تنگ و کوتاه؛ اما من می‌گم اگه قراره من چیزی سرم کنم و تنم کنم روسری و روپوش همه‌ش باید سیاه باشه، سیاهِ سیاه تا ذِلتش یا لذتش بیاد رو دیده بشه.

اگه او نبود حالا من باید این‌قدر سگ‌دو می‌زدم تا یه ماشین درست حسابی جلوی پام ترمز کنه مثل شب‌های اول بعد از اون تیپای مامان که از خونه بیرونم انداخت.

مرد اول پیر بود؛ اما من به خودم گفتم نباید بترسی. نگاه انداختم به دوروبَر و هُل خوردم توی ماشین. پرسیدم «جا که داری پدر جان؟» خندید رفت سمت شمال شهر.

چه خونه‌ای همه چی درست، گرم و نرم. حسودیت نشه. کاری نکرد. نمی‌کنه. نمی‌تونه که بکنه؛ غیر از این‌که دست بکشه به هیکلم با چشم‌های بسته نفس‌نفس بزنه تا خسته بشه و بعد آروم بگیره و باز همین.

عوضش من را با نصرت جون آشنا کرد.

صدای ترمز ماشین بود توی کوچه؟ بالاخره تاکسی تلفنی هم رسید.

لطفاً این‌جور نگام نکن. می‌دونی که تنها مرد زندگی‌م تویی حیف نمی‌تونی عقدم بکنی اما دندون‌پزشک امشبی.

شنیدی؟ ماشین توی کوچه راه افتاد تاکسی نبود. انگار نبود.

بعد نصرت جون من را آورد این‌جا و این اتاقِ روی پشت‌بوم شد اتاق من تا دیگه دربه‌در خیابون‌ها نباشم؛ که هی زرت و زرت دستگیر بشم و نصیحت بشنوم.

داشتن می‌بردنم پیش مامان با دستبند؛ اما من کاری کردم که نبرن. رفتم توی نخِ یکی از مأمورا، اون که از بقیه پیرتر بود.

طرف عاشقم شد با پوتین. هیچ‌وقت پوتین‌هاشو از پاش در نمی‌آورد.

بعد یه ماشین دیگه و من زود گریه می‌کردم.

گفتم من دختر سرهنگم. راست گفتم؛ اما دروغ بود که بابام توی جنگ شهید شده.

خلاصه‌ش گفتن برو.

باید برم.

زیر چشمم چرا پُف کرده نکنه توی ذوقش بزنه خوشش نیاد؟

خوشش می‌آد.

نصرت جون می‌گه یارو آدم حسابیه، دندون‌پزشکه.

وای یادم باشه بگم دندون‌های منم درست کنه.

حالا فهمیدم چه کار کنم که مردها خوش‌شون بیاد و بهم بگن چشم‌هات

چقدر قشنگه، تنت چقدر ظریفه؛ اما بعد که شب گذشت و صبح شد دیگه هیچ. فقط می‌خوان زود بزنم به چاک و برم.

دارم می‌رم.

چرا این‌ها را می‌گم؟

تو اگه مثل آدمیزاد زبون برای حرف زدن داشتی چه خوب بود اما چی‌ها می‌گفتی؟

شایدم هیچ نمی‌گفتی مثل حالا مثل وقتایی که باهمیم.

چه لذتی!

چه بویی؟ از کجاس؟ نکنه همراهم بیاد بزنه توی ذوق اون خوشش نیاد.

خوشش می‌آد؛ بوی تنم، آخرین مد نگاه.

به تو هم بپاشم؟

پاشیدم.

خب دیگه بسه.

پس این تاکسی سگ‌مصب چی شد؟ چقدر احمقن! چرا با آدم روراست نیستن؟ می‌گن منتظر باش اما بعد هیچ.

اگه بگن یه ساعت طول می‌کشه آدم تکلیفش مشخصه.

آدم تکلیفش مشخصه وقتی با پیرمردا هس. با پول‌شون، با خودشون؛ نه مثل بعضی جوان‌ها که زل می‌زنن توی چشم آدم و یه چیزهایی شاعرانه می‌بافن.

بدی‌ش اینه که بعضی‌شون قشنگ می‌گن. اون‌وقت تا می‌خوای سر بذاری رو شونه‌ش گریه کنی، به خودت می‌گی نه، گور پدر همه؛ چون مردِ من فقط تویی. درسته هیچی نمی‌گی.

نصرت جون از تو دل خوش نداره. می‌گه بوی تو پیچیده توی ساختمان. اما این‌جور نیس. بوی تو همه‌ش همین‌جاس؛ زیر پوست من، از این آخرین مُد.

اگه بناس دندون‌پزشکه هم با بقیه فرق نداشته باشه پس به چه دردم می‌خوره غیر این‌که دندون‌هامو درست کنه؟

تنها فرق مردهای دیگه با خان‌آغا اینه که پیرهنم را جر نمی‌دن. کاشکی می‌دادن وگرنه وقتی بابام به پایه‌ی لخت مجسمه طناب‌پیچ شده بود، همه‌شون ماشه را با هم کشیدن؛ با خان‌آغا که سر و رو پوشیده بود.

از حرف‌های من خسته شدی این‌جور رو برگردوندی رفتی توی خودت؟

خوب شد این سرخی زیر گردنم را دیدم به موقع.

جای خنج احمق پریشبی.

باید چیزی بهش بمالم محو بشه. محوِ محو. هیچ اثری نشونه‌ای نباید با خودم ببرم به خونه‌ی مرد امشبی. باید تنها برم. برم که برنگردم.

بازم بگم؟ خسته نشی.

بخوای می‌گم.

اون روز لابه‌لای مردم تنها بودم با ترس و لرز. آفتاب هنوز سر نزده بود. نور نورافکن پاشید روی بابا.

اون روز مامان توی خونه مونده بود.

من با موی پریشون پای برهنه وول می‌خوردم توی جمعیت که حلقه زده بود دور میدون مجسمه‌ی سقط شده.

سیاهی چشم‌های بابا دنبال من دودو می‌زدند. می‌خواستم گریه کنم؛ زار بزنم؛ اما بغض توی گلوم مونده بود.

خان‌آغا فریاد کشید «آماده!» بعد اومد کنار مردهای دیگه زانو زد گفت آتیش.

مردم همراه با صدای گلوله چیزی گفتن؛ کل زدن انگار.

بابا چپید توی خودش. پیچید. از دهنش خون شره کرد. ولو شد. نیفتاد.

خان‌آغا دست کشید روی سرم. انگشتاش روی پوست گردنم لرزید گفت «حالا دیگه تو دختر من هستی نترس».

بعد مامان شد زنِ خان‌آغا.

مامان گفت «از این به بعد خان‌آغا آقای خونه‌ی ماس. دوستش داری؟»

گاهی مامان می‌رفت دکان قصابی توی تکه‌تکه کردن لاشه‌ها به خان‌آغا کمک می‌کرد. هنوز می‌ره.

یه روزهایی هس که دلم برای مامان یه ذره می‌شه. می‌رم دور دور می‌ایستم خیره می‌شم به قصابی. حالا مامانم واسه خودش شده یه قصاب درست حسابی.

واه انتظار چقدر مزخرفه؛ خفه شدم.

هول دارم؟ هول ندارم نه. این یه چیز دیگه‌اس. مشخصه که دندون‌پزشکه هم مثل بقیه‌س.

فرق فقط توی شغلشه. مثل بقیه بوتیک‌دار، مهندس راه، نمایشگاه ماشین، فرش‌فروش، هنرمند، کوفت و زهرمار؛ همه‌ی همه مثل قبلی‌ها، مثل بعدی‌ها.

خدا کنه خونه‌ش گرم باشه؛ یا لااقل اتاق خوابش گرم باشه. اگه اتاق خواب داشته باشه.

پس چی خیال کردی؟ بعضی‌شون اتاق خواب روبه‌راه ندارن. آدم را می‌اندازن روی کاناپه.

اگه دکمه‌های روپوشم را نبسته بودم بهت نشون می‌دادم. یکی از مُهره‌های کمرم سرخ شده؛ تیر می‌کشه، درد داره. گاهی مثل اون‌شب که خان‌آغا روی استخوان سینه‌م فشار آورد اما من به مامان چیزی نگفتم.

مامان گفت «توی آستین خودم بزرگ شدی. پستون گنده کردی که شوهر من را غُر بزنی؟»

مامان من را کتک زد. من‌هم به او فحش دادم بهش گفتم «لکاته».

جیغش رفت هوا. رخت‌هام را همه ریخت توی کوچه. شونزده سالم بود.

دست خان‌آغا گشت روی تنم. اون‌شب مامان را برده بودند به بیمارستان بچه‌ی سوم خان‌آغا را به دنیا بیاره. بازم پسر.

گفتم «نکن خان‌آغا می‌ترسم.» گفت «ترس نداره. خوش اومدنیه.» خندید. من جیغ کشیدم.

پس خیال می‌کنی از زن چی برمی‌آد جز جیغ کشیدن؟ چاک پیرهنم جِر خورد. چه دردی!

می‌سوختم. استخون دستش یه تکه آهن بود. روی تنم فشار می‌داد. فشار و درد رفت و اومد. زیر نفس‌هاش بیهوش شدم. بعد دیگه هیچ هیچ؛ مثل هر شب، مثل امشب. دو سه ساعت دیگه خونه یارو دندون‌پزشک.

اگه یادم نره بهش بگم دندون‌هام هم درست کنه.

اون‌شب با خان‌آغا یه فرق دیگه‌م داشت. ولی تو که معنی خون را نمی‌دونی، مگه روزی سرت بریده بشه. خدا نکنه! واه! اون‌وقت من تنها می‌شم. مثل حالا.

وقتی دارم می‌رم خونه‌ی یه مرد تازه از همیشه تنهاترم.

تنها نمی‌گم؛ چون بالاخره تو هستی پس می‌گم از همیشه خالی‌تر.

خالی؟

چه چرندیاتی می‌بافم امشب! تاکسی تلفنی چقدر آدم را حیرون می‌کنه شاید مقنعه‌م را بپوشم بختم باز شه، تاکسی هم برسه.

اینم مقنعه! اه خفه‌خون بگیره.

داشتی موهام را دید می‌زدی؟ ای کلک.

نه اصلاً به مرد تازه فکر نمی‌کنم. هر سال عده‌ای بودن که خیال کردم تازه هستن. هرسالِ این چند ساله به مرد تازه فکر نمی‌کنم. فقط پیش از رفتن خودم را خالی‌تر از همیشه می‌کنم. خالی برای پُرشدن بدون درد، درد.

دردت گرفت؟ بمیرم برات. خب دیگه نمی‌گم. هیچ نمی‌گم. اصلاً از چیز دیگه حرف می‌زنم اگه ناچار باشم حرف بزنم. اما چه چیز دیگه؟

فعلاً که ناچار نیستم.

چقدر با عینک سیاه توی خیابون راحت‌ترم؛ چه روز چه شب.

اه! از پشت عینک چه ریختی هستی. چه خنده‌داری. همه جور رنگی. هزار رنگ توی تاریکی.

به جای خالی باید می‌گفتم تاریکی.

خب حالا می‌گم.

وقتی دارم می‌رم به خونه یه مرد تازه، خودم را از همیشه تاریک‌تر می‌کنم تا اگه طرف حتی کم‌سو نوری باشه ببینمش. مشکی، بور، بلند، کوتاه، خلبان، شوفر، تاکسی.

مامان گفت «با همین ساطور دو شقه‌ت می‌کنم اگه به من نگی خان‌آغا بهت چی گفته هرجایی!»

گفتم «قول داده عقدم بکنه».

راستی اگه یه روزی یکی عقدم بکنه دلم برای تو تنگ می‌شه. یه ذره می‌شه.

اونی که می‌خوام، هرکی که هست. دندون‌پزشک یا پاسبون، یا هرکی که صبح ازم نخواد زود بزنم به چاک برم، پوتین‌هاش را از پاش دربیاره، لااقل پیرهنم را جِر نده.

از فکرش بیام بیرون. حالا فکر رفتنم باشم. باید برم. برم با هیچ.

سرخی ناخن‌های بلندم را دوست داری؟ پس سیر نگاه بکن که دارم می‌پوشونم‌شون.

سرخ مثل خون خودم. بعد فواره‌ی خون روی سینه‌ی بابا زد بیرون. سینه‌ش مثل انار نرم شکافت.

این هم از دست‌هام که فرو رفتن توی تاریکی.

بیچاره شوفر تاکسی. تا سوار بشم آیینه‌ی روبه‌رو را جابه‌جا می‌کنه صاف رو به صورتم. اما چی می‌بینه؟ یه مشت تاریکی. بعد دل می‌بنده به وقتی دست می‌برم کرایه‌ش را بدم. که چی هس؟ چندتا اسکناس لای تاریکی. مثل حالا.

وحشت نکن. بال‌بال نزن. آروم باش. باش با هیچ.

چراغ را خاموش کردم چیزی بهت نشون بدم. با من بیا. کاری نکن؛ فقط زل بزن به تاریکی. تکون نخور. خیره بشو به من که تاریکم مثل خودت.

حالا من پُک می‌زنم به سیگار.

چی می‌بینی؟

یه نور. بعد تو می‌آی به‌طرف نور، به‌طرف من.

وقتی می‌آی من دیگه تنها نیستم. خالی نیستم. تاریک نیستم. هر دو روشنیم. توی نور سیگار باهمیم. یه زن، یه مرد. اون که می‌خوام بدون درد، بدون دروغ، بدون پوتین. روی تنم می‌سایی، می‌غُری، می‌خندم، نوک می‌زنی به ساق پام. رفت و اومد. چه لذتی!

بذار شوفر تاکسی چندبار دیگه زنگ در را بزنه و منتظر باشه، دندون‌پزشکه با ساعتش ور بره منتظر باشه، بذار مردهایی که همه یکی‌ِن امشب منتظر من باشن.

منتظرِ این زن که دیگه تنها نیس. بشنون غش‌غش خنده‌هاش هواس، خالی نیس. تاریک نیس.

تهران، ۱۳۷۰

عاشق

دختر نشسته بود روی پنجه‌های پا، پیرهنش بالا می‌رفت و پایین می‌آمد، یا کشیده می‌شد. با دست‌های نازک و انگشت‌های بلند، و باز به بالا. و عقیل را واداشت که نوک بیل خود را بر زمین بگذارد و پشت نخلی پنهان شود و بایستد به تماشای بچه‌های نشسته پشت بوته‌های گُل خار. سه پسر، و او تنها دختر جمع بود.

دختر، کیسه سبز دُعا را از روی شانه پسری که کیسه به پیرهنش سنجاق بود کند و گفت «حالا می‌بینین که هیچ توش نیست غیر از کاغذ».

سنجاق را باز کرد و با نوک آن شروع کرد به شکافتن محل دوخت پارچه دُعا که به اندازه کف دستش بود. او روبه‌رو بود و پسرها پشت به عقیل. چشمان درشت سیاهش انگار عقیل را دیده بودند اما به روی خود نمی‌آوردند. چشم‌ها وقتی بر می‌خواستند تا نگاهی به اطراف بیندازند نگاهی هم به عقیل می‌انداختند. نه چشم به چشم، بلکه فقط انتشار شیطنت نگاه بود که برای چند لحظه پر می‌زد در اطراف با تمسخر، و باز بر می‌گشت به بچه‌های چمباتمه‌زده‌ی خیره به دست‌های او.

دورتادور کیسه‌ی سبز با نوک سنجاق شکافته شد. کهنه‌کاغذها لای انگشت‌هایش از کیسه بیرون کشیده شدند؛ کاغذهای زرد پُر از نوشته‌های سیاه.

دختر گفت «ببین. فقط یه مُشت کاغذ خالی. کی می‌تونه بخونه این نوشته‌ها را؟»

صدای پسری گفت «بده به این بخونه که می‌ره مدرسه».

دختر بقیه کاغذها را بیرون کشید. پارچه را لای مشت دیگر مچاله کرد و کاغذها را دراز کرد سوی پسری و گفت «تو می‌ری مدرسه؟ پس بخون اگه چیزی یاد گرفتی».

پسر خود را عقب کشید و گفت «من نمی‌تونم این‌ها را بخونم. بلدم خیلی از نوشته‌ها را بخونم اما این اصلاً معلوم نیست چی نوشته».

صدای پسر دیگر گفت «عربیه. مگه به شما یاد ندادن عربی بخونین؟»

پسر دیگری گفت «نه هنوز یاد ندادن».

پسری گفت «پس اگه بخوای قرآن بخونی چی. چطوری می‌خونی؟»

دخترگفت «ملا عزیز بلده قرآن بخونه. جمعه آینده می‌آد خونه ما که قرآن بخونه».

پسری گفت «تو از کجا می‌دونی که ملا عزیز جمعه آینده می‌آد خونه شما؟ اون که خونه‌ش اینجا نیست. از اینجا دوره».

دختر گفت «من می‌دونم. من همه‌چی را می‌دونم. حتی اگه کسی ما را از لای شاخه‌ها تماشا بکنه.» پسرها یکهو هول شدند، برخاستند و به اطراف نگاه انداختند، اما عقیل را ندیدند.

پسری گفت «حالا من به مادرم چی بگم که کیسه دعام این‌جور پاره شد؟ مادرم این را برام اینجا بسته بود که مریض نشم. حالا اگه مریض شدم تو مقصری».

آیا پستان‌های دختر آن‌قدر رشد کرده بودند که از پشت پیرهن پیدا باشند، یا فقط عقیل بود که آن‌ها را برجسته می‌دید؟ نه، هنوز چیزی بر سینه‌اش بالا نیامده بود. با این‌حال وقتی بلند شد و ایستاد طوری شانه‌های خود را عقب کشید که انگار

بخواهد برجستگی پستان‌ها را نمایان کند. بعد با خنده هرچه توی دست داشت پرپر کرد و بر زمین ریخت و به‌طرف خانه دوید. رفت و لابه‌لای شاخه‌ها گُم شد. پسرها هنوز متحیر دور خود می‌گشتند. صاحب دعا خم شده بود و با گریه تکه کاغذها را از روی زمین جمع می‌کرد. عقیل بیل بر شانه انداخت و به راه خود رفت. به سمت جایی نزدیک به شط که مقداری بوته‌های علف پَرپین وحشی بیرون زده بودند.

عقیل در نخلستان بود. بی‌بی، او را فرستاده بود برود علف پرپین از کنار شط بکند بیاورد برای گاوها. کسی گفته بود که پرپین وحشی گاو مریض را خوب می‌کند. عقیل می‌رفت و فکر پاهای دختر را با خود می‌برد، و برهنگی پستان‌ها که فقط فکر بود و در خیال بود.

رسید به محل بوته‌ها. به آن انبوه برگ‌های سوزنی دراز که پُر از آب بودند. ضربه‌های نوک بیل عقیل بر انتهای ساقه‌های بوته‌ها فرود آمدند. هر دسته که کنده می‌شد، آن را از لای بقیه بیرون می‌کشید و به سمت دیگر می‌انداخت.

زنی که می‌گذشت سلام کرد و بعد پرسید «حال زنت چطوره عقیل؟»

عقیل گفت «امروز بهتر بود. غذا خورد».

زن گفت «اگه یک بچه داشت که از او مراقبت بکنه بهتر نبود؟»

عقیل گفت «نه. به‌خاطر بچه نیست. من خودم سال‌هاست بالای سرش هستم و ازش مراقبت می‌کنم».

زن گفت «ببرش مشهد. شاید امام او را شفا بده».

عقیل گفت «نه. به مشهد نمی‌برمش. هنوز اونقدر ناامید نشدم».

زن گفت «در عوض حاجتت را می‌گیری».

عقیل گفت «حاجت باید از مریض‌خونه گرفت. از طبیب که اون‌هم توی شیرازه. اونجا باید می‌بردمش اگه وسعم می‌رسید؛ اما حیف که دستم خالیه».

زن گفت «خدا بزرگه. توکل کن به او».

عقیل گفت «فقط او نیست که مریضه. گاوهای حاجی هم یکی بعد از دیگری دارن مریض می‌شن و می‌میرن. علت مرض باید معلوم بشه».

عقیل بار بر شانه به خانه برگشت و به طویله وارد شد. صدای گفتگوی بی‌بی و حاجی را شنید.

بی‌بی گفت «ملاعزیز باید بیاد که علت را معلوم کنه».

حاجی گفت «ها. پس یکی را می‌فرستم دنبالش. شاید جمعه بتونه بیاد اینجا».

بعد حاجی در طویله را با عصبانیت کوبید و بیرون رفت. بی‌بی هنوز مشغول دوشیدن گاوها بود. عقیل بار را برد ته طویله و بر زمین گذاشت و بر آن نشست. فواره‌های سفید از زیر انگشتان بی‌بی می‌ریختند و سرازیر می‌شدند توی سطل آهنی. شُره در پی شُره‌ای با آهنگ یکنواخت. گاوها پنج‌تا بودند. در یک ردیف ایستاده بودند. ساق و سر حال صورت‌هاشان را برگردانده و به کومه‌ی علف زیر پای عقیل نگاه می‌کردند. عقیل از پنجره‌ی طویله ناگهان تصویر گُنگی از دختر را در حیاط دید. دختر جنبید و پیش از آن که بگریزد عقیل او را دیده بود که از پنجره به داخل طویله نگاه می‌کرد. حتماً داشت به همان فواره‌های سفید و به پایین ریختن‌شان نگاه می‌کرد. شلوار بلند پوشیده بود. رفت و نزدیک تنور ایستاد. عقیل سر به زیر انداخت. بی‌بی گفت «یکی بیاد».

عقیل پاشد به‌طرف بی‌بی رفت.

بی‌بی همچنان نشسته بر سکو گفت «سطل را ببر بیرون».

عقیل سطل را برداشت و برد. پر بود و سنگین، و موج شیر در آن می‌غلتید. چند نفر در حیاط پراکنده بودند. زن بزرگ حاجی جلو اتاقش بر فرش نشسته بود و موهای یکی از دخترانش را شانه می‌زد. چند بچه دور درخت توت وسط حیاط

بازی می‌کردند. دو تا عروس‌های حاجی با هم از زیر سایه‌بان در آمدند. لباس‌شان مثل هم بود؛ دو پیرهن هم‌شکل از یک طاقه پارچه. عقیل سطل را گذاشت زیر سایه بان که محل تقسیم شیر بود. زنش در چارچوب در اتاق ایستاده بود و پشت سرش هیچ دیده نمی‌شد جز تاریکی. هر دو دست زن یک لته از چارچوب در را گرفته بودند تا او بتواند بایستد. تن نحیف خود را بر درگاه تکیه داده بود که نیفتد. زن پیرهن آبی پوشیده بود، با نقش گل‌های درشت سرخ.

عقیل نوجوان بود که با حاجی آشنا شد. با عده‌ای از کولی‌ها به این شهر آمده بود برای کار. آن‌ها تابستان‌ها می‌آمدند اینجا در نخلستان‌ها پراکنده چادر می‌زدند و دنبال کار می‌گشتند. فصل چیدن خرما زن و مرد و بچه کار می‌کردند و از صاحب نخلستان پول و غذا می‌گرفتند. فصل کار که تمام می‌شد، می‌رفتند. عقیل کسی را نداشت. چند سال پیش حاجی او را وقت کار در نخلستان خود دید و از او خوشش آمد. پسر زبر و زرنگ و کاری بود. حاجی به او پیشنهاد کرد که همین‌جا بماند و برای او کار بکند. یک اتاق هم به او داد و بعد زنی هم برای او گرفت. برای او عروسی هم گرفتند همراه با ساز و آواز. زنش یکی دو سال اول خوب بود و دل به عشق‌ورزی می‌داد. هرگاه عقیل هوس می‌کرد، زن با خنده رخت از تن درمی‌آورد. اما بعد زن مریض شد و دیگر برای هیچ کاری توان نداشت.

یکی از مردان همسایه به او گفته بود «او را ببر به شیراز. اونجا مریض‌خانه هست. طبیب و دوا هست. خوبش می‌کنن و دومرتبه سالم می‌شه».

عقیل گفته بود «اگه وسعم می‌رسید حتماً می‌بردمش».

حاجی گفته بود «گوش نده به این یاوه‌های مردم. زن تو نیاز نداره به مریض‌خانه، فقط نیاز داره به مراقبت از جانب تو و شفا از خدا».

عقیل همه‌ی کوشش خود را برای مراقبت کرده بود اما خدا هنوز قدمی برای او برنداشته بود.

بی‌بی گفته بود «صبر داشته باش. وقت فرستادن رحمت را خود او باید معلوم کنه نه بنده‌ها».

عقیل صبر کرده بود تا این که حالا کار از کارش گذشته بود و دل بسته بود به دختر حاجی. دختری که بزرگ‌ترهای خانه او را دوست نداشتند چون از کودکی مثل بچه‌های جِن‌زده به هرچیز کار داشت. می‌خواست از همه کار آدم‌های بزرگ خانه سر در بیاورد. با آن گوش‌های تیز و نگاهی که دنبال نادیده‌ها می‌گشت. بچه‌ها دور دختر جمع می‌شدند؛ چون همیشه چیزهای تازه و سرگرم‌کننده برای آنان داشت. اما از شَر شیطنت‌های او مادرش هم در عذاب بود و می‌گفت «کاش تو می‌مُردی و من از شر تو خلاص می‌شدم».

بی‌بی، مادر حاجی بود و تنها کسی بود که حاجی برای انجام کارهایش با او مشورت می‌کرد. اصلاً بیش‌تر اوامر از جانب او صادر می‌شد. او بهتر از هرکسی مصلحت خانه و خانواده را می‌فهمید و می‌دانست برای رفع هر مانعی چه باید کرد. هیچ‌کس حق و جرئت نداشت روی حرف بی‌بی حرفی بیاورد. از کارهای مهم او یکی این بود که گاوها را او می‌دوشید و دیگر این که توی حیاط می‌نشست و کتاب دعا می‌خواند. می‌گفت برای برقرار بودنِ خانواده دعا می‌کند. بچه‌ها باید احتیاط می‌کردند که آزاری به بی‌بی نرسانند. اگر خطایی از بچه‌ای سر می‌زد، او مدت‌ها در کمین می‌ماند تا هم‌چنان که نشسته در یک وقت مناسب بچه را گیر بیندازد و کتک بزند.

یک بار دختر که از بی‌بی کتک خورده بود، پسربچه‌ای را به پشت‌بام برد و او را واداشت که کیرش را بیرون بیاورد و از همان بالا از لبه‌ی پشت‌بام بشاشد بر سر و کله‌ی بی‌بی که در سایه‌ی کنار دیوار به دعا خواندن مشغول بود. غروب آن روز حاجی دختر و آن پسربچه را به درخت بست و شلاق زد. هر وقت حاجی دختر را کتک می‌زد، نه مادر دختر حق نزدیک شدن و دخالت داشت و نه عقیل که ضربه‌های شلاق انگار بر تن او فرود می‌آمدند. درد می‌کشید و جرئت بیان نداشت.

حاجی گفت «چطوره که بفرستیمش خونه شوهر؟»

بی‌بی گفت «برمی‌گرده. از این چشم‌دریده هرچه بگی برمی‌آد».

حاجی گفت «می‌دمش به کسی که از اینجا دور باشه، خیلی دور».

بی‌بی گفت «برش می‌گردونن. فایده نداره. این توی هر خونه‌ای بره بعد از مدتی می‌فهمن که شوم و خونه‌خراب‌کنه. بعد پسش میارن می‌آرن همین‌جا».

حاجی پرسید پس چاره چیه؟

عصر بود. بی‌بی و حاجی توی حیاط گوشه‌ای دور از دیگران نشسته بودند. کسی صدایشان را نمی‌شنید مگر عقیل که قلیان را برای آن‌ها چاق می‌کرد و صدای درونش می‌گفت که «او را بدهید به من، خودم آرامش می‌کنم و او را سر راه می‌آورم، یا اصلاً دورش می‌کنم از اینجا، دور می‌شویم و هرگز نه خودم پس می‌آیم و نه او را پس می‌فرستم».

اما صدایی در سرش می‌گفت «فکرش را نکن عقیل. نمی‌شه».

حاجی حاضر نبود به هیچ قیمتی عقیل را از دست بدهد. او بزرگ‌ترین کمک خانواده بود. پُرزورترین مرد خانه که هرچه از او می‌خواستی می‌کرد.

حاجی دو تا پسر بزرگ هم داشت اما کار آن‌ها بیش‌تر شبانه بود. می‌رفتند به شط و با قایق‌هایشان اجناس قاچاق جابه‌جا می‌کردند. روزها هم که توی خانه بودند. کاری نمی‌کردند جز استراحت.

پس چه باید می‌کرد عقیل با این عشق که جانش را از ریشه می‌سوزاند و خاکسترش می‌کرد؟

زن گفت «اگه می‌شد که تو یک زن جوون و سالم بگیری».

عقیل گفت «پس تو چی؟ تو که هنوز زنِ من هستی. زنده هستی».

عقیل پشت به زن، روی لحاف دراز کشیده بود. یک دست زن از زیر لحاف بیرون سُرید و آرام بر بازوی مرد نشست. گفت «ها زنده هستم هنوز».

عقیل گفت «از چیز دیگه حرف بزن اگه که باید حرف بزنی».

زن گفت «خسته شدی امروز».

«نه».

«غروب که مرغ‌ها توی قفس نمی‌رفتن دیدم که چه سختی کشیدی».

عقیل هیچ نگفت.

زن گفت «اشکال از مرغ‌ها بود یا از اون دختر که نمی‌گذاشت مرغ‌ها برن توی قفس».

«من با او کاری ندارم. یک دختریه مثل بقیه دخترای حاجی».

«اما نمی‌گذاشت مرغ‌ها برن توی قفس. هی جلو اون‌ها بازی درمی‌آورد و تو را اذیت می‌کرد».

«اذیت نبود. بازی بود».

زن دستش را به مهر کشید روی بازوی عقیل. دست پایین سُرید و لغزید روی تن مرد و لمید روی شکم. انگشتی از لای درز پیرهن داخل شد و پوست را لمس کرد و روی پوست گردید و کوشید پایین‌تر برود. دست داخل شد اما عقیل تکانی به خود داد و انگشت‌های زنانه مدتی بی‌حرکت ماندند و باز بر پوست تنِ مرد غلتیدند.

«خُب اگه می‌تونستی یک زن خوب بگیری بد نبود».

«بعد چه می‌شد مثلاً؟»

«دیر نشده هنوز».

«یعنی تو راضی هستی که من زن بگیرم؟»

«اگه من را ول نمی‌کنی، اگه دورم نمی‌اندازی».

عقیل گفت «من تو را ول نمی‌کنم تا وقتی زنده هستم».

اما آیا این واقعاً همان حسی بود که او در دل داشت؟

زن گفت «کسی را نشون‌کرده‌ای؟»
عقیل برگشت سوی زن و نگاهش کرد و پرسید «کی؟»
زن گفت «اگه حاجی دخترش را به تو می‌داد».
«دختر حاجی؟ کدام؟»
«همون که تو خاطرش را می‌خوای».
«نه. نمی‌خوام».
«بهت نمی‌ده. نه. نمی‌ده».
«من تو را به مشهد می‌برم. اون‌جا امام تو را شفا می‌ده. می‌بندمت به ضریح».
«اما اگه از خواهر حاجی خواستگاری بکنی».
«نمی‌کنم. نمی‌خوام».
«کاش من می‌مُردم. کاش مُرده بودم مثل اون گاو که مُرد و راحت شد».
«باید به ملا عزیز بگیم این دفعه یک دعای خوب هم برای تو بنویسه».
ملا عزیز اومد.

دختر بود که خبر را داد، پیش از آن که تقه‌ای به در نواخته شود. حاجی و بی‌بی بر صندلی‌ها روبه‌روی هم زیر درخت وسط حیاط نشسته بودند و در سکوت بهم نگاه کردند. بعد هر دو نگاه‌شان رفت سوی دختر که با پاهای لُخت و سر لُخت گوشه حیاط نزدیک به تنور روشن ایستاده بود. روز جمعه بود.

صبح زود، پیش از آن که کسی به حیاط بیاید، عقیل از پنجره طویله دختر را دیده بود که مادرش او را به حمام می‌برد. عقیل بیرون نیامد و خود را به تمیز کردن طویله مشغول کرد و آن‌قدر همان‌جا پلکید تا دختر با مادرش از حمام برگشتند. تنِ دختر زیر یک حوله سبز برهنه بود. دوید با خنده در گوشه‌ای ایستاد و از گوشه چشم‌ها به پنجره طویله نگاه کرد. بعد ناگهان طوری که مادر نبیند، حوله را از تن رها کرد، حوله افتاد روی زمین و عقیل زیباترین اندام انسانی را دید ساخته از نرم‌ترین گِل دنیا که

تو را سـوی خود می‌خواند. عقیل اگر مانع نداشت از پنجره طویله بیرون می‌پرید و آن اندام را سفت در آغوش می‌گرفت. دختر تند خم شد و حوله را برداشت و پیچید دور تن و باز دوید و رفت و گُم شد توی اتاق و بیرون نیامد تا ساعتی بعد؛ تا حالا که بیرون دویده بود و خبر آمدن ملا عزیز را داده بود. فقط با یک تا پیرهن بود.

آتش از دهانه تنور زبانه کشـید. عروس‌های حاجـی دوروبَر تنور می‌پلکیدند. یکی چانه پهن می‌کرد و یکی به آتش می‌رسید. صدای کوبیدن چند تقه بر در حیاط شنیده شد. سکوت. بعد ناگهان حاجی از روی صندلی جهید و فریاد زد یکی بیا این دختر را ببره لباس تنش کنه.

صدای زنی گفت پس مادرش کجاست؟

مادر دختر از اتاق بیرون دوید و رفت به‌طرف دختر که داشت به چی می‌خندید. دست او را گرفت و کشید و برد توی اتاق.

بی‌بی گفت حالا یکی بره در را باز کنه.

باز چند تقه دیگر به در زده شد.

حاجی گفت خودم می‌رم.

رفت به‌طرف آن در حیاط که رو به بیابان بود، بعد برگشت و ملا عزیز با عبای قهوه‌ای و عمامه سبز یاالله گویان دنبال او می‌آمد. صدای سلام گفتن چند دختر و چند بچه از اطراف. ملا جواب نداد؛ فقط با تبسـم نگاه می‌کرد و سـر تکان می‌داد. حاجی ملا را به صندلی خالی هدایت کرد.

بی‌بی گفت یکی چای بیاره.

عقیل آمد سلام کرد و دست‌هایش را زیر شیر آب شست و رفت به مطبخ. بعد با سه استکان چای در سینی برگشت.

حاجی و بی‌بی در گوش ملا پچ‌پچ می‌کردند. «توی همین مدت بیست و یک روز دو تا از گاوها مُردن. فقط پنج تا دیگه مونده. آخه این چه جور مرضی هسـت

آقا؟»

«دستم به دامنت ملا».

ملا گفت «دست ما به دامن الله. چشم بد از هر مرضی بدتره بی‌بی».

عقیل چای را بین آنان تقسیم کرد و همان دوروبَر ایستاد برای انجام فرمان بعدی.

بی‌بی گفت «آقا خودت برو از نزدیک گاوها را ببین بی‌زحمت».

و رو به عقیل گفت «آقا را ببر به طویله که گاوها را ببینه».

عقیل آماده برای رفتن به‌سوی طویله شد. ملا هنوز چایش را سر می‌کشید. گفت «می‌بینیم. می‌بینیم.» حاجی بلند شد به طویله رفت، انگار می‌خواست بزند زیر گریه. بی‌بی توان راه رفتن نداشت.

گاوها ایستاده بودند و علوفه می‌چریدند. حاجی لابه‌لای گاوها می‌پلکید و آنان را برانداز می‌کرد.

ملا به صورت و چشم گاوی خیره شد و گفت «به نظر نمی‌رسه اشکال از خودشون باشه حاجی. نه. از خودشون نیست. این‌ها که ماشاءالله ساق و سرحالن».

ملا برگشت به حیاط و رو به بی‌بی گفت «از خود گاوها نیست. نه. نیست بی‌بی».

دختر انگار که از چنگ کسی گریخته باشد از اتاق بیرون پرید. شلوار بلند پاهایش را پوشانده بود. مقنعه هم بر سر بسته و موهایش پنهان بود. ملا در گوش بی‌بی چیزهایی گفت و خود بر صندلی نشست. عقیل حواسش به دختر بود که دویده بود به‌طرف تنور و اولین نان بیرون آمده را برداشته و رفته بود.

بی‌بی گفت «عقیل می‌دونه سینی‌ها کجاست».

و رو کرد به عقیل و گفت «آقا یک سینی بزرگ می‌خواد که بتونه زیرش آتش روشن کنه».

عقیل بدون حرف به مطبخ رفت و با یک سینی گرد مسی برگشت و پرسید «این خوبه؟»

ملا گفت «خوبه».

بی‌بی گفت «بذارش اینجا».

عقیل سینی را گذاشت کنار پای بی‌بی.

ملا گفت «یه مقداری هم خار خشک بیارین».

بی‌بی گفت «کنار نهر خاربوته‌های زیادی هست».

عقیل گفت «من دیروز هیزم فراوان آوردم».

ملا گفت «اما آتش خار بهتر عیان می‌کنه که چی به چی هس».

بی‌بی گفت «شنیدی عقیل؟ برو بوته خار بکن و بیار برای آقا».

عقیل رفت به‌طرف بیل که گوشه‌ای تکیه به دیوار داشت.

ملا گفت «همه اهل خانه را خبر کنین. همه از ریز و درشت».

بی‌بی رو به اتاق‌ها که دورتادور حیاط بودند فریاد زد «هی دخترها و زن‌ها بیاین بیرون. برادرهاتون و بچه‌ها را هم پیدا کنین هر جا هستن. هر که هس پیدا کنین بیارین اینجا».

و رو به ملا پرسید «هر که هست؟»

ملا گفت «هرکی هر جور با گاوها سر و کار داره، یا هر جور نگاه می‌کنه به گاوها، خصوصاً به وقت شیر دوشیدن».

بی‌بی داد زد «این دختره را هم بیارین. این هیز چشم‌درشت که وقت دوشیدن از درز پنجره زُل می‌زنه به دست‌های من».

صدای زنی گفت «به دختر من داری فحش می‌دی بی‌بی؟»

عقیل از در رو به نخلستان بیرون رفت. رسید به بوته‌های خار. بوته‌ها خشک بودند. با ضربه‌های تیغه‌ی بیل بوته‌ها را کند و با یک کومه بزرگ خار به خانه برگشت.

مـلا یـک کومه هیـزم بـزرگ از بوته خار خواسـته بـود. برای چه؟ هنوز کسـی نمی‌دانست. آفتاب امروز خیال بیرون آمدن نداشت انگار. آسمان پُر بود از ابرهای پیوسـته و پراکنـده. دخترها، پسـرها، عروس‌ها، نوه‌ها، زن‌هـای حاجی، زن عقیل، بی‌بـی و خود حاجی، همه وسـط حیاط ایسـتاده بودند منتظـر. خواهر حاجی هم که مدتی بود از شوهرش طلاق گرفته و به خانه حاجی آمده بود مشغول برپا کردن منقلی بود با نشاندن آجرهایی در چهار طرف.

خواهر حاجی زنی بود جوان و بلندبالا. از عقیل خوشش می‌آمد. یک‌بار وقت علف‌چینی کنار شط به عقیل گفته بود «چرا یک زنِ دیگه نمی‌گیری؟»

عقیل گفته بود «کسی به من زن نمی‌ده».

زن گفته بود «چرا می‌ده، اگه تو خودت آستین بالا بزنی».

«کی مثلاً؟»

«تو مرد خوبی هستی. من خودم حاضرم زنت بشم.»

خواهر حاجی سینی را پشت و رو گذاشت روی منقل.

بی‌بی گفت «سینی را بردارین تا عقیل بوته را بذاره داخل منقل».

مـلا عزیز نشسـته بود روی صندلی. نگاهی به دختـر انداخت و گفت «پس تو بودی که کیسه دعا را از روی شانه بچه درآوردی و باز کردی و بعد هم کلام خدا را پاشیدی روی زمین؟»

مـادر دختر قدمی به‌سـوی دخترش برداشـت و او را بغل کـرد و گفت «نه بچه من نبود. نکرد».

بی‌بی گفت «خو به خودت بودی و شنیدی که زن همسایه چه می‌گفت».

مادر دخترش را بیش‌تر به خود فشـرد. ترسـیده بود. عقیل آماده برای آتش زدن بوته بود.

ملا گفت «توکل می‌کنیم به خدا تا به ما چی بگه».

و از بی‌بی پرسید «همه هستن؟»

بی‌بی گفت «عقیل؛ همه هستن؟»

عقیل کبریت در دست پا شد ایستاد و نگاهی به آدم‌ها که گرداگرد درخت ایستاده بودند انداخت و گفت «همه هستن بی‌بی».

ملا کیف خود را از روی زمین برداشت و در بغل گذاشت و توی کیف دنبال چیزی گشت و یافت. یک تخم‌مرغ سفید. آن را لای دو دست گرداند. پاشد قدم به‌سوی میانه جمعیت گذاشت. جمعیت تکان نخورد و فقط خیره شد به تخم‌مرغ.

ملا گفت «اول بچه‌ها».

کسی مقصود او را نفهمید. باز گفت «اول بچه‌ها بیایند پیش».

نوه‌ها و خواهرزاده‌ها و بچه‌های قد و نیم‌قد حاجی پیش آمدند. دختر هنوز چسبیده به دامن مادر بود. ملا گفت «بسم الله الرحمن الرحیم. آتش بزن».

عقیل بوته را آتش زد. بوته گُر گرفت و زبانه کشید. ملا تخم‌مرغ را به دور سر هر بچه‌ای می‌گرداند و چیزهایی زیر لب می‌گفت. ورد می‌خواند. به هر بچه هم چیزی می‌گفت یا می‌پرسید، به مهر و با لبخند، بعد گفت اگه آتش حاضره سینی را بگذارین روی اون.

عقیل سینی را گذاشت روی آتش. تخم‌مرغ به دور سر همه بچه‌ها گردانده شد غیر از دختر.

ملا گفت «حالا شما برید کنار».

خیره شد به دختر و گفت «بیا».

مادر دخترش را آرام هُل داد به‌طرف ملا. دختر از ملا نترسید و پیش رفت.

ملا گفت خدا حفظش کنه. بزرگ شده خیلی.

اشاره‌ای به اطراف کرد و گفت شبیه به هیچ‌کس نیست.

تخم‌مرغ را دور سر او چند بار چرخاند و ورد خواند. بعد با تخم‌مرغش به

مادر نزدیک شـد و آن را دور سـر او هم گرداند و پرسـید «چرا فقط همین بچه را داری؟»

زن گفت «خدا بیش‌تر نداد».

ملا به زن بزرگ حاجی رسـید. او بچه‌های زیادی داشت که دوروبَرش ایستاده بودند. تخم‌مرغ را دور سر او گرداند و پرسید «این دو آقا فرزند تو نیستن».

زن بزرگ حاجی گفت «نه نیستن. این پسرها از اون زن مرحومه حاجی هستن آقا».

ملا گفت «خدا حفظشون کنه».

تخم‌مرغ را دور سر آن‌ها هم گرداند. بعد نوبت به زن عقیل رسید. ملا در حالی که تخم‌مرغ را دور سـر او می‌گرداند گفت «بلکه دوای درد تو هم از سـر این تخم بیرون بریزه و شفا پیدا کنی».

نفر بعد خواهر حاجی بود. و سـرانجام تخم‌مرغ دور سـر خود حاجی و بی‌بی هم گردانده شـد. سـینی مسی حالا داغ شده و سرخ می‌شد. ملا آمد به‌سوی عقیل و تخم‌مرغ را دور سـر او گرداند. بعد ایسـتاد بالای سر آتش و چیزهایی به تخم‌مرغ گفت و با ضربه‌های آرام میخی که آن هم از داخل کیف بیرون آمده بود یک سوراخ در پوسـت تخم‌مرغ کَند. دختر سـرفه کرد و خواست به جایی بجهد اما از نگاه تُند ملا ترسـید. ملا تخم‌مرغ را وارو کرد، رو به پایین، سـفیده بیرون زد و ریخت روی سـینی. بچه‌ها سـر کشیدند که ببینند سـفیده در دو جا روی سینی چطور جز و ولز کردند و پختند و ذره‌ذره سوختند و سیاه شدند و سیاهه‌ها خشکیدند.

ملا نشست و گفت «صبر کنیم تا آتش بخوابه».

آتش خوابید و تمام شد. ملا مدتی طولانی در سکوت خیره شد به دو لکه سیاه روی سینی. بعد خم شد و پشت انگشت به لبه سینی زد و گفت «سرد شده. بلندش کن بگیرش جلو چشمام. مراقب باش زخم نزنی به نشانه‌ها».

به عقیل گفته بود، یا اصلاً عقیل باید این کار را می‌کرد؟ عقیل با احتیاط دو لبه سینی را از دو طرف گرفت اما سینی هنوز داغ بود. چفیه را از دور گردن باز کرد و با آن لبه‌های سینی را برداشت و بلندش کرد و انگار که آینه باشد گرفت جلوی روی ملا که هی نگاه می‌کرد به لکه‌ها و آن‌ها را مطابقت می‌داد با چشمان آدم‌ها که دور او پراکنده بودند.

گفت «می‌بینی؟ دو تا چشم افتاده روی سینی».

بی‌بی گفت «ها می‌بینم. دو تا چشم سیاه درشت».

حاجی هم سر کشید و نگاه کرد و گفت «عجب».

ملا باز خیره شد به لکه‌ها. دنبال چیزی می‌گشت. دنبال تشابهی بین لکه‌ها و چشمان افراد حاضر. همه زل زده بودند به چشمان خود ملا که نگاه جستجوگرش می‌گشت دنبال یک قربانی تا گناه مرگ و میر گاوها را بریزد بر سر او. بالاخره گناهکار را پیدا کرد. ملا رفت سوی دختر. سینی در دست عقیل گردانده شد، طوری که ملا هم‌چنان بتواند لکه‌ها را بر آن ببیند. دختر خود را عقب کشید. مادرش پیش آمد و او را از پشت به خود فشرد. چشمان درشت سیاه دختر دودو زدند و دنبال راهی برای فرار از نگاه ملا گشتند.

ملا برگشت و بر صندلی نشست و گفت «پیدا شد».

بی‌بی گفت «می‌دونستم».

و رو به یکی عروس‌ها گفت «چای بیارین».

سینی هنوز چون آینه‌ای در دست‌های عقیل بود.

حاجی آمد جلوتر و نگاهی به لکه‌ها و نگاهی به چشمان دختر انداخت و گفت «پیدا بود».

مادر دختر گفت «چی شده همه زل زدین به دختر من؟ مگه چه کار کرده؟»

ملا گفت «هیچ خواهرم. چیزی نشده. بفرمایید برین به اتاق‌تون».

حاجی گفت «برین. تمام شد. حالا هرکی بره دنبال کار خودش».

زن بزرگ حاجی و بچه‌هایش رفتند. پسرهای حاجی گُم شدند پشت در اتاق‌هایشان.

ملا گفت «منقل و سینی هم کارشون تمام شد. جمع کنین».

عقیل سینی را برد و گذاشت کنار تنور و باز چفیه را به دور گردن انداخت. دختر با مادرش به اتاق خود رفته بودند. خواهر حاجی آجرهای منقل را جمع می‌کرد و گاهی نگاهی به عقیل می‌انداخت. صورتش باز و خوشحال بود. ملا چندتا چای دیگر سر کشید. صبحانه برایش آوردند، خورد. مرتب چیزهایی در گوش بی‌بی و حاجی می‌گفت که حالا هر دو نگاه می‌کردند به سمت اتاق مادر و دخترش.

از آن روز به بعد بی‌بی و حاجی آمد و شد و حتی حرکات ریز دختر را هم زیر نظر داشتند؛ مثل حالا که دختر و مادرش تازه از کار ملافه‌شویی برگشته بودند. مادر ملافه‌های خیس را در یک سبد ریخت و به دختر داد که ببرد به پشت‌بام. عقیل داشت قسمتی از دیوار گلی دور پشت‌بام را تعمیر می‌کرد. دختر در زیر نگاه بی‌بی و حاجی به پشت‌بام آمد. زنبیل را زیر بند رخت گذاشت و مشغول پهن کردن ملافه‌ها شد. عقیل سعی کرد به او نگاه نکند.

دختر گفت «اگه بخوای من را بدزدی».

عقیل گفت «حرف از دزدی و از فرار نزن».

دختر گفت «پس می‌خوای چه‌کار کنی؟»

بعد از مکث طولانی عقیل گفت« بذار ببینم. عجله نکن».

دختر پرسید «پس کی؟»

«هنوز نمی‌دونم تا بعد».

«اگه تفنگ می‌خوای من جاشون را بلدم».

«نه. توی این خونه تفنگی نیست».

«تفنگ بدون جواز هس».

«تو چه می‌دونی جواز چیه؟»

«ژاندارم‌ها می‌خوان بیان اینجا و خونه را تفتیش بکنن».

«دیگه از این حرف‌ها نزن».

«پسرهای حاجی خیلی ترسیدن».

«این حرف‌ها به تو نیومده. حالا دیگه برو تا برام دردسر درست نکردی».

عقیل می‌دانست که پسران حاجی در کار خرید و فروش تفنگ غیرقانونی هم هستند اما نمی‌خواست بداند. حتی نمی‌خواست فکرش را بکند.

دختر گفت «باید ملافه‌ها را پهن کنم».

عقیل نمی‌خواست به کشتن و کشته شدن فکر کند، می‌خواست زنده باشد و از عاشقی خود لذت ببرد.

دختر در سکوت ملافه‌ها را بر بند رخت جا داد و پیش از آن که برود گفت «اگه خواستی بدونی من به تو می‌گم. فقط به تو می‌گم».

«نه نمی‌خوام».

عقیل در زندگی حتی یک بار هم تفنگ به دست نگرفته بود. نخواسته بود. اصلاً نمی‌خواست سروکاری با تفنگ داشته باشد.

تا اینکه روزی حاجی به او گفت «پسرها به کمک تو احتیاج دارن عقیل. کار سختی نیست».

عقیل پرسید «چه جور کمکی؟»

حاجی گفت «فردا دوچرخه را بیار بیرون و دستی به سر و روش بکش. خودت هم تمام روز کاری نکن که خسته نشی. فقط استراحت بکن».

«چرا من؟»

حاجی گفت «نه اینکه پسرها روی شط کار می‌کنن، اگه شبانه توی بیابون دیده بشن تهمت‌ها و جُرم‌های دیگه هم به اون‌ها بسته می‌شه که برای کارشون خوب نیست، صلاح نیست. البته که دیده نمی‌شن. تو هم دیده نمی‌شی».

عقیل گفت «شاید برای من‌هم خوب نباشه حاجی».

حاجی گفت «موضوع تو فرق می‌کنه. تو برای ژاندارم‌ها آشنا نیستی. چیزی نمی‌شه. اگه هم شد بیرون کشیدن تو برای من راحت‌تره، خیلی راحت. اصلاً دلواپس نباش».

بعد حاجی به او وعده‌ی پاداش خوبی داد و وسوسه‌ش کرد. وسوسه شد.

آن روز بعد از صبحانه، پسرهای حاجی سوار بر موتورسیکلت‌هایشان شدند و هرکدام به‌سویی رفتند. به کجا؟ غیر از بی‌بی و حاجی کسی نمی‌دانست. عقیل دوچرخه را از توی انبار بیرون کشید و آن را به نخلستان برد و به تنه درختی تکیه داد. پارچه بزرگی که همراه داشت در آب نهر خیس کرد و آن را چلاند و شروع کرد به تمیز کردن میله‌های دوچرخه، از بالا تا پایین. مدت زیادی بود کسی بر آن سوار نشده بود. زمانی عقیل یا پسران حاجی با همین دوچرخه بعضی امور خرید و حمل و نقل را انجام می‌دادند، اما بعد که پسرها موتورسیکلت‌دار شدند دوچرخه به انبار فرستاده شد.

نوبت به روغن‌کاری زنجیرها رسید. دوچرخه را وارو نشاند و هی روغن ریخت و رکاب را گرداند. بعد باید چرخ‌ها را باد می‌کرد. باز آن را به حالت عادی بر زمین نشاند و مشغول پُمپ‌زنی شد. حس کرد کسی دارد از لای شاخه‌ها به او نگاه می‌کند. اعتنا نکرد. حالا باید ترک آهنی مخصوص حمل بار را بر دوچرخه می‌بست. پمپ و روغن‌دان را به انبار برد و با ترک آهنی که باید بسته و پیچ می‌شد برگشت.

صدایی از لای شاخه‌ها انگار پرنده‌ای سخن گفته باشد گفت «بذار کمکت بکنم».

پرنده از لای بوته‌ها بیرون آمد. دختر بود. شلوار بلند پوشیده و روسری به سر بسته با لبخند.

عقیل گفت «نه. از اینجا برو».

دختر گفت «کمک می‌خوای. من بلدم دوچرخه را بگیرم. ببین».

دوید آمد و از پشت میله دوچرخه را گرفت و کشید و کوشید آن را چسبیده به درخت محکم نگه دارد.

عقیل گفت «باشه. همون‌جور بگیر».

و خود به بستن ترک ادامه داد. پیچ‌ها را در مُهره‌ها می‌انداخت و می‌پیچاند تا ترک سفت و محکم شد. دختر گفت «حالا من را سوار دوچرخه‌ت می‌کنی یک دور بچرخونی؟»

عقیل گفت «کجا؟»

دختر گفت «همین‌جا می‌شینم».

و خواست بپرد روی ترک دوچرخه.

عقیل گفت «نه».

دختر غمگین نگاهش کرد و گفت «تو را به خدا. فقط یک دور کوچک. به کسی نمی‌گم. به هیچ‌کس».

لب‌ها را جمع کرد. آه از آن لب‌ها که دل عقیل را این‌جور می‌لرزاندند.

«اگر به کسی حرفی نمی‌زنی».

دختر خوشحال گفت «پس تو دوچرخه را محکم بگیر تا من بپرم بالا».

عقیل پرسید «اگه مادرت ببینه؟»

دختر گفت «مادرم نمی‌بینه. رفته خونه صدیقه بندانداز. زود برنمی‌گرده».

عقیل پرسید «خونه صدیقه بندانداز؟»

دختر گفت «بابا به او پول داد که امروز بره خونه صدیقه صورتش را بند بندازه.

من‌هم وقتی زن بشم می‌رم صورتم را بند می‌اندازم. تو دوست داری؟»

عقیل بر دوچرخه سوار شد. پاهایش هنوز روی زمین بودند. گفت «بپر بالا».

دختر سبکبال پرید بالا و خود را روی ترک جای داد و گفت «حاضر».

عقیـل نگاهی بـه اطراف انداخت و دوچرخـه را کمی راه برد. بـه باریکه راه که رسید گفت «سفت بشین».

و خود را به‌روی زین جای داد و راند. دختر خندید. باد شـاخ و برگ اطرافِ راه را تکان‌تکان می‌داد.

دختر به شادی جیغ کشید «تندتر برو. تندتر».

عقیل گفت «آروم باش».

دختـر بلندتـر خندیـد. دوچرخـه می‌رفـت و عقیـل فکـر می‌کرد کـه ای‌کاش می‌توانست همین‌طور برود و دور شود از این‌جا، فقط با او.

«برو به جایی که دیگه برنگردیم».

«کجا؟»

«از تـوی بیابـون برو دور. برس به شـهر کـه از اینجا دوره. اونجـا که هیچ‌کس نمی‌تونه آدم را پیدا بکنه».

«نه. به بیابون نمی‌رم. بابات اون‌طرف‌هاس. اگه ما را ببینه».

«ترسو».

«خفه شو».

«اگه یک قایق داشتی من را سوار می‌کردی؟ به کجا می‌بردیم؟»

«مگه تو دلت می‌خواد که با من بیای؟»

«به هر کجا که بری. هرچه دورتر بهتر».

راه در ته خط به شط می‌رسید. دوچرخه توقف کرد بر ساحل گِلی. چندتا قایق ولو افتاده بودند که دوتا از آن‌ها قایق‌های پسران حاجی بودند.

دختر گفت «ببین. قایق هم اینجا حاضر و آماده هس برای بردن ما».

عقیل به او اعتنا نکرد. راه را دور زد و راند و راه آمده را برگشت. از روی دست‌انداز که می‌گذشتند دختر جیغ می‌کشید. دست‌هایش از پشت کمر عقیل را بغل کردند. یکی از دست‌ها آرام دنبال درز پیرهن او گشت و یافت. انگشتان زنانه از لای درز پیرهن رفتند داخل و پوست تن را لمس کردند. مرد لرزید، لرزش ناخودآگاه از مغز سر تا انگشت‌های پا. دختر سر چسباند به کمر او که می‌راند.

دوچرخه به انبار رسید. عقیل تنش را از روی زین پایین آورد و پاهایش را بر زمین گذاشت و گفت «حالا دیگه بپر پایین».

دختر دست‌ها را از پشت بر شانه‌های او گذاشت و پا شد ایستاد روی ترک. دوچرخه لرزید. داشت می‌افتاد.

«مراقب باش».

دختر پرید پایین.

عقیل هم از روی دوچرخه پایین آمد و گفت «حالا دیگه برو. دور شو».

و همچنان به او نگاه می‌کرد. دختر لباس خود را مرتب کرد و آماده شد برای دویدن به سمت خانه؛ اما پیش از آن که شروع کند به دویدن با پوزخند خیره شد به چشمان عقیل و گفت «مردِ ترسو».

مرغ‌ها و مرغابی‌ها ترسیدند. پیش از هرکس آن‌ها صدای موتورسیکلت را شنیدند. همراه با پرندگان دیگر خانگی توی حیاط از این‌سو به آن‌سو دویدند و برگشتند. بعد صدای موتورسیکلت از پشت در شنیده شد. عروس‌ها دو لته در را از هم گشودند. موتورسیکلت که پسر بزرگ بر آن نشسته بود داخل شد و طول حیاط را طی کرد. بچه‌ها اول خود را کنار کشیدند و بعد دویدند دنبال آن که به انبار رفت.

حاجی گفت «برین از اینجا. دور شین».

و خود به انبار رفت. دختر و خواهر حاجی با بسته‌های علف بر سر آمدند و

بارها و داس‌ها را پشت در طویله انداختند. مادر دختر از مطبخ درآمد.

دختر با گریه سوی مادر دوید و گفت «خسته شدم».

مـادر لیوانـی آب بـه او داد و گفـت «بخور و همین‌جا بشـین خسـتگی در کن عزیزکم».

عقیل فکر کرد اگر او زن من باشـد نمی‌گذارم این‌طور کار کند و خسـته شـود. نه نمی‌گذارم. چون او برای کار زاده نشـده بلکه برای در آغوش کشـیدن و بوسـه بر اندامش زدن از شکم مادر درآمده.

کسی داد زد «هی عقیل. بیا به مهمون‌خونه. حاجی با تو کار داره».

عقیل به میهمان‌خانه رفت.

حاجی داشت بر رختخواب دراز می‌کشید. گفت «جلوتر بیا».

عقیل رفت جلوتر.

حاجی گفت «بشین».

عقیل نشست.

حاجی پرسید «تو یادته چندتا درخت مجنون پشت قبرستان هس؟»

عقیل گفت «انگار فقط یکی بود».

حاجی گفت «ها فقط یکی».

«باز هم چیزی باید چال بشه اونجا حاجی؟»

حاجی گفت «گودال کنده شـده و آماده‌س. پسـر گورکن کنده. گفتیم یک بچه گوساله مُرده از مادر زاده شده. گفتیم گوشتش حلال نیست چون مُرده از شکم مادر بیرون اومده. ملا گفته برای دفع بلای بیش‌تر بیاریمش اینجا زیر بید چالش بکنیم. برای حال درخت هم خوبه، پُرپُشت‌ترش می‌کنه. پول خوبی به پسر گورکن دادیم. گودال کمی آن‌طرفه، زیر درخت رو به قبله که بایسـتی، درسـت رو به قبله، بعد ده

قدم می‌شمری می‌ری که گودال جلوت ظاهر می‌شه. تو دلواپس چیزی نباش. فقط محموله را بر ترک دوچرخه حمل می‌کنی و می‌بری و می‌اندازی داخل گودال. همین. بعد خاک می‌پاشی روش تا باز بشه هم‌سطح زمین».

عقیل پرسید «محموله چی هس؟»

اگرچه خودش می‌دانست محموله چیزی جز چند تفنگ غیرقانونی نیست.

حاجی گفت «حالا که نه. بعد از نصفه شب که کسی اون‌طرف‌ها نیس میری. البت که هیچ‌وقت کسی اون‌طرف‌ها نیس. تو دلواپس نباش».

عقیل گفت «ژاندارم‌ها که هستن».

حاجی گفت «نه. امشب بارون می‌آد. خبری از اون‌ها هم نیس. اصلاً خوف به دلت راه نده. کار تو فقط حمل و دفن هست نه چیز دیگه. اگه هم یک‌وقت خدای نکرده کسی سر رسید تو پسر گورکن را خبر کن. بگو با او حرف بزنن. خاطرت جمع، چیزی که بد باشه پیش نمی‌آد».

عقیل پرسید «محموله چی هست؟»

ورود دختر و مادرش به اتاق مکالمه را قطع کرد. زن لگن در دست داشت و دختر آفتابه را. آن‌ها را گذاشتند پایین رختخواب.

حاجی گفت «آب داغ به همین زودی حاضر شد؟»

زن گفت «کمی هم گلاب ریختم توی آب».

صورت زن بندانداخته و تمیز بود. انگار همین حالا حاضر برای عشق‌ورزی بود. دختر ایستاده به پدر نگاه می‌کرد.

حاجی گفت «چیزهایی دارم برای شما».

اشاره کرد به بسته‌ای که بر تاقچه بود. دختر خیز برداشت و بسته را قاپید و کاغذش را باز کرد.

حاجی به زن گفت «این مال توست».

دختر گفت «پیرهن خواب سفید».

زن گفت «قشنگه».

به ناز و به شهوت گفته بود.

دختر گفت «وَه چقدر دکمه داره سرتاسر».

مادر پیرهن را از دست دختر بیرون کشید و گفت «حاجی برای من خریده».

حاجی به دختر گفت «و برای تو».

از داخل کیف چند اسکناس درآورد و به دختر داد. گفت «بچه‌ها را ببر به دکان زینال هرچه می‌خواهی برای آن‌ها و برای خودت بخر. هرچه میل داری».

زن لبخند زد و گفت «بابا را بوس کن».

دختر اسکناس توی دست خود را به‌روی پدر انداخت و او را بوسید. این اولین بار بود که عقیل می‌دید یکی از بچه‌های حاجی او را می‌بوسد.

حاجی گفت «حالا برو».

دختر رفت. حاجی پاها را در لگن گذاشت. زن نشست و از آفتابه آب روی پاهای حاجی ریخت.

کسی از توی حیاط داد زد «هی عقیل کجایی؟ بیا».

حاجی به عقیل گفت «پس تو فعلاً برو تا بعد».

عقیل بلند شد و پرسید «بعد؟»

حاجی گفت «ها بعد».

دم در حیاط پسر کوچک حاجی سوار بر موتورسیکلت منتظر او بود. با اینکه دو لته در را برایش از هم گشوده بودند نمی‌توانست داخل شود چون بر ترک موتورسیکلتش یک حصیر بزرگ لوله شده بسته بود. لوله حصیر بلندتر از دهانه در حیاط بود. عقیل فهمید که باید از زیر آن بخزد بیرون و از ترک موتورسیکلت بازش کند. رفت و آن را باز کرد. موتورسیکلت آزاد شد و به داخل حیاط سُرید.

پسر حاجی گفت «ببرش توی انبار».

بلندی عرض حصیر لوله شده تا سینه عقیل می‌رسید. آن را بر شانه انداخت و به‌طرف انبار رفت. دختر و چندتا بچه از حیاط بیرون می‌رفتند.

دختر پرسید «چی لای این حصیر پنهون کردی که داری با عجله می‌ری؟» خندید.

عقیل گفت «این حصیره. فرشـه برای زیر پا انداختن. چیزی قرار نیسـت توش پنهون بشه».

دختر گفت «من می‌تونم برم لای این پنهون بشم که کسی پیدام نکنه».

پسری گفت «خفه می‌شی. می‌میری».

دختر گفت «نمی‌میرم».

و از عقیل پرسید «می‌ذاری من برم داخل این؟»

عقیل گفت «نه.»

صدای خشک بی‌بی بچه‌ها را از عقیل جدا کرد. بچه‌ها دویدند و رفتند. بی‌بی داشـت به مرغی که او را آزرده بود فُحش و ناسـزا می‌داد. عقیل به انبار رسـید. پسر حاجی داشت موتورسیکلت را پارک می‌کرد. «بذارش همین‌جا».

عقیل پرسید «این چی هست؟»

پسـر حصیر را از دسـت او گرفت و آن را به حالت ایسـتاده بر زمین گذاشت و گفت «یک حصیر لوله‌شده. تو چیزی بیش‌تر می‌بینی؟»

عقیل گفت «فقط یک حصیر لوله‌شده؟»

پسر گفت «همین».

عقیـل گفت «عرضش خیلی بلنده. حصیری به این اندازه توی این خونه نیس. برای مهمونخونه‌س؟»

پسر گفت «شاید».

عقیـل گفت «یا برای اینکه امشـب چیزی لای اون پیچیده بشـه و از این خونه بیرون برده بشه؟»

پسر گفت «ها؟»

«حاجی گفته بود تو بهتره هیچی ندونی. بله. این‌طور بهتره. به کسی هم چیزی نگو».

عصر بود.

مادر دختر گفت «شنیدم امشب نیمه‌شب میری بیرون عقیل. کجا به سلامتی؟»

عقیل گفت «چند جای دیوار سـکوی دور شـط سوراخ شده. اگه همین امشب سـوراخ‌ها را نبنـدم صبح کـه مد بالا می‌آد آب می‌ریزه توی بـاغ و بوته‌های گوجه و خیار را خراب می‌کنه. باید نصفه‌شب برم سراغش».

مادر و دختر داشتند مرغابی‌ها را از نخلستان به خانه هدایت می‌کردند. هرکدام چوب باریک بلندی در دست داشتند. مرغابی‌ها دادوقال راه انداخته و نمی‌خواستند به داخل قفس بروند.

مادر دختر گفت «امام رضا پشت و پناهت باشه».

و همچنان به دنبال مرغابی‌ها رفت و دور شد.

دختر آرام به‌طرف عقیل آمد و آهسـته طوری که کسـی غیر از او نشـنود گفت «من‌هم نصفه‌شب با تو می‌آم. وقتی که همه خوابیدن».

عقیـل خواسـت بگوید نه؛ اما دختر دوید دنبال یـک مرغابی که از روی جوی پریده به نخلستان برمی‌گشت. دختر با خنده گفت «جات را بلدم. میام».

از روی جـوی پریـد و در نگاه او گم شـد. عقیل هرچه چشم‌چشـم کرد که باز دختر را ببیند ندید.

خواهر حاجی از کجا ظاهر شد. گفت «برات یک جفت جوراب کلفت اوردم.

بگیر. برای امشب به دردت می‌خوره».

عقیل جوراب را در سکوت گرفت.

زن عقیل گفت «چه جوراب‌های خوبی. این‌ها را از کجا آوردی؟»

شب شده بود و آن‌ها توی اتاق بودند.

عقیل گفت «خواهر حاجی بهم داد. برای امشب».

زن گفت «خدا عمرش بده. چه مهربونه با تو».

عقیل گفت «فقط برای امشب».

«می‌دونم که بالاخره اونه که هَووی من می‌شه».

«تو همه‌ش از زن گرفتن من حرف می‌زنی. من خاطر او را نمی‌خوام. باور کن».

زن پرسید «حالا چرا امشب باید نصفه‌شب بری؟»

عقیل گفت «پس کی؟»

زن گفت «چرا حالا نه؟»

عقیل گفت «نه. حالا نمی‌شه. باید نصفه‌شب بشه».

زن گفت «باشه. فقط تو را به خدا لباس گرم بپوش».

نیمه‌شب که شد انگشتانی پشت پنجره اتاق عقیل چند تقه زدند. وقت رفتن بود. او لباس پوشیده و آماده بود. چکمه‌ها را هم پوشید. زن در تاریک‌روشن اتاق او را نگاه می‌کرد. غمگین و نگران بود.

«تو را به خدا مواظب باش مرد».

عقیل گفت «تو بخواب».

و از اتاق بیرون رفت. خواهر حاجی زیر درخت ایستاده بود. کمرش را با چادر سیاه بسته بود. انگار آماده برای انجام کار مهمی بود. به عقیل علامت داد که به انبار برود. عقیل رفت. پسرها در انبار بودند.

پسر بزرگ گفت «تو همین‌جا بمون. بشین آروم و بی‌تکون منتظر باش».

بعد پسرها بیرون رفتند. از داخل انبار نمی‌شد حیاط را دید. از پنجره انبار فقط راهی دیده می‌شد که نخلستان را به بیابان وصل می‌کرد. در تاریکی و انتظار فقط به دختر فکر کرد که حالا توی اتاق خود تنها بود چون عقیل ساعتی پیش مادر او را دیده بود که آهسته و آرام در لباس خواب تازه از اتاق خود بیرون آمده و به میهمان‌خانه رفته بود؛ به جایی که حاجی در رختخواب خود او را انتظار می‌کشید. عقیل فکر کرد اگر کار امشب به سلامت انجام شود فردا او دختر را از حاجی خواستگاری می‌کند.

جرقه‌ای در آسمان جهید و بیابان را برای لحظه‌ای روشن کرد. صدای پرنده‌ای خاموش شد. حرف دختر جدی نبود وقتی که گفت «من‌هم می‌آم.» نه. این را فقط گفت برای سر به سر گذاشتن و شیطنت کردن. انگار صدای نفس زدن آدمی را شنید. گوش سپرد به دیواری که انبار را از طویله جدا می‌کرد. صدا از گاوها بود.

«قول می‌دم با زنم مهربون بمونم و از او بیش‌تر مراقبت کنم».

«اما توی این حیاط دیگه جا برای یک اتاق تازه نیس».

«کنار انبار کمی جا هس».

«اونجا نزدیک به طویله‌س. صدای گاوا اذیتت می‌کنه».

«فقط اجازه بده با او باشم حاجی. کجاش مهم نیس».

«باشه. این تو و این هم دختر. خوشبخت بشی».

اول پسر بزرگ وارد انبار شد. با عجله آمد و دست بر شانه‌ی عقیل گذاشت و او را بر چارپایه نشاند.

«تو فعلاً بشین».

بعد خواهر حاجی و پسر کوچک در حالی که حصیر لوله‌شده را حمل می‌کردند آمدند. هرکدام‌شان یک گوشه از بار را گرفته بود. عقیل خواست جلو برود

اما پسر بزرگ او را نگه داشت.

«تو زحمت نکش. الان تموم می‌شه».

بار را بر بشکه نفت گذاشتند.

خواهر حاجی به پسر کوچک گفت «تو محکم بگیر تا من بدوزم».

پسر کوچک بار را محکم بر بشکه نگه داشت. خواهر حاجی فانوس و چارپایه‌ی زیر آن را جلوتر کشید و شروع کرد به دوختن سرهای لوله‌ی حصیر. پسر بزرگ عقیل را سرگرم می‌کرد که به بار نگاه نکند. خواهر حاجی هر دو طرف لوله را طوری دوخت که آن‌چه وسط لوله حصیر بود بیرون نزند.

«حاضره».

پسر کوچک دوچرخه را از انبار بیرون برد. پسر بزرگ و خواهر حاجی حصیر را حمل کردند و بردند و با طناب محکم بستند بر ترک دوچرخه.

«سوار شو عقیل».

سه‌نفری دوچرخه را نگه داشتند تا عقیل بتواند بر زین جای بگیرد. کدام‌شان گفت «برو».

عقیل راند و رکاب زد و رفت بر راهی که یک‌راست او را به قبرستان می‌برد.

«ما همین‌جا توی انبار منتظرت می‌مونیم تا برگردی».

باد نرم به سر و روی عقیل وزید. چند قطره باران بر صورتش ریخت. قطره‌ها بیش‌تر شدند. تندتر رکاب زد. انتظار داشت بار پشت دوچرخه وزن بیش‌تر از این داشته باشد. به خود گفت «اما حالا نه به بار فکر بکن و نه به این که داری چه می‌کنی. حالا مادرِ دختر مشغول لذت بردن و لذت دادن به حاجی است و دختر تا دم صبح در اتاق تنها می‌ماند. تنها در رختخواب خود غلت می‌زند. زیر لحاف فقط با یک پیرهن که به راحتی می‌توان آن را از تنش کند».

رعد و برق ناگهانی عقیل را ترساند. نفس‌نفس می‌زد. «تا به گودال برسم حصیر

را تنـد در آن می‌انـدازم و گودال را با خاک پُـر می‌کنم و برمی‌گردم. همین. بعد در چشـم حاجی عزیزتر می‌شـوم. بالاخره برای این عشق کاری باید کرد. می‌بینی که ترسو نیستم. نبودم».

در بیابان چیزی دیده نمی‌شـد جز سایه‌های ثابت که نشانی بودند از کوره‌های آجرپزی و سـایه‌های کوچک متحرک که سـگ‌های ولگرد بودند. سـگ‌ها از ترس بـاران به هر سـو سـرگردان می‌گریختنـد و دنبـال پناهگاهی می‌گشـتند. راه نمناک می‌شد. باید احتیاط می‌کرد. با احتیاط می‌راند.

سـایه‌ی دیوار قبرستان نمایان شد. رسید. باید پابه‌پای دیوار می‌رفت. قطره‌های باران درشت و شفاف بودند. انگشتان ظریف دختر در موهای سینه مرد فرو می‌روند. بوسـه‌ها از زیر گلو شـروع می‌شـوند. چه تن سُبکی دارد. چه خنده‌هایی که مرد را بـه دنیای دیگر می‌برد. «خدا را شـکر من هنوز زنده هسـتم و می‌توانـم بهره ببرم از این‌همه خوشی.» جغدی خواند. سگی زیر باران نالید. «سگ‌ها به این‌سو نمی‌آیند چـون درمانده‌تـر از آنند که بخواهند با آدمی درگیر شـوند. مُرده‌ها هم که مُرده‌اند و کارشـان فقط دراز کشـیدن در خاک است. خب خدا را شکر این هم درخت بید با شاخه‌های سبز آویخته منتظر رسیدن او».

از روی زین پایین آمد و با گذاشتن پاها بر زمین دوچرخه را متوقف کرد. پیاده شـد و دوچرخه را به درخت تکیه داد. نگاهش دنبال گودال گشـت. سـایه‌هایی که ثابت نبودند از همه سو او را نگاه می‌کردند و می‌گریختند و باز ظاهر می‌شدند.

گـودال کمـی بزرگ‌تر از قدوقامـت حصیر بود و کمی هم عمیـق دهن باز کرده منتظر بلعیدن حصیر بود، با هرچه در آن بود. گره طناب که حصیر را به ترک و به زین بسته بود باز کرد. حصیر را از روی ترک دوچرخه پایین آورد و بر زمین گذاشت. بعد آن را کشـید و غلتاند و به درون گودال انداخت. پرنده‌ای جیغ کشـید یا زنی در اوج لذت نالید. عقیل بیلچه را برداشـت و خاک کنار گودال را به درون ریخت. با اولین

حرکت پایش بر گل لغزید و افتاد داخل گودال. حصیر پای او را کشید و سفت گرفت. لرزشی به جان او افتاد. باز خودش را از داخل گودال بیرون کشید و با بیلچه خاک ریخت توی گودال، روی حصیر، که ذره‌ذره گم می‌شد زیر خاک. بعد همان‌طور که حاجی به او سپرده بود کف بیل را مالید روی خاک تا زمین یکسان شود و اثری از بودن گودال پیدا نباشد. باران به او کمک کرد تا زمین زودتر یکسان شود.

حالا ایستاد و نتیجه‌ی کار را وارسی کرد. با فشار کف پاها بر روی گودال آخرین نگرانی را برطرف کرد. دیگر کسی نمی‌تواند ببیند که در اینجا گودالی کنده و پُر شده است. بیلچه را باز بست پشت دوچرخه.

چرا برای رفتن شتاب نداشت؟

باران بر سر و رویش می‌ریخت و او ایستاده به محل دفن محموله نگاه می‌کرد؛ مثل وقتی که خواب می‌بینی در جایی هستی که نمی‌خواهی باشی. تقلا می‌کنی که خود را از خواب به بیداری بیرون بکشی اما نمی‌شود.

«باید برم. ولم کن».

پرید روی زین دوچرخه و در تاریکی به سمت خانه راند.

پسرهای حاجی در انبار منتظر او بودند. برادر کوچک در را برای او باز کرد. عقیل وارد شد. سراپا زیر گِل بود، هم خودش هم دوچرخه‌اش.

برادر کوچک دوچرخه را از او گرفت و پرسید «انجام شد؟»

عقیل آرام گفت «ها».

برادربزرگ پرسید «کسی هم تو را دید؟»

عقیل گفت «نه».

برادر بزرگ پیش‌تر آمد و با او دست داد. دو مرد دست‌های یکدیگر را فشردند و شانه‌های‌شان را یکی پس از دیگری به‌هم ساییدند. عقیل لبخند زد با حسی از امید و حس نزدیکیِ بیش‌تر به اهل خانه.

برادر بزرگ گفت «خب پس حالا برو به اتاقت و لباست را عوض کن و بخواب. راحت بخواب».

بعد به برادرش گفت «تو هم برو».

برادر کوچک دوچرخه را به دیوار تکیه داد.

برادر بزرگ گفت «ما هم می‌ریم به اتاق‌هامون. عمه خودش به موقع حاجی را خبر می‌کنه. بعد هم دوچرخه را می‌شوره».

عقیـل از انبـار در آمـد. باران قطع شـده بود. وسـط حیاط زیـر درخت خواهر حاجی ایستاده بود و با کمر بسته چیزی را که در دست داشت دراز کرد به‌طرف او. یک پیراهن سـفید نو بود. عقیل آن را گرفت. زن لبخند زد. عقیل فقط نگاهش کرد و به اتاق خود رفت.

تهران، ۱۳۶۵

چهارفصل ایرانی

به من نگاه کن لااقل. به سمت باجه‌ای که در آن گوشی به‌دست از پشت شکستگی شیشـه تو را می‌بینم. آرام و بدون تشویش از پیاده‌رو مقابل می‌گذری. تلفن خانه‌ت بوق می‌زند. مثل همیشه موها بر شانه‌ت تکان‌تکان می‌خورد با باد گرم تابستان. یک گل سفید لای موهات. لبخندت را می‌بینم واضح مثل گلبرگ موهات.

عـده‌ای بیـرون باجه منتظرند مـن بیایم بیـرون. براندازم می‌کنند بـا پوزخند. پالتـوم همه‌ش دوده‌سـت؛ دود و چـرک، مثل لایه‌ی ضخیمی که پوسـت صورتم را پوشانده.

بوق تلفن خانه‌ت.

بار دیگر دسـت‌ها را بالا می‌بری و موها را از دو طرف پس می‌زنی و من هنوز امیـد دارم یکـی از همیـن روزها پا به خیابـان بگذاری بیایی به‌طرفـم، پیاده‌رو کنار نرده‌ها، بیایی و بگویی «بالاخره برگشتم».

امسال سال چندم‌ست اینجا هستم؟ به انتظار تو؛ انتظاری که با زمستان شروع شد. زمستان و برف. شب قبل از آن تماس گرفتم با تو حرف زدم؛ درست با همین شماره که این‌همه سال جز صدای بوق چیزی ازش نشنیده‌ام.

گفتم «می‌خواهم ببینمت».

قرار گذاشتی، اینجا، گُه‌ترین خیابان دنیا. مکانی که سال‌هاست از آن بیرون نرفته‌ام و حالا شده خانه‌ی من.

روز بعد آمدم با موی اصلاح‌شده ریش تراشیده عطر یاس. یقه‌ی پالتو را بالا کشیده سعی می‌کردم نگاهم به داخل دانشگاه نیفتد. نمی‌افتاد. هرچه عقربه‌ها به ساعت قرار نزدیک‌تر می‌شدند تپش قلب من تندتر می‌شد بالا می‌رفت اوج می‌گرفت. چند بار ردیف نرده‌ها را از اول تا آخر بالا پایین رفتم. صورتم را گرفتم بالا تا برف روی پوستم بنشیند. ترس و اضطراب. دست خودم نبود. سر پایین می‌آوردم. یک‌دسته زن سیاه‌پوش که باد پاییز لبه‌ی چادرشان را تکان‌تکان می‌دهد، جلو می‌آیند. زمستان‌ها به برف اعتنا نمی‌کنند. می‌آیند. خشکم می‌زند. خشکم زد ایستادم. توده‌ی سیاه مذاب توی تابستان، عرض پیاده‌رو را پُر می‌کند. پیش می‌خزد. بعد دودو زدن سیاهی چشم‌ها و دیگر هیچ؛ جز سیاهی که به من نزدیک‌تر می‌شود. با وحشت پلک‌ها را برهم می‌گذارم. احاطه‌م می‌کنند. یک تونل تاریک و بوی لاشه، بوی کافور، - گندیدگی. آه من گم شده‌ام؛ گم، گم، گم لای سیاهی...

مدتی بعد باز چشم‌ها را باز کردم. تونل نبود. برف بود. آه کشیدم. یک مرد آشنا از روبه‌رو پیش می‌آمد با گوش‌های دراز. رسید به من ایستاد. کارگر پدرت بود. از جیب بغل یک پاکت نامه درآورد و گرفت به‌طرف من. مثل خودش کر و لال شده بودم. نه می‌توانستم چیزی بگویم نه چیزی بشنوم؛ غیر از صدای پرهای پاره‌ی برف که روی گوش‌های او یا روی گوش‌های من پخش می‌شد. پاکت را گرفتم. براندازش کردم. از تو بود. مات مانده بودم. بعد او رفت؛ با چتری که حالا عصایش بود. می‌خزید لابه‌لای ماشین‌ها و می‌رفت.

نوشته بودی «یک خبر خوش. امروز مراد را دیدم پشت پنجره‌ی اتاقم. زخمی بود. ما ازدواج کردیم. برای تو هم آرزوی سعادت دارم. خداحافظ».

اما جمعه بود. با کرکره‌های پایین کشیده‌ی دکان‌ها. دویدم دنبال مرد گوش‌دراز. رفته بود.

دویدم.

برگشتم.

تاکسی گرفتم خودم را رساندم به خانه‌ت؛ اما هرچه زنگ زدم کسی در را باز نکرد. آن دوروبَر پرسه زدم. نبودی.

برگشتم به اینجا. هُل خوردم توی باجه. تلفن خانه‌ت بوق می‌زد؛ بوق بوق. با همین سکه، سکه‌ی سال‌ها سال‌ها فقط یک سکه.

روز بعد هوا آفتابی شد و من جرئت نداشتم از این باجه و پیاده‌رو دور بشوم؛ مثل حالا، چون توی هر لحظه ممکن‌ست توی هر فصل، تو از آن‌طرف خیابان بیایی به این‌طرف و دست‌ها را دراز کنی رو به من و بگویی «بالاخره برگشتم».

اولین بار که در پیاده‌رو دیدمت کی بود؟ روی بوق چهل و هشتم، پیرهن سفید با گل پنج پر زرد. راه می‌رفتی؛ آرام و بی‌قید.

خوش و سبک.

عکست روی شیشه‌ی شکسته‌ی باجه چند شقّه بود. عکس‌ها درهم می‌غلتید. گوشی را گذاشتم. زدم بیرون؛ اما تو دیگر نبودی. دویدم تا ته خیابان. برگشتم. نبودی. بعد فهمیدم حضورت فقط با بوق تلفن همراه‌ست؛ اما روی چه شماره‌ای؟ دست من نیست. بالاخره روی یکی از بوق‌ها رؤیت می‌شوی. در هر فصل با یک پیرهن و یک گل.

پیرهن و گل پاییزی‌ت را بیش‌تر دوست دارم. پیرهن سبز، گل سرخ، مثل آن روز که بعد از سال‌ها دیدمت.

آن‌همه سال در سرزمین دیگر.

سالی که من از ایران رفتم تو چند سالت بود؟ خانه‌مان روبه‌روی هم بود. از

پنجره‌ی اتاق من حیاط شما دیده می‌شد. توی درس ریاضی ضعیف بودی. من دَرسَت می‌دادم. وقت درس و مشق می‌خندیدی. شب زیر نور چراغ می‌رقصیدی. می‌فهمیدی دارم از پنجره‌ی خاموش نگاهت می‌کنم. تاب می‌خوردی. پیرهنت دور تنت می‌چرخید. با یک لکه نور روی ساق پات.

آن‌همه سال در سرزمینی دیگر مثل خواب‌های پرنقش و نگار و گس گذشت. لابه‌لای خواب‌ها می‌خزیدی. نه در کتاب‌ها یا رؤیاها بلکه روی بدنه‌ی شفاف بطری روبه‌رو؛ وقتی دختر بار رد می‌شد تو یک لحظه گم می‌شدی و باز دوباره پیدا می‌شدی. غم‌انگیز وقتی فکر می‌کردم دیگر نمی‌توانم برگردم به وطنم؛ اما برگشتم همراه با هجوم برگشت.

چرا هیچ‌وقت به تو نگفتم دوستت دارم؟ چرا نگفتم به چه زحمتی تو را پیدا کردم؟

اما حالا اگر یک بار دیگر با من حرف بزنی همه‌چیز را می‌گویم. اگر در یکی از این فصل‌ها پا به خیابان بگذاری بیایی به این‌طرف و مرا از این قفس چهاررنگ بکشی بیرون؛ قفسی که با پای خودم آمدم داخلش؛ اما بعد که نگاه کردم دیدم درش بسته‌ست.

اولین پاییز آمده بودم به تو بگویم. از دیدنم خوشحال شدی. راه رفتیم. حرف زدیم. از همکلاسی‌هات گفتی. از دانشکده. گفتی هنوز قاتی هیچ دسته و فرقه‌ای نشده‌ای. چه خوب! قرار گذاشتیم. قرار. رابطه از سر گرفته شد.

از انگیزه‌های مردمی حرف زدیم. از همه‌جا از همه‌چیز می‌گفتیم. غیر از انگیزه من: ع ش ق

در تظاهرات و میتینگ‌ها با هم بودیم. مراقبت بودم. تشکیلات به من هشدار داد که در انجام دستورات محوّله تعلّل و پریشانی دیده‌اند. تعلّل و پریشانیم همه از تو بود. من که آن‌همه سال در جای دیگر، شهر فرنگ. آه حالا چطور مقابل تو این‌قدر عاجز بودم؟!

می‌گفتی «برایم حرف بزن. چطور می‌شود به این ملت مظلوم کمک کرد؟»

می‌گفتم «با فکر سالم».

اما حیف با فکر سالم نمی‌شود زندگی کرد. چون بین ما یک فاجعه بود. یک فاجعه هست. با موهای تُرد قهوه‌ای. چشمان سیاه. آن پسر به نام مراد.

آه که ترفند شعر و شاعری پلیدترین ترفند دنیاست. لعنت به هرچه شعرست. خیلی سعی کردم این را به تو حالی کنم اما نشد. باور نمی‌کردی؛ چون عاشق او شده بودی. همه‌ش از او می‌گفتی و از شعرهاش.

«لبخند تو و انقلاب!»

بقیه‌اش یادم نیست. نمی‌خواهم هیچ چیزش یادم بیاید. حتی شانه‌های استخوانی و نگاه نرمش را که خیره می‌شد به چشم‌هات با لبخند. من این‌طور آدم‌ها را خوب می‌شناسم. وقتی کفگیر شعرشان به ته برسد مقابل آدم زانو می‌زنند؛ مثل او که مقابل من زانو زد در آن بهار سیاه.

بعد از مرگ مراد، دیدار ما بیش‌تر شد. با لباس سیاه می‌آمدی و اصرار داشتی مرا بکشی به این خیابان؛ اما من بلوار را ترجیح می‌دادم. بلوار بهتر بود. دور از اینجا. فقط به یازده بوق دیگر گوش می‌دهم.

بهار به شوری اشک تو گذشت. تمام تابستان فکر می‌کردم چطور موضوع را با تو در میان بگذارم.

در پاییز هر بار می‌دیدمت قصد داشتم بگویم دوستت دارم اما می‌نشستیم پشت به نرده‌ها و از جنگ تازه درگرفته حرف می‌زدیم؛ از جنگ و سرنوشت شوم آن. مثل سرنوشت شوم من.

بالاخره توی زمستان با خودم عهد کردم به تو بگویم. هرجور هست. آن‌وقت یک شب گوشی را برداشتم و زنگ زدم.

گفتم «الو می‌خواهم ببینمت».

گفتی «مرا ترساندی».

گفتم «معذرت می‌خواهم».

از لابه‌لای سیم‌های تلفن نباید ابراز عشق می‌کردم. نه نباید. آن‌وقت قرار گذاشتیم.

گفتی «همان‌جا، پشت دانشگاه».

گفتم «نه آنجا نه»

گفتی «حرفش را هم نزن خواهش می‌کنم»

گفتم «باشد به درک، توی همین خیابان نکبتی»

اما تو نیامدی سر قرار. من پالتو خاکستری پوشیده بودم. برف می‌بارید. کارگر پدرت نامه‌تو آورد. نوشته بودی «مراد آمده پشت پنجره‌ت. زخمی بوده.» من که زخمی در او ندیدم غیر از همان شب. خیال نکن همیشه به فکر آن شبم. نه. فقط وقتی تکه‌های پریده‌رنگ نرده‌ها را می‌بینم یاد آن شب می‌افتم؛ یا وقتی مثل حالا با خودم عهد می‌کنم به شانزده تا بوق دیگر گوش بدهم.

شمردن بوق‌ها و نرده‌ها، دو تا از وسوسه‌های اصلی من‌ست. همه‌ی تکه‌های پریده‌رنگ نرده‌ها کار گلوله نیست. بعضی‌ها در اثر مرور زمان به این روز افتاده‌اند. آن‌ها که جای گلوله‌ست فرورفتگی هم دارند.

مردان مسلح داخل دانشگاه بودند. از پشت ساختمان‌ها شلیک می‌کردند. با هر شلیک چند نفر از میان جمعیت بهم فشرده‌ی ما روی زمین ولو می‌شد. من مراقب تو بودم. تو نگران مراد. نگاه سرگردانت در شلوغی دنبال او می‌گشت. دانشجوها دو طرف خیابان را بسته بودند. یکی دو ساعت با دلشوره گذشت تا اینکه او برگشت. یک کیسه سیاه نایلونی دستش بود. می‌خندید.

گفت «ساندویچ خریدم برای هر سه، با سیگار»

گفتی «توی این شلوغی خطرناک؟»

گریه کردی. اشکت چکید. چهار ستون بدنم لرزید. زانوهایم خم شد. تکیه دادم به نرده‌ها. عده‌ی زیادی، هم در پیاده‌رو هم وسط خیابان دراز کشیده بودند. خنجرم لای جورابم بود.

بار دیگر دسته‌ی خنجر به دست‌ها حمله کردند. سُریدند داخل جمعیت. چند نفر را زدند و برگشتند. جسدهای ما با شعار دسته‌جمعی دست به دست می‌شد.

مدتی دراز اوضاع آرام گرفت. بعد شما دو تا ساندویچ خوردید و من سیگار کشیدم.

مراد گفت «من اینجا چه می‌خواهم؟! اصلاً من اینجا».

تو گفتی «خودت را از مردم جدا نکن عزیزم. برای شعرت هم خوبه».

و خندیدی.

مراد گفت «فقط به‌خاطر تو».

و خندید. چشم در چشم تو. من دست بردم به خنجرم. جاش امن بود. آسمان اردیبهشت چه پُرستاره بود. آی شب پرستاره که حالا از یاد من رفته‌ای! آن‌همه ستاره از کجا آورده بودی که هرکدام مثل نوک سرنیزه در تن من فرو برود؟ درد بکشم. درد می‌کشم. درد می‌کشیدم؛ اما تو از من بی‌خبر بودی و همه‌ش توی او بودی. توی شقیقه‌هاش. آن‌وقت باز حزب الهی‌ها حمله کردند. یک ژیان زیرتی آمد داخل جمعیت. بعد پشتش را بالا زدند. یک تیربار و رگبار. بچه‌های ما دررفتند. دررفتیم. عده‌ای از بالای نرده‌ها پریدند توی دانشگاه. آن‌ها که تیر می‌خوردند مثل برگ خزان ولو می‌شدند. من و مراد تو را گم کردیم. خودم خواستم که تو را گُم کنیم، او تو را. فریاد می‌زد.

گفتم «پرید داخل. خودم دیدم».

دوتایی از روی نرده‌ها پریدیم آن‌طرف. یک عده لابه‌لای درخت‌ها روی چمن خیس می‌خزیدند و تیر از بالای سرمان نفیر می‌کشید. پیش می‌رفت. پیش

می‌رفتیم. دست مراد را گرفتم کشیدمش سمت ساختمان زرد. جایی که فقط چندتا درخت کوتاه پُرپشت بود. برگ درخت‌ها شفاف بود. او ترسیده بود. کفگیر شعرش به ته رسید و زانو زد. دست گذاشت روی سینه‌ش. خون از لای انگشت‌هاش شتک زد و من خون خنجرم را با یک مُشت برگ خیس خشکاندم.

برگشتم، گشتم و پیدات کردم. پریشان بودی. به هر طرف می‌دویدی. مراد را صدا می‌کردی. من‌هم او را صدا کردم همراه تو؛ اما صدای ما به هیچ کجا نمی‌رسید. آه... صدای تیربار چقدر وقیح‌ست. صدای سکه هم وقیح‌ست وقتی به شیشه‌ی باجه می‌خورد.

سر می‌چرخانم. چندتا مرد دیگر هم سکه به‌دست می‌خواهند شماره بگیرند و به بوق‌های یکنواخت گوش بدهند. باید به دیگران هم فرصت این کار را بدهم؛ اما فقط هفت بوق دیگر. چه لذتی!

بوق‌ها که تمام بشوند می‌آیم بیرون. پاشنه‌های صاف کفش‌ها را روی آسفالت می‌کشم. امروز چقدر خسته‌م! می‌نشینم رو لبه‌ی دیواره. تکیه می‌دهم به نرده‌ها پشت به دانشگاه؛ شاید باز یکی از ماشین‌های گشت بگذرد با سه سرنشین. آنکه روی صندلی عقب نشسته و تفنگش را بغل کرده نگاهم می‌کند. با لبخند یک نخ سیگار از لای شیشه پرت می‌کند به پیاده‌رو. سیگار را برمی‌دارم. سه بوق دیگر.

پیرمردی از کنارم می‌گذرد. سیگارم را آتش می‌زند. پُک می‌زنم. باز زن‌ها از روبه‌رو آرام و یکنواخت می‌جُنبند. می‌آیند. یک‌دسته زن سیاه‌پوش لبه‌ی چادرهاشان در باد زمستان لب‌پَر می‌زند. با تونل‌شان نزدیک می‌شوند. گُنگ و محو نگاهم می‌کنند. همه آن‌ها تو هستی. مثل همیشه لبخند می‌زنم. یک بوق دیگر.

تهران، ۱۳۶۷

شب بدری

زن با پسرش در یک خانه کوچک گلی دو اتاقه کنار شط زندگی می‌کرد. شوهرش سه سال پیش کشته شده بود و در این مدت چهره زن زرد و دور چشم‌هایش چین‌های ریز حلقه بسته بودند. پسربچه اما مرگ پدر را باور نداشت و همیشه منتظر بازگشت او بود. روزها بر سکوی گلی کنار شط می‌گشت و به دورها خیره می‌شد تا شاید قایق پدر از آن‌سوی پیش بیاید. شب‌ها هم در قاب پنجره می‌نشست و چشم‌هایش بر تاریکی گل‌آلود شط دودو می‌زدند.

زن می‌دانست مردِ مُرده باز نخواهد گشت؛ با این‌همه به پسر می‌گفت «اگر هم آمدنی باشد شب می‌آید».

آیند و روند مرد شبانه بود؛ در تاریکی، پنهان از چشم امنیه‌ها. چند روزی بود که پسر با دلی قُرص‌تر از هرگاه دیگر، انتظار می‌کشید. به مادر گفته بود «خوابش را دیده‌ام».

مادر گفت «خیر است». زن هم زیاد او را به خواب می‌دید. پیش‌ترها البته. آن‌وقت‌ها که کم‌سو امیدی هنوز بود، اما بعد خاموش شد. تیر کتف مرد را شکافته بود و قایقش یک شب تمام بر آب سرگردان مانده بود. جسد مرد اما پیدا نشد و فقط پیراهن خون‌آلودش را کف قایق بی‌سرنشین یافته بودند. پسر گفته بود «امشب باید

منتظرش باشیم».

«حالا بخواب عزیزم»

پسر مدتی به مادر خیره ماند. با نگاهی که مثل نگاه هیچ شبی نبود؛ انگار در عمق آینه شفاف مردمک‌هایش شعله‌ای گُر گرفته بود. بعد چشم از چشم گرد پرغبار مادر برداشته و روی تختخواب زیر پنجره به شط زل زده بود. ماه روی آب بالاوپایین می‌شد و زن که جامه سیاه به تن داشت به حیاط رفت و ماه روشن را که بر سینه آسمان نشسته بود دید. باد می‌وزید و شاخه‌های درخت کُنار را تکان می‌داد. پاره‌های مسی‌رنگ نور جابه‌جا بر کف حیاط افتاده بودند. زن زیر درخت نشست و سرش را به پوست سفت آن تکیه داد و آرام گریست. بعد به اتاق برگشت و گفت «نصفه‌شب شده پسرم. حالا دیگر بخواب». پسر سر بر بازوی لخت قهوه‌ای خود گذاشته بود و هیچ نمی‌گفت. در قاب پنجره چیزی نبود جز پاره‌ای از ستون دودی نخل و شب، که لخت و سنگین بود. زن گفت «پلک‌هایت را برهم بگذاری خوابت می‌برد»؛ و منتظر ماند اما پسر چیزی نگفت. اتاق بوی ماست تُرشیده می‌داد. زن نگاه از پسر برداشت و به‌طرف صندوق فلزی کهنه رفت. چند روز بود آذوقه‌ای نداشتند، و نه پولی برای خرید. مدتی پیش با فروش بعضی جامه‌ها مقدار پولی به چنگ آورده بود که آن‌هم حالا تمام شده بود. بر زمین مقابل صندوق زانو زد؛ مثل زایری خسته که در برابر سنگ مقدس زانو بزند؛ و دستی به موهای خرمایی پریشان خود کشید. بیهوده بود. هرچیز به‌دردبخور، یا به فروش رفته بود یا حشرات آن را جویده بودند. گفت «لعنت به امنیه‌ها» و خم شد جامه‌ی مردانه سوراخ شده را برداشت و بویید. بوی زهم مُرده ماهی‌ها دیگر نبود اما لکه‌های خون هنوز بودند. بیش‌تر بویید. از داخل صندوق بوی سوختگی می‌آمد. جامه‌ها را پس زد و به چادر سیاه خیره ماند و به حشرات فحش داد. امنیه‌ها و حشرات. حالا تنفرش از هر دو مطابق بود. حشرات برای آنکه بودند و امنیه‌ها برای آنکه نبودند. مدتی

بود نمی‌آمدند و او به خود گفت «لابد دیگر خیلی پیر شده‌ام». شاید. شاید هم زن شوهر مُرده‌ی دیگری را در جای دیگر پیدا کرده بودند؛ زنی که از او جوان‌تر بود و در رختخواب خلق خندیدن داشت. «اصلاً به درک». ناگهان پرنده‌ای که انگار تیغی به جانش خلیده باشد جیغ کشید. زن سر به‌سوی پسربچه گرداند و آرام گفت «غم فردا را نخور پسرم. فردا برنج داری حتماً». از بیرون صدای جُنبیدن آب می‌آمد «حالا بخواب» بادی از گلوی پسر بیرون زد و زن شقیقه خود را بر لبه صندوق گذاشت «باز خیال زده به سرت؟» در یک شب مهتابی مثل آن شب، پسر ماه لغزنده بر امواج را که دیده بود ذوق کرده و فریاد زده بود «رسید. این دیگر فانوس است. خود خودش. بیا ببین»

«عزیزم، فانوس این وقت شب چه می‌خواهد روی آب؟»

اگر از مرگ مرد خاطر جمع نبود این را نمی‌گفت؛ چون خودش بهتر می‌دانست که مرد فقط شب‌ها روی آب بود، با فانوس. مرد مسافر قاچاق می‌برد؛ مردانی را که تاب ماندن در این مملکت را نداشتند از شط گذر می‌داد. یا آن‌هایی را که ماندن برایشان مُردن بود به آن‌سوی آب می‌برد تا مثل کبوتری آزاد بال بگشایند و بروند. مرد گفته بود «بالاخره یک شب یک آدم حسابی به پُستم می‌خورد که جانش هزار بار گران‌تر از مالش باشد. نمی‌دانم کی اما می‌دانم که شب آخر است آن شب». زن پرسیده بود «شب آخر؟» مرد گفته بود «بعد از آن دیگر اینجا کاری نداریم. سه‌تایی می‌جهیم و می‌رویم، مثل سه تا فاخته آزاد» و شب آخر که مرد داشته آدم خیلی پولداری را به آن‌سوی آب می‌برده امنیه‌ها رسیده بودند. زن گفت «نکبتی‌ها، شب‌هایی که نباید بیایند مثل سگ دور خانه آدم وول می‌خورند اما حالا»؛ و پا شد قدمی به‌طرف تخت پسر برداشت «چطور تو به این می‌گویی فانوس، من تعجبم» و به بیرون نگاه کرد. تیغه‌های زرد مهتاب ستون‌های محکم نخل را بُرش داده بودند. دست‌ها را به کمر زد؛ انگار به ستون‌های سنگی از جلال افتاده نگاه می‌کرد. کمی

دورتـر شـط لابه‌لای شـب پیدا بـود، مواج و سـنگین؛ و ماه گرد زلال بـر امواج بالا می‌آمد و باز پس می‌افتاد. زن لبخند زد و قدمی جلوتر گذاشت و زانوها را به لبه‌ی تخت پسر چسباند «بچه که بودیم خیلی نگاهش می‌کردیم. مادرم می‌گفت اسمش فانوس غریب است» و خندید. «شنیده بودی تا حالا؟» موج بلندی ماه را بالا برد. «امـا مادرم می‌گفت نباید زیاد به آن خیره شـد، می‌دانی چرا؟ بـرای اینکه آدم را بد عاقبت می‌کند». نفس عمیق کشید. «بد عاقبت»؛ و خم شد دستی به سر پسر کشید و چند تار حنایی بهم چسبیده او را از هم گشـود. و هم خیلی نگاهش نکن پسرم. بد عاقبتی مادرت بس نیسـت؟» و بر لبه تختخواب نشسـت و سر پسر را بیش‌تر به خود فشرد و به پلک‌های رنگ پریده‌ی او نگاه کرد. پسر خوابیده بود. زن باز لبخند زد «خیال کردم بیداری هنوز». سر او را بوسید و با احتیاط بر تختخواب خواباندش و ملافه را تا گلوگاهش بالا کشید و باز پا شد به نهر پُر از آب گذرنده‌ی پشت پنجره خیره ماند. بعد تُفی انداخت بیرون و پنجره را بست و وسط اتاق یک دور، دور خود گردید. دنبال چیزی می‌گشت. اتاق عور در روشنایی کم‌سوی فانوس می‌سوخت. «حـالا چه‌کار کنـم؟» از فکر قولی که به پسـر داده بود بیرون نمی‌آمـد. «نهار فردا برنج اسـت، خیالت آسـوده باشد». به پرده نارنجی چرک گرفته بین دو اتاق نگاهی انداخت و کوشـید وسوسـه شـوم تازه قوت گرفته را از خود براند. نه، نمی‌بایست به فروش آن روتختی که یادگار مردش بود فکر کند. با خود عهد کرده بود آن را تا وقت مُردن نگه دارد. «غم فردا را نخور پسرم»؛ و پیش از آنکه فکرش را کرده باشد فانوس را برداشته و به اتاق دیگر رفته بود. سبزی تختخواب نرده‌دار تیره‌تر می‌نمود. پرنده‌ای از دور می‌خواند و صدایش با باد قاتی بود. زن روبه‌روی تختخواب ایستاد. پرنده‌ی آوازخوان را نمی‌شـناخت. اگر فاخته بود مقطع می‌خواند اما این یکی صدای خود را می‌کشـید، یکنواخت. و صدایش از پنجره می‌خزید داخل اتاق و خواب از سـر آدم می‌پراند «این وقت شب کدام پرنده؟» تختخواب بلند بود و جای خوابش فراخ

بود و در سه پهلو نرده داشت و بریدگی‌های هلالی، ستون‌های کوچک نرده‌ها را جدا می‌کرد. تخت دو کشوی قرینه هم داشت و بین دو کشو عکس دختری بود که با ابروهای پیوسته سبز و دماغی پهن و صورتی گرد لبخند می‌زد. زن فانوس را در پنجره نشاند و از زیر تشک کیسه‌ای مشمعی درآورد و روتختی سفید را از داخل آن بیرون کشید و جلوی صورت گرفت و به گل‌های درشت آبی‌اش نگاه کرد و از لابه‌لای حریر گلبرگ‌ها مردی را دید که دست‌ها زیر سر قفل کرده و از زور خستگی بر کومه بلند خرمای خشک به خواب رفته بود و صورتش پشت دستمال فندقی‌رنگ پنهان بود. زن رو گرداند و خودش را دید که با همان چشمان گرد و درشت اما بدون مژه داشت از نخل بالا می‌رفت. لحظه‌ای ایستاد و به مرد نظری انداخت. مرد دستمال را از صورت کنار زد. شوهرش بود و لبخند می‌زد. خودش هم لبخند می‌زد. مرد دستش را به‌سوی او دراز کرد و انگار چیزی گفت. صدایش را باد برد و همان باد بود. انگار که بوی خون تازه می‌آورد. ترسید و روتختی را پایین کشید و بر سینه فشرد. حالا یقین داشت آنکه می‌خواند پرنده نبود بلکه مردی بود که آرام می‌خواند و نفس‌نفس می‌زد؛ با صدای خسته که انگار از پس سالیان به گوش می‌رسید. باد لته‌ی پنجره را هل داد و نگاه زن به بیرون سفر کرد و بعد در میدان دیدش بر زمینه سُربی، سایه مردی در لحظه‌ای گریزنده و مضطرب بر سکوی گلی دیدار و نادیدار شد و نور زردی از شیب موج پایین سُرید و زن روی خود را برگرداند. دیوار کاهگلی پر از شکاف بود و لابه‌لای شکاف‌ها تاریکی بود و او به دیده خود شک کرد و دوباره نگاه به بیرون انداخت. اما نه، اشتباه نکرده بود. یقین بود. دیگر ماه روی آب نبود و به جایش فانوسی نزدیک می‌شد مثل همه فانوس‌ها. دست‌ها را از هم گشود «هی پسر». شاید جیغ کشیده بود. جلو دهان خود را گرفت. «اما این وقت شب». حالا جریان گرم خون خود را حس می‌کرد. دلش می‌خواست خود را از در بیرون می‌انداخت و پای برهنه تا شط می‌دوید؛ اما نه. اول باید روتختی را

روی تختخواب پهن کند؛ و کرد. دایره گل‌ها وسط افتاد. لبه‌هایش را هم زیر تشک فرو برد و چین‌هایش را گرفت و چرخی زد و فانوس را برداشت و به اتاق پسر رفت. دیوار مواج نارنجی روی شانه‌اش لغزید «بالاخره آمد».

پسربچه با دهان باز خوابیده بود. زن کمی بالای سرش ایستاد و شانه‌ها را جنباند «خودش به وقتش بیدار می‌شود». و باز با شتاب به اتاق دیگر برگشت و فانوس را روی قابلمه وارونه‌ای گذاشت و روبه‌روی آینه زانو زد؛ مثل شب اول که با سینه‌های برهنه روبه‌روی تختخواب نشسته بود و مرد با لبخند به او نگاه می‌کرد. چهره خود را در آینه برانداز کرد. بد نبود و هنوز آن‌قدرها که فکرش را می‌کرد پیر نشده بود و چین‌های نکبتی تمام پوستش را خراب نکرده بودند. زبان خیس را دور لب‌های سفید مالید و کهنه پیچانه سیاهی را از پشت آینه درآورد. لای آن چند تکه پوست خشکیده درخت گردو بود. یکی از تکه‌ها را به دهان برد و جوید. دندان‌ها را محکم بهم می‌فشرد. صورتش پر از موهای ریز سیاه بود. بعد از مرگ شوهرش هیچ به سر و روی خود نرسیده بود. یک شب امنیه‌ای به او گفته بود «یک رنگی، شانه‌ای، چیزی».

«تو به این چیزها چه‌کار داری؟ کارت را بکن و برو».

امنیه خندیده بود و شانه بالا انداخته بود. اما حالا زن نخ را هم از پیچانه درآورد و دور انگشت‌ها تاباند. عوضی تابانده بود. نخ گیر نمی‌افتاد. کمی فکر کرد. دو تاب نخ را بر انگشت‌ها جابه‌جا کرد. حالا درست شد انگار، و شروع کرد. موهای ریز صورت را در حلقه‌ی گیرنده‌ی نخ گیر می‌انداخت و ناگهان می‌کشید. پوست چهره به درد بی‌اعتنا بود. اگر روز بود بهتر می‌توانست به خودش برسد. کاش از پیش دانسته بود که مرد امشب می‌آید. کاش کسی به او خبر داده بود. «شاید هم همین بهتر که هیچ‌کس جز خودم آن شعله خوش‌رنگ را نمی‌بیند». قابلمه و فانوس را جلوتر کشید و صورتش در آینه نمایان‌تر شد و زردتر نمود. «با سرخاب اما درست

می‌شود». سورمه‌دان یک کوزه کوچک بود از جنس نقره با گلوی باریک و دری پرطاووسی که روی هم به اندازه انگشت آدمیزاد بود. زن با دهان پر آب برخاست. لب‌هایش رنگ جگر ماهی گرفته بود. پوست درخت گردو زیر دندان‌هایش نرم و تُرد شده بود. کنار پنجره ایستاد و تف تفاله‌دار قهوه‌ای را بیرون ریخت. فانوس روی آب ناگاه بالا پرید. انگار آب، آن را دوباره زایید، بعد پشت ستون بنفش نخلی گم شد. صدای پارس سگی او را ترساند. انتظارش را نداشت. برگشت و باز جلوی آینه تا شد. ستاره سبز روی چانه، گاه پر می‌گشود و گاه بسته می‌شد. قلم سورمه‌دان را بر مژه‌ها کشید. با شتاب می‌کشید. تا رسیدن مرد به خانه دقایقی بیش نمانده بود. سیاهی سورمه مژه‌ها را بلندتر و براق‌تر می‌نمود. لحظه‌ای از قلم زدن دست برداشت و به قرص صورت نگاهی انداخت. کاش سرخاب هم در پیچانه باشد. حالا نوبت آن یکی چشم رسیده بود؛ که ناگهان کسی در زد. جهید و پنجره را بست و نرده تختخواب را سفت در پنجه فشرد. مارمولکی سینه دیوار نشسته بود و چند حشره ریز سمج دور آن می‌چرخیدند. در زدن غریبه نبود اما زن حالا با آن غریبگی می‌کرد. سکوت بین در زدن‌ها را پایید. باید این خیال را از خود می‌راند. باید به چیزهای دیگر می‌اندیشید. به گیس کردن موها. اگر ساعدهای لخت را با النگوهای زرد بپوشاند بهتر است؛ و پیراهن سبز گلدار تن کند. پیراهن سبز گلدار؟ راستی چه شد؟ پنجه‌ای پشت پنجره ضرب گرفت و صدایی گفت «بدری». زن هیچ نگفت.

صدا گفت «پس چرا در را باز نمی‌کنی؟»

و زن نفس را در سینه حبس کرد. این دیگر خیال نبود، بلکه امنیه‌ای بود که حرف می‌زد «خوابی؟ گودرزی هستم. می‌شناسی که».

زن با خود گفت «کاری می‌کنم که خیال کند مُرده‌ام».

هیچ شبی مثل آن شب از آمدن امنیه‌ها بیزار نبود، نمی‌خواست.

امنیه گفت «پس پنجره را باز کن لااقل».

«بدری مُرده. تمام شد».

امنیه پوزخند زد «پس زنده‌ای هنوز».

باد شاخه‌های خشک را تکان می‌داد. امنیه با صدای خشک فلزی‌اش باز حرف زد «توی شهر بودیم این‌همه مدت. تو که از شهر بی‌خبری. غوغاست».

زن از حرف‌های امنیه سردر نمی‌آورد. نمی‌خواست هم سر دربیاورد، فقط رفتن او را می‌خواست. امنیه گفت «پس باز نمی‌کنی، ها؟» و تفنگی جابه‌جا شد، صدای بهم خوردن فلز را که شنید پلک بر هم نهاد و چهره سرخ امنیه در خیالش جان گرفت.

«چرا گورش را گم نمی‌کند این مردک؟»

« از آن شب‌هاست. خب. زن همین‌طور است دیگر» و بیش‌تر خندید «پروایی نیست. شب خدا بسیار است. شکر که باز این‌طرف‌ها هستیم»

بعد از مدتی خاموشی صدای روشن شدن موتور ماشین شنیده شد. ماشین دور گرفت و خانه را دور زد و رفت و بدری تا محو کامل صدا خاموش و بی‌جنبش ماند. بعد آرام به‌سوی پنجره سر چرخاند. دود سیاهی بالای فانوس می‌گردید و بالا می‌خزید. فانوس را برداشت و پا شد رفت پرده نارنجی را پس زد و بالای سر پسر ایستاد. مرد آوازخوان دیگر نمی‌خواند. سکوت بود و نوری که از درز بین دو لته‌ی پنجره می‌تابید. «پا نشدی هنوز؟»

پسربچه در خواب غلتید و از دهانش کمی کف بیرون ریخت. زن بر لبه تختخواب او نشست و خم شد دستگیره پنجره را گرفت و کشید «به ساحل رسیده حالا؟» و نگاهش را از لابه‌لای تاریکی گذراند و به شط رساند. امواج پی‌درپی می‌آمدند و فانوس را لای خود می‌غلتاندند. «پس چرا؟» و دست بر چانه خود گذاشت. سایه‌ای پیش می‌آمد که انگار تکه‌ای جدا افتاده از تاریکی بود و حالا به مردی می‌مانست که بیلی بر شانه داشت. سایه بر کناره نهر گام می‌نهاد و نور زرد

فانوسی پیش پایش می‌خزید. زن چشم‌ها را خیره‌تر کرد، می‌خواست بداند این مرد خیال است یا نه. صدا زد «خدا قوت». سایه ایستاد. نور بالاتر رفت، بعد چهره استخوانی پوشیده از غبار زرد، نم نمک لغزید. «ها، تو هستی بدری؟ این وقت شب بیداری هنوز؟» زن هیچ نگفت. به طرح گنگ چهره مرد خیره بود. مرد گفت «سکو سوراخ سوراخ شده بود، مثل جگر زلیخا. اگر سوراخ‌ها را نمی‌بستم سیل همه جا را می‌برد. خوب شد که خاطرم جمع شد. پس تو چه‌ات شده که بیداری هنوز؟»

آن‌سوی نهر سیم خاردار گردی افتاده بود و نور زرد لای بوته‌ی خار تنیده بود. مرد بیل را بر شانه جابه‌جا کرد و باز گفت «چشم‌هایم از رمق افتاده‌اند» و آهسته قدم برداشت، با ساقهای کشیده‌ی لرزان. «خیر نبیند پیری. اما خدا پدر مهتاب را بیامرزد که اگر نبود کی به داد ما می‌رسید؟» زن لرزید، مثل لرزشی که در خواب‌هایش پیش می‌آمد. پرسید «مهتاب؟» و دید که فانوس چطور بر موج پایین سُرید و از شیب دوم یواش بالا آمد. «کدام مهتاب، زایر؟»

پیرمرد کمی دور شده بود و همچنان که می‌رفت شعاع نور تن نحیف او را چند شقه‌اش می‌کرد، با صدای بلندتر گفت «همان که روی شط است، دیده نمی‌شود از آنجا؟»

زن باز نگاه کرد. این بار لرزش چنان بود که از خواب به بیداری پرتش کرد. زردی گردی که اکنون بر سطح صاف آب می‌آمد ناگاه در انحنای گرداب زودگذری گردید و شکست و پاره‌پاره شد و باز که بر سطح صاف آب افتاد یک‌پاره می‌نمود. زن پلک‌ها را بر هم فشرد و مثل هر تازه بیدار شده‌ای به صدای نامنظم نفس‌های خود گوش داد. کلاف آشنا در گلویش سد بست. می‌خواست بگرید اما خندید و با صدای خفه گفت «فانوس غریب را می‌گویی؟» و خود را غریب‌تر از هر وقت دیگر حس کرد؛ مثل قایقی سرگردان که تنها مسافرش جامه‌ی خون‌آلود مردی است.

پیرمرد در تاریکی گم شـده بود. از پشـت سر، بوی ماست ترشـیده می‌آمد. بدری سرش را به داخل اتاق بازپس گرداند و با صدای زنگار گرفته گفت «می‌بینی پسرم؟» و به همان آرامی کشدار پنجره را بست.

آبادان، ۱۳۵۷

سُرسُره

«خب، حالا بگو نمره اینجا را چطور پیدا کردی؟»

«تو را به خدا بازی درنیاور شیرین».

«جدی می‌پرسم».

مادر گفت «مگر برایت فرقی هم می‌کند؟» و ساکت شد. شیرین هم چیزی نگفت. مادر به لحن آرام‌تر ادامه داد «دیشب با هزار بدبختی بالاخره شماره خانه را گرفتم اما هرچه تلفن زنگ زد تو گوشی را برنداشتی. گفتم لابد رفته‌ای کرج پیش عمه ملوک. فکر نمی‌کردم این‌قدر خل باشی که شب‌ها هم توی بیمارستان بمانی».

شیرین گوشی را به دست چپ داد و موهای بلند خود را از روی گوش پس زد.

مادر گفت «عمه گفت هرچه خواهش کرده بروی پیشش تو همه‌اش بهانه آورده‌ای».

«پول تلفنت زیاد می‌شود مادر».

«حرص مرا درنیاور دختر. من از تهران مُرده‌شوربرده می‌گویم و تو حرف را می‌کشانی به نمره و پول تلفن».

«داشتی از عمه ملوک می‌گفتی».

«کله‌ات معیوب است. دستی‌دستی خودت را انداخته‌ای توی آتش. پناه

بـر خـدا. اگر پیرارسـال به حـرف من گوش داده بـودی حالا تو هم اینجـا بودی، یا یک‌جای بهتر».

«اوهوم».

«مسخره می‌کنی؟»

«نه».

«پس چرا به حرف من گوش ندادی؟ مگر رضا چه عیبی داشت؟»

«باز شروع نکن مادر».

«نه، بگو. چرا؟»

«هیـچ. قیافه خوب، اخلاق خوب، پول» مکث کرد و شـانه بالا انداخت «اما من دوستش نداشتم. همین».

«واه!»

«حالا هم پشیمان نیستم».

«دروغ می‌گویی. رضا اصلاً قابل مقایسه با این پسره سیاه سوخته نیست».

«مادر! عزیز شوهر من است».

«لااقل می‌گذاشتی سربازی‌اش را تمام بکند بعد زنش می‌شدی. سرخود رفتار کـردی نتیجـه‌اش را هم دیـدی. حالا باید تا آخـر عمر توی راهروهای بیمارسـتان بدوی».

«هوای آنجا چطور است؟»

مادر گفت «سرد است. می‌گویند هیچ سالی اروپا این‌طور سرد نبوده» و زد زیر گریه «تو هم باید اینجا باشی نه توی تهران خراب شده، تک و تنها زیر موشکباران».

«خیلی خوب».

«همه‌اش چوب سادگی‌ات را می‌خوردی».

صدا چند بار قطع و وصل شد.

«چی شد؟»

مادر گفت «از بس تیاتر نشانت داد و ژست‌های جورواجور گرفت تو را عاشق خودش کرد؛ اما رضا اهل این فرقه‌ها نبود. سرش توی زندگی و تجارت بود».

شیرین از مکالمه خسته شد «چه می‌گویی مادر؟»

مادر گفت «حرف حق. مثل تو که خیال بهم نمی‌بافم».

«ببین مادر، تو از مرده‌ای...»

صدای زوزه‌ای مکالمه را برید و باز وصل کرد «اما من...»

مادر گفت «چی؟ تو چی؟»

«هنوز دخترت را نشناخته‌ای».

مادر با گریه گفت «نه، نشناخته‌ام».

باز صدایی در گوشی پیچید. شیرین چند لحظه منتظر ماند اما دیگر صدای مادر شنیده نشد. گوشی را گذاشت. تلفن، روی میز کوتاه قهوه‌ای کنار مبل چرمی بود. نگاه از تلفن برداشت. عزیز بی‌حرکت روی تختخواب آهنی، زیر ملافه سفید دراز کشیده بود. چند تار مویش درهم و خیس از عرق به پیشانی چسبیده بود. همچنان به سقف نگاه می‌کرد؛ با چشمان باز بی‌رمق که سفیدی‌اش به رنگ گوگرد بود. دهانش مثل دهان ماهی مُرده باز مانده بود.

شیرین گفت «مادرم بود. سلام رساند. کمی هم دری وری گفت مثل همیشه». از روی مبل بلند شد. موهای پریشانش را پشت گوش انداخت و رفت کنار پنجره. گربه‌ای وحشت‌زده بر دورچین پشت‌بام‌ها می‌پرید و می‌گریخت. از پشت ساختمان بلند اداره مخابرات دودی غلیظ بر می‌خاست. باد گرم نامطبوع که از شکاف‌های دستگاه تهویه بیرون می‌زد چانه‌اش را می‌آزرد. خسته و تشنه بود و بوی الکل حالش را بهم می‌زد. ساعت سه بعدازظهر بود. دلش می‌خواست. چند ساعتی از بیمارستان بیرون بزند و از این‌همه بوی زخم و ضجه‌های ناگهانی مرد سوخته اتاق بغل فرار کند.

روسری بر نرده پای تخت افتاده بود. گفت «اگر بخواهی باز هم می‌توانم پیشت بمانم».

مچ پاهای استخوانی عزیز با رگ‌های برآمده از زیر ملافه بیرون افتاده بود «آخ آب».

شیرین گفت «نمی‌دانم. شاید دکتر در مورد آب نخوردنت اشتباه می‌کند».

گلدان سفید سفالی را از روی تاقچه برداشت، به‌طرف سطل آشغال رفت و دسته‌گل میخک پژمرده را درآورد و روی پارچه‌های تنزیب خون‌آلود کف سطل انداخت.

عزیز پرسید «چی؟»

شیرین، با گلدان که میان ده انگشت باریک سفیدش بود پیش آمد بالای سر عزیز ایستاد. کمد کوتاه فلزی سمت دیگر تخت بود. خم شد و گلدان را روی کمد گذاشت. رشته‌ای از موی سیاهش بر لب‌های ترک خورده و چانه پریده‌رنگ عزیز افتاد و مثل دُم گربه پایین سُرید و بر سیبک برآمده گلوی مرد لغزید. شیرین آب دهان خود را بلعید.

عزیز پرسید «بوی چی می‌آید؟»

شیرین گفت «بدنم بو گرفته، از بس حمام نکرده‌ام» و طُره‌ها را از پیشانی پس زد.

عزیز گفت «نه».

«هرچه بگوید اهمیتی نمی‌دهم. اگر دلش برای من می‌سوخت نمی‌گذاشت برود».

«اگر مثل بقیه توی سنگر پناه گرفته بودم».

«هنوز از رضا حرف می‌زند. نمی‌داند که یکسال است کوچک‌ترین خبری از او ندارم. حتی شماره‌اش را هم فراموش کرده‌ام» و زیرلب از خود پرسید «چند بود؟»

عزیز نالید «پرستوها».

اما او روگرداند چون خُلق دوباره شنیدن داستان پرستوها وچرخ زدنشان در باغ ملی را نداشت. روسری را برداشت و برسر انداخت و دو پر آن را زیر گلو گره زد «بگذار بروم. قول می‌دهم فردا اول وقت بیایم» با شانه‌های افتاده به عزیز نگاه کرد.

عزیز گفت «پرستوها نمی‌دانستند».

«آن‌ها می‌دانستند، تو نمی‌دانستی».

«من فقط داشتم نگاهشان می‌کردم».

شیرین گفت «خیلی خب». خم شد پیشانی سرد عزیز را بوسید.

عزیز گفت «موخاخا...»

شیرین گفت «می‌خواهی تُف کنی؟»

«نه».

«پس چی؟»

«موهایت قشنگ است».

شیرین پوزخند زد. گلدان کوتاه بود و دهانه تنگی داشت و دور بدنه‌اش یک ردیف گل ریز آبی بود. گلدان‌ها یک جفت بودند که تای دیگرش درخانه بود «لگن می‌خواهی؟»

«نه».

«خوب پس». ملافه را روی پاهای لخت او کشید و «خداحافظ». از اتاق بیرون زد. راهرو دراز انباشته از غبار شیری معلق و بوی الکل بود. پشت پیشخوان دفتر بخش، زن پرستار ایستاده داشت پارچه ضخیم سیاهی را اندازه می‌زد. شیرین را که دید سر بلند کرد «شیرین خانم! داری می‌روی».

«فردا برمی‌گردم».

چشمان پرستار مثل دو مُهره ریز آویزان دودو زدند «حالش چطور است؟»

شیرین گفت «نمی‌دانم» و پرسید «امروز عصرکاری؟»

پرستار گفت «اما تا آخر وقت نمی‌مانم. حدود ساعت هشت می‌روم» و شانه بالا انداخت «اگر بشود البته».

«من دارم می‌روم دنبال چندتا قرص و دوا که شاید گیرشان بیاورم. اگر دوباره حالش بهم خورد خبرم کن لطفاً»

«نمره تلفنت را توی دفترچه نوشته‌ام. جایش امن است».

شیرین گفت «دستت درد نکند».

«انشاالله که چیز بدی پیش نمی‌آید».

«پیش از رفتن هم یک زحمتی بکش».

پرستار با نگاهی منتظر به چشمان او خیره ماند.

شیرین گفت «نمره تلفن را بگذار زیر شیشه پیشخوان. ممنون».

«حتماً. به امید خدا».

دو کارگر سفیدپوش که از دو سو زیر بغل‌های مرد جوانی را گرفته بودند لته‌های در را هل دادند و داخل شدند. مرد جوان که سرش روی شانه افتاده بود می‌نالید و پاهایش بر کف راهرو کشیده می‌شدند «آب». فریادش در راهرو می‌پیچید.

یکی از کارگرها گفت «یک قطره‌اش هم برایت سم است باباجان. هی بگو».

تلفن عمومی بخش پشت در خروجی راهرو به دیوار نصب بود. در خیابان، شیرین دست بر ردیف نرده‌ها کشید. از روبه‌رویش دختر جوانی با عینک سیاه و یک‌دسته‌گل میخک تر و تازه به‌سوی بیمارستان می‌آمد. پای تیرک آهنی ایستگاه، آفتاب روشن می‌تابید و گهگاه باد گزنده می‌وزید. مدتی گذشت و اتوبوس نیامد. شیرین پای تیرک چمباتمه زد. باد از زیر روسری می‌خزید و دور گردن می‌پیچید. گاهی صدای تند و زودگذر ماشینی به گوش می‌رسید. کسی بوق نمی‌زد. پرده‌ای از نور سیاه جلوی چشمانش افتاد و پشت پرده، جنگلی از نارنج مثل چراغ‌های

جشـن عروسی از شـاخه آویزان و طرح گنگی از رضا با پیراهن بنفش گشاد؛ اما او پیش از صدایش گم می‌شود «با من عروسی می‌کنی؟» صدا می‌غلتد. می‌خزد لای شاخسار و شیرین می‌خندد و کسی فریاد می‌زند «خانوم! خواهر!»

شیرین سربلند کرد.

راننده اتوبوس بر صندلی نیم‌خیز شده بود «خط هشتاد و هشت است خواهر».

شیرین دستپاچه گفت «بله» بلند شد. تند بالا رفت و بلیط نم گرفته را به راننده داد.

راننده گفت «سال نو مبارک. همین‌جا بنشین لطفاً».

شـیرین لحظـه‌ای مبهـوت مانـد؛ بعد بـر اولین صندلـی ردیف مجـاور راننده نشست. اتوبوس چهار یا پنج مسافر بیش‌تر نداشت. راننده دنده عوض کرد و پا بر پدال گاز فشرد «برای هیچ‌کس حواس نمانده».

شـیرین هیچ نگفت. کمـی بعد راننده بـا اضطراب سـوی او چرخید «چی؟» شیرین هیچ نمی‌گفت و فقط به پوست سوخته و زبر گردن مردانه او خیره بود. مرد چـاق و پنجاه سـاله می‌نمود. «خیال کردم چیزی گفتیـد». آینه جلو را تنظیم کرد و صورتـش را نزدیـک برد و به دندان‌های خود نگاه انداخت «می‌بینی؟ حتی یک نفر توی خیابان نیست که آدم برایش بوق بزند».

آمبولانسی آژیرکشان از اتوبوس سبقت گرفت و رفت.

راننده داد زد «سه راه جمهوری».

مردی گفت «نگه دار».

در قاب‌های دو طرف سینما هیچ عکسی دیده نمی‌شد. قاب‌ها پُر از میخ منگنه بودند. سـگی خاک‌آلود بر پله‌های جلو سـینما ایسـتاده و دم تکان می‌داد. پاسبانی کنار مخزن آب، با ظرف مسـی زنجیر شـده آب می‌خورد و به آسمان نگاه می‌کرد. مرد مسافر که پیاده شد اتوبوس دوباره راه افتاد.

راننده گفت «یادم باشد ته خط سیگاری بکشم. شما ته خط پیاده می‌شوی؟»

«نه».

راننده گفت «مادر زنم از جنگ نمی‌ترسد. از بس که پیر است، به بمب شیمیایی می‌گوید بمب شیوایی» و زد زیر خنده «شیوایی». بعد خنده‌اش را برید و زد روی ترمز «این صدای چی بود؟» سرش را از پنجره بیرون برد و نگاه کرد و گوش داد و باز سر را داخل کشید و قهقهه زد «نه. صدایی نبود انگار» خنده‌اش مثل هق‌هق زنانه بود که حالا با ناله اتوبوس قاتی شد «یک چیزی دائم توی سرم زوزه می‌کشد».

اتوبوس از مقابل نرده‌های دانشگاه گذشت و شیرین چهار رقم آخر نمره تلفنی را زیر لب زمزمه کرد «سی و یک، هفتاد و نُه» از دو رقم اول مطمئن بود.

راننده گفت «دوباره رنگ نرده‌های دانشگاه را عوض کرده‌اند. اما نه، انگار هنوز سبز است. بالاخره سبز سبز هم نیست. وقتی سر چهارراه‌ها چراغ چشمک‌زن بگذارند یعنی وضع خیلی خراب است. سیگارفروش‌ها هم دررفته‌اند. مادرزنم گفته برایش یک بسته سیگار زر بخرم اما شما شاهدید که نیست. شاید ته خط باشد. شما ته خط پیاده می‌شوی، نیست خانم؟ خانم ... خیال کردم دارید می‌افتید».

شیرین این بار با انگشت اشاره چهار عدد را بر شیشه سرد بخار گرفته نوشت «سی و یک، نود و هفت».

مردی گفت «پارک نگه دار بی‌زحمت».

اتوبوس کنار گرفت و در ایستگاه ایستاد. آب جوی کنار خیابان مواج بود و می‌گریخت. مردی جوان با موهای خرمایی کوتاه و یک‌لا پیراهن سبز، به دیوار نیمه شکسته‌ای تکیه داده بود، وقتی لبخند زد و دندان‌های سفید درشتش نمایان شد شیرین فهمید که به او خیره بوده، روگردانده.

مرد مسافر لنگان پیاده شد. اتوبوس راه افتاد. شیرین به عقب سر چرخاند و مرد موخرمایی را دید که وسط خیابان به‌طرف پارک می‌دوید.

شیرین گفت «ایستگاه بعدی لطفاً».

راننده پرسید «سازمان آب؟»

«بله. ممنون».

پیش از پیاده شدن او پسر بچه‌ای پرید بالا. راننده به پسر لبخند زد و گفت «عیدت مبارک. بنشین همین جا لطفاً».

کوچه باریک بود و خانه شیرین در طبقه چهارم ته کوچه. خانه بوی خاک می‌داد. عکس عزیز با پیراهن یقه‌گرد چین‌دار درون قابی به دیوار آویخته بود. نیمی از چشم راستش در غبار سیاه محو بود. با صورت کشیده و چانه تیز لبخند می‌زد و نگاهش به چیزی یا کسی در همان حوالی بود و از بالای سرش نور مهتابی پاشیده می‌شد. بر سفیدی باریک زیر عکس به خط ریز و خوش نوشته بود «نمایش هملت. پروژه‌ی نهایی. دانشکده هنرهای زیبا».

شیرین از مقابل عکس گذشت و به اتاق خواب آشفته رفت. گلدان سفید سفالی را از مقابل آینه کنار زد. صندلی پایه لق وسط اتاق بود. چند تکه جامه زنانه روی زمین و بر دسته صندلی ولو بود. لای پنجره را کمی باز کرد. از پشت پرده، ساختمان بلند اداره کشاورزی را دید با پنجره‌های بی‌شمار بسته. چرخید. گره روسری را گشود و لب تختخواب نشست. روسری لغزید. پیش پایش افتاد.

سر را میان کاسه دست‌ها گذاشت و چشم‌ها را بست. در عمق سیاهی نگاهش لکه‌ای به روشنی ستاره درخشید و سُرید و ناپدید شد. خوابش می‌آمد. در این مدت چهل و پنج روز غیر از چند شب خوب نخوابیده بود. کفش‌ها را از پا درنیاورده بر تختخواب دراز کشید که ناگهان تلفن زنگ زد. بلند شد به اتاق نشیمن رفت و گوشی را برداشت.

«بله؟»

زنی وحشت‌زده گفت «ببخشید انگار اشتباه گرفتم».

«با کی کار داشتید؟»

«یک مرد».

«چی؟»

«یک مرد سرش را آورد پشت پنجره اتاقم. من تنها هستم. آنجا کلانتری هفت نیست؟»

شیرین گفت «نه» و گوشی را گذاشت. قشر نازک خاک بر تلفن نشسته بود. با انگشت اشاره خطی بر خاک کشید و همچنان زانو زده لبه روپوش را زیر صفحه گرد لاکی کشید. خاک روی گوشی را با آستین پاک کرد. انگشت او در یکی از سوراخ‌ها جاگرفت و پس از گرفتن نمره فهمید شماره‌ای را گرفته که به هفتاد و نُه ختم می‌شد اما بوق اشغال می‌زد. قطع کرد و نمره دیگر را گرفت.

زنی با صدای پیر گفت «بله؟»

«ببخشید انگار...»

«با کی کار دارید؟ الو»

با تردید گفت «آقای دیلمی؟»

«اشتباه است».

«قطع نکنید. ببخشید» شماره را گفت و زن تأیید کرد.

«پس چطور؟ آقای دیلمی آنجا بودند انگار».

«شاید مستأجر قبلی بوده. ما شش ماه است اینجا را اجاره کرده‌ایم».

«ولی مستأجر نبود. نه. مستأجر که نبود».

زن هیچ نگفت.

شیرین ادامه داد «پس ببخشید».

زن گفت «مرحمت زیاد».

انگشت روی شاسی فشرد و مات به تلفن خیره ماند. از دو رقم دوم هم مطمئن

بود. همین‌طور از هفت و نه، اما اول نُه بود یا هفت؟ دوباره نمره‌ای را که آخرش نُه بود گرفت و این بار بوق یکنواخت زد.

سرمای ناگهانی بر پُرز پوست سینه شیرین پایین غلتید. آب دهان را قورت داد و با پلک‌های بسته منتظر ماند و کابوسی را که شب پیش دیده بود به یاد آورد. باغی دالان شکل با دیوارهایی از یخ و درخت‌ها لای قالب یخ و او با تنی برهنه می‌جهد تا نارنجی را که از شاخه آویخته بچیند؛ اما نارنج به چنگ او نمی‌آید.

با خود عهد کرد فقط تا بیست بوق دیگر صبر کند و شُمرد «یک. دو. هفت. ده. شانزده. نوزده. بیست. بیست و یک» و گوشی را محکم کوبید. سعی کرد به‌خاطر بیاورد. شماره‌های گوناگون و نزدیک به‌هم را با همان اعداد ساخت و تکرار کرد بلکه از روی آشنایی ذهن با آهنگ شماره آن را بیابد؛ نشد. بعد به دوستان مشترک فکر کرد و بالاخره زنی گفت «بفرمایید».

«منیژه؟»

«نیستند خانوم».

شیرین پرسید «شما؟»

«من زن سرایدار ساختمانم. آمده‌ام گلدان‌ها را آب بدهم».

«توی تهران که نیست، هست؟»

«تو این اوضاع درهم خانم؟»

«خب پس. ممنونم. می‌بخشید».

بلند شد و از کنار میز غذاخوری که چند جلد کتاب بر آن ولو بود گذشت و رفت پای پنجره ایستاد و به کلاغی که بر دودکش خانه‌ای نشسته بود نگاه کرد. حوض حیاط مهدکودک روبه‌رو خالی و خشک بود. از دور صدای زوزه می‌آمد. برگشت و باز روبه‌روی تلفن چمباتمه زد.

زنی گفت «الو؟»

شیرین گفت « شادی جان سلام. خوشحالم صدایت را می‌شنوم».

شادی گفت «شما؟ اوه». وخطاب به کس دیگری فریاد زد «بغلش کن».

شیرین گفت « زیاد مزاحمت نمی‌شوم».

شادی پرسید «الان کجایی؟ توی پناهگاه؟» و باز فریاد زد «کفش نمی‌خواهد» و دوباره به شیرین که «ببین، بعد از آژیر خودم تماس می‌گیرم. توی خانه خودت هستی؟ تلفنت عوض نشده؟ مواظب خودت باش».

شیرین گوشی را گذاشت و به آشپزخانه رفت. در یخچال را که باز کرد، باد خنک همراه با بوی ترشیدگی به صورتش زد. بطری آب خالی بود و بر جداره بدنه بخار سفید سرد نشسته بود. بطری را توی یخچال بازپس گذاشت و به اتاق نشیمن برگشت.

روی مبل ولو شد و به صفحه خاموش تلویزیون خیره ماند. بالای تلویزیون عکسی بود از خودش و عزیز در حافظیه شیراز مربوط به سال پیش که به ماه عسل رفته بودند. عکس را زیبا گرفته بود. از جا جست و به‌طرف تلفن رفت. اما نه، نمره تلفن زیبا را هم فراموش کرده بود. هرچه به ذهن فشار آورد بلکه ناچار به گشتن نشود فایده نداشت. بالاخره دفترچه تلفن را که مدت‌ها از آن بی‌خبر بود توی کشو میز توالت یافت، درحالی که قیچی هم وسطش بود. قیچی را روی میز انداخت و برگشت.

«آقای هوشمند؟»

مرد پرسید «شما؟»

«من شیرین افشار هستم».

«بله. حالتان چطور است؟ سال نو مبارک. چه عجب بعد از این‌همه مدت؟»

«سال نو! ها. ممنون».

«حق دارید. مسخره است».

«خیال می‌کردم شب تحویل می‌شود».

«نه. شد. دو سه ساعتی هست که سال تحویل شده».

«خوب پس. سال نو شما هم مبارک. مزاحمتان شدم؟»

«نـه اصـلاً. زیبا بچه را برداشـت و رفت شـیراز. من تنها هسـتم امـا اگر کاری هست...»

«برای زیبا زحمتی داشتم».

«خب؟»

«دنبال یک نمره تلفن می‌گردم».

«کی؟»

«دیلمی. از بچه‌های دانشکده بود».

«می‌شناسم. رضا؟»

«اوهوم».

«بله می‌شناسم. ما را به پارتی خداحافظی‌اش دعوت کرد. دو سه ماه پیش بود انگار. چه آدم محجوبی بود. قرار شـد گاهی برایم مجله اکونومیسـت بفرستد؛ اگر بگذارند به دستم برسد».

«از کجا؟»

«از همان‌جا، انگلیس، مگر خبر ندارید؟»

گوشی در دست شیرین شل شد «چرا. چرا. مزاحمتان شدم».

«اصلاً. شما هم حوصله‌تان سر رفته، ها؟»

«کمی».

«من هر یک ساعت به یک ساعت دوش آب سرد می‌گیرم. پوست کف دستم مثل شیشه شده» و خندید.

شیرین پوزخند زد «خوب است».

«اگـر زیبـا آمد می‌گویم با شـما تمـاس بگیـرد. می‌گویم حتماً با شـما تماس بگیرد».

«ممنون می‌شوم. خداحافظ».

شـیرین نگاه از تلفن سـیاه براق برداشت و به اتاق خواب رفت. تیغه‌های قیچی از هم باز بودند. موها را پشـت شـانه انداخت. دسـته کلید هنوز توی جیبش بود. وقتی برگشت و به‌سوی در خانه رفت نگاهی به کتاب‌های روی میز انداخت اما در این حال خُلق خواندن هیچ چیز را نداشـت. می‌خواست بدود و موهایش را افشان کند. در سایه‌روشـن راه‌پله دوید و موهایش را افشـان کرد اما به پشت در ساختمان که رسید ایستاد، نفس عمیق کشید، برگشت از پله‌ها بالا رفت، در خانه را باز کرد و مقنعه را که بر رخت‌آویز پشت در بود برداشت.

ماشینی به سرعت از کوچه بیرون زد و او دید یکی از پاره‌آجرهایی که بچه‌ها بـا آن دروازه فوتبال سـاخته بودند و حالا به همـان حال رهایش کرده و رفته بودند غلتیـد و بـه گوشـه‌ای افتاد. جلوتر رفت پاره‌آجر را برداشـت آورد و به فاصله سـه قدمی آجر دیگر گذاشت. بعد دست‌ها را در جیب فرو برد و به‌سوی پارک سرازیر شد.

با اولین قدم‌هایش در پارک، پاسبان پیری کلت به دست پرید جلویش و ایستاد و با ترس بی‌اختیار پرسید «چی شده؟»

پاسـبان تنـد گفـت «دزد» بـه اطـراف نـگاه انداخت و دویـد و رفـت لابه‌لای درخت‌ها گم شد.

راهـروی پـارک خلوت‌تر از همیشـه بود. شـیرین در باریکه‌راه‌هـا می‌رفت و با احتیاط اطراف را می‌پایید. در نقطه‌ای پرت، زنی که ژاکت خاکسـتری گشـاد بلند پوشیده بود بر نیمکتی نشسته و به ناخن‌های خود نگاه می‌کرد.

در محوطه استخر، دو مرد با کاپشن‌های خاکی بر ستون کاشی نشسته بودند و

موهای هردوشان مشکی بود. نوری که گهگاه از پشت شاخ و برگ‌ها می‌تابید مثل موجی مسی‌رنگ از سطح آب بیرون می‌جهید و باز خاموش می‌شد.

کسی در میدان بازی نبود. صدای کوبش پوتین‌ها بر زمین آسفالت. بچه‌ها سُرسُره را بیش‌تر دوست دارند چون در آن چیزی به سرعت می‌لغزد و تمام رنگ‌ها درهم و گریزنده می‌شوند اما شیرین حالا بیست و شش ساله بود و وقت سُریدن نباید کسی او را می‌دید.

نرده نردبان سرد بود و بالای سُرسُره باد خوش می‌وزید. بر سطح صیقلی نشست و خود را رها کرد. در سرازیری لیز باد به پهنای صورتش هجوم آورد و برگ‌های زرد جویده شده در اطرافش پر زدند و در مقابلش گردباد ماسه گردید و ناگهان حس کرد کسی دارد به او نگاه می‌کند. لرزشی زیر پوست لغزید. پایین که سرید دید همان مرد موخرمایی با موهای درهم دارد به او نگاه می‌کند. نگاهش گیج و افسرده بود. مرد بر نیمکت روبه‌رو نشسته و دست راست را مثل کسی که بخواهد چیزی را پنهان کند پشت سر گذاشته و سبزی پیراهنش انگار تیره‌تر شده بود.

شیرین بلند شد سری به اطراف گرداند. لابه‌لای ستون درخت‌ها سایه‌روشن بود. به مرد که انگار گردباد ماسه از روی او گذشته بود نگاه کرد و لبخند زد؛ اما مرد نه خندید و نه تکان خورد و فقط دست چپ بر زانو گذاشته با چشمان گرد گربه‌وارش به او نگاه می‌کرد.

پیش‌تر آمد و صدای سوتی شنید؛ اما او نایستاد و قدم بعدی را برداشت که باز صدای سوت شنیده شد. شیرین ایستاد و نگاهش را به سمت چپ چرخاند. کنار ساختمان دفتر پارک، پاسبان پیر و مردی شخصی‌پوش ایستاده بودند. پاسبان پیر، دست مرد را گرفته بود.

از سمت راست، پاسبان جوان به میدان بازی دوید. به شیرین که رسید لبه کلاهش را بالا زد و با مردمک‌های بی‌قرار هیکل او را برانداز کرد و رفت سراغ مرد

موخرمایی و نیمکت را دور زد و خم شـد و با چیزی که مرد پشـت سـر پنهان کرده بود ور رفت و دوباره راسـت شد. مرد موخرمایی آرام برخاست. دست راست او در یکی از حلقه‌های دستبند فلزی گرفتار بود. پاسبان حلقه‌ی دیگر دستبند را دور مچ دست خود قفل کرد و مرد را کشید و با خود بُرد. کمی که رفتند مرد موخرمایی سر برگرداند و نگاهی گذرا به شـیرین انداخت و پاسـبان باز او را محکم کشید. بعد هر چهار نفر به‌هم رسیدند و کمی حرف زدند و رفتند در خم راه و گم شدند؛ لای غبار سیاه که از آسمان پایین می‌ریخت.

شیرین هنوز نگاهش به همان جهت بود که یکهو از دل غبار، جسمی مثل یک سـنگ پـران بیرون پرید و بـه جانب میدان بازی آمد و او خود را پس کشـید و گریز یک پرنده را بالای سر دید. پرنده در میدان گردید و لابه‌لای میله‌ها چرخ زد. صدای انفجـاری در دوردسـت. دلش می‌خواسـت پاییز بود بدون جنـگ و او در باغ ملی ایستاده به تماشای پرستوهای شاد در آن جزیره غریب روشن با بوی زُهم شرجی و شمشاد خیس. پرنده محکم به میله‌ای خورد و افتاد روی ماسه‌ها.

شیرین برگشت و دوید به‌طرف استخر که غبار سیاه آرام بر سطح راکد شفاف آن می‌نشسـت. زنی که ژاکت خاکسـتری پوشیده بود پای استخر خم شده بر سر روی خود آب می‌پاشید. شب، پیش از غروب رسیده بود. اثری از آخرین شعاع خورشید دیـده نمی‌شـد. مرد نگهبان پارک یکـی از لته‌های دروازه خروجی را بسـته و منتظر بیرون رفتن شیرین بود. صدای غیژ لولا های روغن‌نخورده از پشت سر شنیده شد. وسـط خیابان مردی با موهای بلند ژولیده کثیف و پالتو سـربازی کهنه ایسـتاده بود و با باز و بسـته کردن دسـت‌هایش ادای پلیس را در می‌آورد و ماشین‌های خیالی را راهنمایی می‌کرد. مرد، شیرین را که دید با دهان سوت بلندی کشید و دست راستش را به علامت توقف ماشین‌ها بالا برد و با دست دیگر به شیرین اجازه عبور از عرض خیابان را داد.

شیرین به کوچه پناه برد. زن و مردی همراه با چند بچه دور ماشینی می‌پلکیدند. مرد مشغول بستن باروبنه روی باربند بود و زن چند پتو را درون صندوق‌عقب جا می‌داد.

شیرین در آهنی ساختمان را پشت سر بست. جیغ بچه‌ای برخاست و او تند نرده پلکان را گرفت و خود را بالا کشید. از طبقه چهارم صدای زوزه می‌آمد. به داخل خانه رفت و شنید تلفن دارد زنگ می‌زند. مقنعه را وسط اتاق نشیمن انداخت. هملت با چهره قهوه‌ای آغشته به پودر سفید به او خیره مانده بود و او همچنان که به‌طرفش می‌رفت دکمه‌های روپوش خود را باز می‌کرد. چند قطره عرق بر گونه‌ی عزیز نشسته بود. زنگ تلفن بُریده شد و او قاب عکس را از میخ دیوار برداشت و با یک دست روپوش را کند و به اتاق خواب تاریک رفت. عکس را بر تختخواب گذاشت و کلید چراغ خواب را زد. اتاق در غباری سُرخابی فرو رفت و او آرام جامه‌ها را یکی‌یکی از تن درآورد. باد بر پوست برهنه‌اش دوید.

ملافه روتختی چهل تکه بود. هر تکه یک رنگ داشت و حالا رنگ‌های زیادی بر رختخواب منتشر بودند. سبز، زرد، عنابی. چرخی زد و روبه‌روی آینه ایستاد. دست چپ را بر سر گذاشت و آرام از پشت پایین سُراند و دسته مو را پشت گردن مشت کرده فشرد و قیچی را با دست دیگر برداشت و با سه بار بازوبستن تیغه‌های آن، موها را از بالاترین نقطه‌ای که می‌توانست بُرید. تلفن زنگ زد. او مشت خود را پایین آورد ودسته موی بریده را توی گلدان گذاشت. نیمی از موها از دهانه گلدان بیرون ماند.

بالای تختخواب یک تابلو نخ‌دوزی شده با طرح یک اسب تنها به دیوار نصب بود. اسب، قهوه‌ای بود و داشت شیهه می‌کشید و می‌تاخت و یال‌هایش را به باد سپرده بود. شیرین به رختخواب رفت. لحظه اول که عکس را بر سینه گذاشت شیشه سرمای گزنده بر پوست او دواند اما رفته‌رفته شیشه گرم شد. پرده بلند توری

تکان می‌خورد و لبه‌اش بر پایه تختخواب لب‌پَر می‌زد. تلفن هنوز زنگ می‌زد و باد موهای مُرده زنانه را پَرپَر می‌کرد.

تهران، ۱۳۶۷

چله

در خواب سودابه را دید با ژاکت سفید لخت آویزان یک جفت پوتین سیاه از گردن آویخته پیش می‌آید و گیسویش پریشان است و بر ژاکت مردانه‌اش لکه‌ای خون خشک شده.

تلفن زنگ زد. مرد از خواب پرید گوشی را برداشت

-«بله؟»

«ببخشید. منزل سودابه؟»

«شما؟»

«دوستش هستم. حمیده کیا. شما شوهرش هستید؟»

«بودم».

سکوت.

زن گفت «من تازه به ایران برگشته‌م. لطفاً شماره‌ای اگر از او دارید...»

«شما نمره تلفنتان را بدهید به من تا من به او بدهم».

زن نمره تلفن خود را داد و مرد در دفترچه یادداشت کرد.

زن گفت «دفعه پیش که با هم حرف زدیم از جدایی چیزی نگفت. چند

ماه پیش بود. گفت شما زخمی شده‌اید و توی بیمارستان هستید. ببخشید سؤال می‌کنم، چند وقت است؟»

مرد به صدای نفس‌های او گوش داد و فکر کرد «امشب شب چهلم است». و با نوک خودکار اعداد نمره تلفن را پُررنگ‌تر کرد.

زن گفت «خب پس. متأسفم. مرسی. منتظر تماس او هستم. بای».

مرد گوشی را گذاشت. زیرپیرهن رکابی پوشیده بود. ژاکت پشمی سفید دست‌بافتِ روی صندلی حصیری افتاده بود. برخاست با کف دست، عرق گونه‌ها را خشکاند و صندلی حصیری را با یک ضربه هُل داد و صندلی تکان‌تکان خورد و ژاکت روی نشیمنگاه آن لغزید، لغزید و آویزان ماند.

لیوان را برداشت. چند جرعه دیگر نوشید. آرام رفت سوی پنجره. پرده را پس زد. باد رشته‌های برجامانده‌ی برف را از روی شاخه درختان می‌تاراند. آسفالت خیس در نور ماشین‌ها براق‌تر می‌نمود. لیوان را بالا برد و به یک آدم خیالی معلق در هوا اشاره کرد و جرعه‌ای نوشید و لبخند زد.

زنی با روپوش و روسری سیاه از سمت راست پیاده‌رو پیش می‌آمد؛ زنی که تاریکی در یک لحظه او را به سایه‌روشن پیاده‌رو پرت کرده بود. ماشین فیات سفیدی پشت سر او آرام حرکت می‌کرد. زن در نیمه‌روشن پیاده‌رو لق می‌خورد و می‌رفت. ماشین کمی جلوتر ایستاد. زن قدم‌ها را یواش‌تر برداشت و اطراف را پایید و سوی جدول آمد و باز اطراف را پایید و لحظه‌ای بعد چپیده بود توی ماشین.

مرد به نور سرخ گریزنده پشت ماشین خیره ماند و نور سرخ در تاریکی ته خیابان حل می‌شد و شد؛ و مرد روی پنجه‌های پا چرخید و یک جرعه دیگر سر کشید و با قدم‌های سست‌تر راه رفت که ناگاه پاش گرفت به دوشاخه و مادگی که محل اتصال سیم تلفن بود. لیز خورد و لیوان در دست او چپه شد. کوشید تعادل خود را بازیابد؛ نشد. دسته مبل را چسبید و روی نشیمنگاه آن افتاد. با نفس‌نفس

لیوان خالی را گذاشت کنار تلفن. درد چهارستون بدنش را می‌لرزاند. رگ‌هایش را می‌کشیدند. لب پایینی را گزید، گزید. غوطه لابه‌لای درد.

مدتی بعد آرام شد. شماره گرفت. مادربزرگ سودابه گوشی را برداشت.

مرد گفت «سلام خانجان. رسول هستم. احوال شما؟» و خندید.

پیرزن گفت «ها چطوری؟ نشناختم».

«ای دستبوس شما. ببخشید سودابه...»

«نیست. رفته میهمانی. من مثل جغد اینجا تنها هستم».

«مثل من».

خواست نمره تلفن حمیده را به او بدهد اما منصرف شد.

«پس اگر آمد بی‌زحمت بگو با من تماس بگیرد. از دوستش پیغام دارم».

پیرزن گفت «نمی‌شود به من بگویی؟»

مرد در سکوت فکر کرد به فرصتی که او باز صدای سودابه را خواهد شنید.

«بی‌زحمت بگویید زنگ بزند».

«باشد عزیزم. می‌گویم».

«ممنونم خانجان. مرحمت شما زیاد».

«پناه به خدا».

مرد گوشی را که گذاشت صدای خفه سقوط چیزی را شنید. صدای پرتاب یک گونی پُر از خاک در قعر چاهی بی‌انتها. سرچرخاند. ژاکت از روی دسته صندلی پایین افتاده بود. او روی دو کاسه‌ی زانو سُرید. آمد ژاکت را برداشت و بویید. بویی آمیخته از خاک و الکل بلند شد. ژاکت را بر دسته صندلی بازپس انداخت و خزید توی اتاق خواب.

تشک بدون ملافه، سرما و عکس سودابه بر دیوار سرد بالای تختخواب ایستاده کنار مجسمه سفید مرد کوهنورد با قهقهه لمیده بر تنه‌ی سفت او با غش‌غش خنده

که در سینه می‌گردد و می‌ریزد بیرون؛ به فضای خشک اتاق خواب و روپوش او، سبز و روسری‌اش، سفید در آغوش مرد کوهنورد.

صدای هلیکوپتر از کجا می‌آمد؟

مرد چرخید و پشت به عکس سودابه نشست بر لبه تختخواب و کف دست‌ها بر کاسه‌ی زانوها نهاد. کمد چوبی مقابلش بود و لباس نظامی چروکیده زیر تلنباری از لباس‌های دیگر. پیش از آن که فکرش را بکند برخاسته بود و دو تکه لباس خاکی‌رنگ را بیرون کشیده بود. بر هر شانه سه تا ستاره کافی بود.

پوتین‌ها را در آشپزخانه چپیده پشت یخچال پیدا کرد. اول باید ته مانده بطری را سر می‌کشید. بعد رفت پشت در خروجی خانه فکر کرد چرا چراغ‌ها را خاموش نکرده. برگشت. نگاهش به تلفن افتاد و از خاموش کردن چراغ‌ها منصرف شد.

در راه‌پله سعی کرد پوتین‌هایش سر و صدا نکنند.

ماشین پیکان او مدتی بود از کوچه جُنب نخورده بود. رفت سراغ صندق عقب و پایه‌ی بلند آهنی جک را که سنگین بود بیرون کشید.

لبه‌ی آستین یک دست را در مشت گرفت و با ساعد خود لایه ضخیم برف را از روی تاق ماشین روفت. شیشه جلو را هم تمیز کرد و بالاخره سوار شد. پایه جک را انداخت روی صندلی بغل. ماشین راه افتاد. از کوچه کم عرض پیچید رفت به خیابانی که مستقیم می‌رفت رو به بالای شهر.

چراغ‌های خیابان تک و توک روشن بودند. هر چراغ روشن در دوردست او را به‌سوی خود می‌کشید تا به‌سوی چراغ روشن در دوردست دیگری کشیده شود.

مقابل بانک وسط میدان دیواری از کیسه‌ی شن درست کرده بودند. رقاصه هندی با لباس رنگارنگ تکان‌تکان می‌خورد. می‌رقصید. پلاک آلمینیومی با علامت گروه خون بر آن، لق‌لق می‌خورد و صدا می‌کرد و زنجیرش می‌گردید دور تن رقاصه‌ی

هندی. ابرها جابه‌جا می‌شدند و آسمان می‌غرید. گاه برق می‌زد. لحظه‌ای همه‌چیز در غبار آبی کدر پیدا و ناپیدا می‌شد. آژیر آمبولانس او را متوجه نرده‌های بیمارستان کرد. یاد ملافه‌های چرک بدبو. پا بر پدال گاز فشرد. از برابر نرده‌ها گریخت.

تنه سیاه درختان و تیرهای سفید فرو رفته در تاریکی از دو سوی او می‌گریختند. با مهارت از ماشین‌های دیگر سبقت می‌گرفت. انگار کسی جایی منتظر او بود.

جلوی جدول میدان بزرگ زد روی ترمز. لحظه‌ای پیش از حادثه به خود آمده بود وگرنه کوبیده بود به جدول. ماشینی بوق‌زنان گذشت و راننده داشت به او فحش می‌داد. دورتادور میدان گلدان‌های گلی رنگارنگ چیده بودند اما همه خالی. دنده عقب گرفت و باز برگشت به مسیر عادی. رفت.

در یک‌طرف او بیابان دیده می‌شد؛ پوشیده زیر برف. گربه‌ای لای برف گیر افتاده خیز برمی‌داشت و می‌جهید و خود را به‌سوی خیابان می‌کشید. قله سفید کوه کم‌کم سر در می‌آورد از لای حلقه‌ی خاکستر ابر.

بقیه راه پُر پیچ و خم بود با کوچه‌های باریک بلند. علائمی ناپیدا اما آشنا او را هدایت می‌کردند. رسید به رودخانه که دیواره سنگی داشت و آب حنایی‌رنگ در آن می‌غرید.

میدان وسیع بدشکل زیر برف بود و مجسمه‌ی مرد کوهنورد ایستاده استوار وسط میدان.

ماشین را پارک کرد. دسته سنگین جک را با خشم از روی صندلی برداشت و پیاده شد. لکه‌ای سیاه در سفیدی برف خیز بر می‌داشت و می‌پلکید در اطراف مجسمه. مرد، دسته‌ی آهنی را بیش‌تر در مُشت فشرد. سنگین قدم برداشت. لکه سیاه لرزان، زنی بود که می‌لولید پای مجسمه. مرد پشت خط برف ایستاد. زن برگشت نگاهش کرد. با چادر سیاه قدم‌ها را یکی بعد از دیگری از برف بیرون می‌کشید تا کمی جلوتر باز فرو کند در برف. مرد عقب رفت و کنار ماشین ایستاد.

زن از میدان در آمد. با لکه‌های سفید پراکنده بر چادرش، به او نزدیک شد. مرد میله آهنی را بر صندلی عقب ماشین انداخت.

زن گفت «پولم را باد بُرد توی برف. یک اسکناس پانصد تومنی».

مرد نفس عمیق کشید. نشست پشت فرمان و در سمت دیگر را باز کرد. زن به ماشین که رسید اطراف را پایید. نگاه‌نگاه. بعد خود را انداخت داخل ماشین روی صندلی جلو.

«از گشتن عاجز شدم. اسکناس نو بود».

«اینجا توی برف؟»

«باد پولم را برد توی برف. گم شد. من شما را قبلاً دیده‌ام جناب سروان؟»

«مسیرت کجا هست؟»

«پایین. شما هم می‌روید پایین بی‌زحمت؟ پس خدا عمرتان بدهد».

زن یک زنبیل حصیری از زیر چادرش در آورد و در بغل گرفت. چهره‌ای رنگ پریده با انبوه چین ریز دور چشم‌ها. تکه‌ای از موهاش که از زیر چادر بیرون افتاده بود سیاهی غلیظ کدر داشت. مرد موتور ماشین را روشن کرد و دور زد. در انتهای خیابان باریک پیچید به کوچه‌ای. بعد به خیابان پهن؛ و در سکوت رفتند. مرد در آینه مقابل خود دید که یک ماشین پیکان شیری‌رنگ با سه سرنشین پشت سر آن‌ها می‌آید.

«کسی دارد تو را تعقیب می‌کند؟»

زن به دستپاچگی لبه‌های چادر را به دندان گزید «وای نه. چه حرف‌ها!»

و برگشت نیم‌نگاهی به پشت سر انداخت. «اگر مأمورها باشند چه؟ خدا مرگم بدهد».

مرد لبخند زد «من خودم مأمورم».

«خدا را شکر. خیالم راحت شد. مأمور کجا هستی؟»

مرد از سرعت ماشین کم کرد. ماشین پیکان شیری‌رنگ آمد از کنارشان گذشت و رفت. مردی که بر صندلی عقب لمیده بود سر چرخاند به‌طرف آن‌ها زُل زده بود به زن.

«چه بی‌حیا!»

ماشین شیری‌رنگ رفت و گم شد در تاریکی ته خیابان. زن نفس راحت کشید.

«ماشینت ضبط‌صوت ندارد؟»

«چرا؛ اما نوارهایم همه توی منزل هستند».

«توی منزل ضبط‌صوت هم داری؟»

«دارم اما خر و خر می‌کند».

«هدش کثیف شده. اگر الکل داشته باشی تمیز کردنش کار سختی نیست. الکل، حتی عرق». «خواننده‌ی مورد علاقه‌ت کیه؟»

«باید فکر بکنم».

یک‌دسته زن که باد در چادرهای سیاهشان می‌پیچید از در بیمارستان بیرون می‌آمدند.

«پس کلاهت کجاست جناب سروان؟»

«آن هم توی منزل است».

کلاه بر گُل‌میخ رخت‌آویز آویخته بود. مرد در ورودی خانه را که بسته بود قفل کرد و برگشت به اتاق نشیمن. زن کلاه لبه‌دار را بر سر نهاده به او می‌خندید. مرد کلاه را از سر او برداشت و به گوشه‌ای پرت کرد. زن چادر خود را با دقت تا زد و گذاشت داخل زنبیل حصیری. کُت و دامن تنگ آبی‌رنگ پوشیده بود. زیر گردنش لکه کوچکی نشان یک سالک یا سوختگی دیده می‌شد.

مرد گفت «از رنگ تازه موهات خوشم میاد».

زن پرسید «بوی چه می‌آید اینجا؟»

«سیفون مستراح خراب شده».

زن بی‌اعتنا پرسید «ها؟»

و ولو شد روی مبل. از داخل زنبیل خود شانه و آینه در آورد و با موها ور رفت. مرد دکمه‌های لباس نظامی را می‌گشود و به اتاق خواب می‌رفت. کت را درآورد و چپاند توی کمد. پوتین‌ها از پا کند و ولو کرد گوشه‌ای. شلوارش را هم عوض کرد.

پیش از بیرون رفتن از اتاق کسی شاید او را صدا زد؛ که تُند چرخید رو به عکس سودابه. ناگهان درد پیچید در تنش. تکه سُرب لای گوشت غلتید و زانوها از شدت درد سست شدند. زانو زد. پیشانی بر لبه تختخواب گذاشت. مدتی به همان حال ماند. درد رفته‌رفته فروکش کرد و بالاخره باز تسکین یافت.

برگشت به اتاق نشیمن. زن داشت رنگ لب‌ها را غلیظ‌تر می‌کرد.

مرد پرسید «گرسنه نیستی؟»

«نه».

«نوشیدنی؟»

«مشروب؟ وای نه. سرگیجه می‌گیرم. بعد مثل مُرده می‌افتم و خوابم می‌برد و دیگر به درد هیچ کاری نمی‌خورم. هیچ».

خندید «آن‌وقت یک زن مُرده به چه درد می‌خورد؟»

«زنده‌اش هم دیگر به دردم نمی‌خورد».

زن گفت «بی‌مزه».

و یک نوار کاست به‌طرف او دراز کرد «بیا این را بگذار. گلچین بهترین ترانه‌های ایرانی».

مرد نوار را از او گرفت و توی ضبط‌صوت گذاشت. صدای دلخراش ویلون.

زن خم شد جوراب‌های کرم‌رنگ را از پا در آورد و چپاند داخل زنبیل. ران‌های لاغرش را روی هم انداخت و گفت «از خانه‌هایی که لوله‌کشی گاز دارند خوشم

می‌آید. گرمای مناسـب. آب گرم. مُرده شور ببرد بخاری نفتی را. اتاق خوابت کجا هست؟»

و شـروع کرد به باز کردن دکمه‌های پیراهن مردانه‌اش «من از تو نپرسـیدم زنت کجاست. به من چه اگر که زن داری».

از درز لای پرده نگاهی به بیرون انداخت «از جانب همسایه‌هات مطمئنی؟»

ناف زن مثل غده‌ای حبابی از گودی شکمش سر در آورده بود.

مرد پشت صندلی حصیری ایستاد «لطفاً یک کاری برایم بکن؟»

و خم شد ژاکت را برداشت. زن گیج و گنگ خیره نگاهش می‌کرد.

مرد اشاره به صندلی کرد «بشین اینجا لطفاً».

زن تابـی بـه کمـر داد «نه آنجا نه. هـی تکان‌تکان می‌خورد و مـن هی دلم فرو می‌ریزد. نمی‌شود».

مرد ژاکت را به دسـت دیگر داد و کیف پول را از جیب در آورد و دوتا اسـکناس پانصد تومنی بیرون کشید و انداخت روی صندلی. زن با دقت حرکات او را می‌پایید. مرد لبخند زد. زن آرام قدم برداشت و با کنجکاوی نشست روی اسکناس‌ها و منتظر حرکت بعدی مرد شد.

مرد ژاکت را گذاشت توی دامن زن «این را برایم بشکاف. همه‌اش را».

«تازه از تیمارستان در رفته‌ای؟»

«از هر کجاش دلت می‌خواهد شروع کن».

زن ژاکـت را برانداز کرد «چقدر خوب بافته شـده ماشـاءالله با مهارت. حیف است. حیف نیست؟»

مرد در سکوت در مبل فرو رفت.

زن پرسید «فقط همین؟»

«همین».

زن شـانه بالا انداخت و در میان بافت‌های ژاکت گشـت. یک موچین از زنبیل خـود در آورد و گـره بافـت را با نوک‌های موچین گرفت و کشـید و برید و شـکافتن شـروع شـد «پس برایم حرف بزن که حوصله‌ام سر نرود. از هرچه دلت می‌خواهد بگو. از زنهایی که می‌شناسی».

مرد نالید «زن‌ها».

زن باز نخ را کشـید و یک دریف گلوله‌های بافت یک به یک ترکیدند «تعجب نمی‌کنـم که مرا بـه اتاق خوابت نمی‌بری. یک شـب یک پیکان مدل بالای شـیک جلـو پـام ترمز کرد. دیدم طرف یـک مرد پیر بود. با او رفتم اما توی منزلش اصلاً به من دست هـم نزد. یک‌دست لباس گل‌منگول‌دار رنگاوارنگ بلند آورد داد به من که بپوشـم. پوشیدم. چندتا النگوی طلا گذاشـت توی دست‌هام. بعد ضبط‌صوتش را روشـن کرد و یک ترانه رقصی گذاشـت و گفت برایش برقصم. گفتم پدر جان آخر من که رقاص نیسـتم. شـغل من چیز دیگر است. التماس کرد و اشک ریخت. دلم به حالش سوخت. رقصیدم. پول خوبی داد. من می‌رقصیدم و او به عکسی که توی دستش بود نگاه می‌کرد. عکس را به من نشان نداد. خوابیدی؟»

«تمام شد؟»

«فقط یک آستین».

نخ مثل کرم سـفید پایین می‌غلتید و روی کومه‌ی درهـم کرم‌های کنار صندلی می‌افتاد.

زن گفت «بیا بنشین کنارم».

مرد بلند شد رفت نوار را عوض کرد. کلاف سفید پیش پای زن رفته‌رفته بزرگ‌تر می‌شد.

زن گفت «مدتی‌سـت ضعیف و لاغر شـده‌ام. قبلاً تن و بدنم حرف نداشـت. اگر نگاهت به من می‌افتاد درجا عاشـقم می‌شـدی. پسر عمه‌ی مادرم عاشقم شد.

چه پسر ماهی بود. می‌مُرد واسه من. هم کُشتی‌گیر بود هم باخدا. اما میدانی چی بود؟ من دوستش نداشتم. بعد دوتا پاهاش را بُریدند. مادرش می‌خواهد او را از آسایشگاه بیاورد خانه اما هی نمی‌شود».

مرد که باز داخل مبل فرو رفته بود پلک‌ها را برهم نهاد و به صدای ترکیدن بافت‌های ژاکت گوش داد.

زن گفت «وقتی او به جبهه رفت من به خودم گفتم اگر سالم برگشت زنش می‌شوم اما روزی که برگشت یک تکه گوشت خالی بود. بعضی دکترها گفتند امیدی هست که پاهایش بریده نشوند. به حال من که فرقی نمی‌کرد چون او فقط یک تکه گوشت خالی بود».

مرد دیگر صدای زن را نمی‌شنید و آرام خود را در جای دیگر یافت. بیابان لخت. زمین از سنگ سرخ است. او می‌دود و کف پاهایش می‌سوزد. در مسیر راه خود لنگه پوتین‌هایی می‌یابد همه بدون کف. باز پوتین‌های پراکنده. بعد می‌رسد به کومه‌ی پوتین‌های تلنبار شده افتاده روی هم. او برای یافتن پوتین خود باید که پوتین‌ها را یک به یک پس بزند. می‌رسد به لاشه‌ی مردی بدون پا افتاده به پشت، که تنها لباس او ژاکت دست‌بافت سفید روشن است. با پنجه‌های محکم چنگ می‌اندازد. نیم تنه مرد افتاده را می‌گیرد. او را بالا می‌کشد. صورت خودش را می‌بیند. با موهای از ته تراشیده و چشمان وقزده‌ی خیس.

تلفن زنگ زد. مرد چشم باز کرد. سقف اتاق بالای سرش سفید سفید و تلفن زنگ می‌زد. پنجه‌های پاهایش دنبال محل اتصال سیم تلفن گشتند و بالاخره یافتند. یک پا روی مادگی محکم کرد و با انگشتان پای دیگر دوشاخه را از مادگی بیرون کشید. زنگ تلفن قطع شد.

زن گفت «تمام شد».

تهران، ۱۳۶۹

ظهور

با این صورت کشیده مردانه که در نور روحانی می‌درخشه توی این شب تاریک. آقا من غریبم و کسی غیر از شما ندارم. زبونم لال خدا می‌دونه که من‌هم سهمی داشتم در امر ظهور شما بر این دیوار، اما مردم محل، خیال می‌کنن که من می‌خواستم مانع ظهور شما بشم، برای همینه که توی این نیمه‌شب تاریک با سر و روی پوشیده خودم را رسوندم به شما. چقدر گریه زاری و التماس کردم برای نگهبان محوطه تا اینکه دلش برام سوخت و گذاشت بیام داخل. به او گفتم که تنها پسرم نابینا شده و دکترها از او قطع امید کردن و حالا تنها امیدم شما هستین، ای امید بی‌کسان! بله آقا به نگهبان دروغ گفتم اما چاره دیگه هم نداشتم. یادم هست که امام جمعه شهرک ما بالای منبرش گفت که بعضی از دروغ‌ها در نزد خداوند قابل بخشش هستن؛ مثل دروغی که از دل یک مؤمن فقیر صاف و صادق بیرون بیاد و برای رسیدن به یک امر خیر باشه. شما آقا خودتون می‌دونین که بنده هم یک مؤمن فقیر هستم و هم قلبی دارم صاف و صادق با مردم. من امشب دروغ گفتم چون برای ورود به این محوطه راه دیگه‌ای نداشتم. نه، نداشتم؛ چون سه چهار روز پیش که نقش شما روی دیوار کامل شد و بعد مردم محل با خبر شدن و ریختن اینجا که دستی بکشن به عبای گچی شما، به عبایی که این‌طور با صلابت افتاده روی شونه‌هاتون.

از همـون وقـت امام جمعه دسـتور داد کـه دور این محوطه را حصارکشـی بکنن و نذارن هرکی‌هرکی بشـه. حالا مردم برای گرفتن مرادشـون از شما فقط حق دارن که از ساعت پنج صبح تا پنج عصر بیان داخل این محوطه. اون‌هم با پرداخت پولی به مأمور امام جماعت. من‌هم به نگهبان چیزی دادم خدا شاهده. گفت «به‌خاطر پسر نابینـات مـی‌ذارم بری تو اما باید پول ورودی را بـدی وگرنه آقا هر دوی ما را غضب می‌کنه.» من‌هم هرچه پول توی جیب داشتم به او دادم. گفت «خب می‌تونی بری تو؛ اما فقط سه چهار دقیقه فرصت داری که مرادت را از آقا بگیری.» حالا من اینجا هستم و شما خودتون بهتر از هرکس می‌دونین که مراد من چه هست. شما عالم بر همه اسرار و دانای دل محرومانی. ماشاءالله نقش شما چه عظمتی داره روی دیوار این خونه محقر. پناه بر خدا. من می‌دونسـتم که شـما اهل ظهور در اماکن اعیونی نیستین. شما حامی مظلومان و پشتیبان مردم محروم توسری‌خورده هستین. مردمی که در سه روز گذشته هرروز به اینجا هجوم آورده‌ن تا بتونن دستی به قدوقامت شما بکشـن. چه بادی پیچیده توی عبای شـما به قدرت خدا. این‌طور که شما دارین به بـالا نگاه می‌کنین انگار کـه می‌خواین ناگهان پرواز بکنین و از روی این دیوار برین و برگردین به آسمون خدا. اما من نمی‌ذارم برین، نه، نمی‌ذارم برین تا وقتی که مراد این بنده حقیر را بدین آقا. من نمی‌گم که علت پیدا شـدن شـما روی این دیوار من بودم. دیگه هرگز این را نمی‌گم. زبونم لال اگه تکرار بکنم این حرف را. پس پریشب توی حسینه به چند نفر گفتم که من‌هم دخیل بودم در امر ظهور شما روی این دیوار سفید. اما کاش زبانم لال شده بود و هرگز نگفته بودم و این جور خودم را آواره صحرا و دربه‌در نخلستون‌ها نکرده بودم. همون‌موقع که من خواستم بگم، پیرمرد نظافتچی حسـینیه داشـت گوش می‌گرفـت. من فقط می‌خواسـتم به‌طـور مختصر حکایت چگونه ظهور شما را برای چند نفر تعریف کنم؛ که یکهو پیرمرد با داد و فریاد پرید تـو حرفم و گفت «حسـینیه جای کفر گفتن نیسـت، زود بزن به چـاک از اینجا برو

بیرون نامسلمون.» گفتم «من نامسلمون نیستم.» گفت «اگه مسلمون واقعی بودی خداوند عالم تو را با صورت سوخته نمی‌فرستاد به این دنیا.« دوباره گفت «برای همینه که هیچ‌کس حاضر نیست به تو زن بده.» من گفتم «این سرخی روی پوست صورتم از سوختگی نیست.» پرسید «پس از چیه؟» گفتم «از ماه‌گرفتگی» و باز گفتم «وقتی مادرم به من حامله بود هرشب به ماه نگاه می‌کرد.» پیرمرد گفت «برو، برو بیرون و ماه قشنگ خدا را هم بدنام نکن.» بعد نگاه غضبناکی به داخل چشم‌هام انداخت. ترسیدم. گفت «زود باش از اینجا برو بیرون چون نمی‌خوام خونت ریخته بشه توی حسینه.» بعد در گوشی به چندتا از مردهای اوباش محله که کاری ندارن جز پلکیدن دوروبَر حسینیه، گفت «هرکی به من چاقو بزنه ثواب می‌بره.» من‌هم فوری پا گذاشتم به فرار. چه‌کار می‌تونستم بکنم؟ خیال نکنین از ترس فرار کردم، نه. فرار من از عشق رسیدنم به شما بود. رسیدن به همین لحظه که صورتم لمیده روی نقش تن شما بر این دیوار نمناک. ماشاءالله نقشتون این‌قدر بزرگ شده که من با این قد دیلاقم نصف شما هم نیستم و صورتم جخ رسیده به شکمتون. بذار تا دستم را بمالم روی سینه‌تون. چه رعش‌هایی از داخل قلب شما می‌آد به داخل دست من و بعد می‌ره به تمام رگ‌هام و همین‌جور می‌گرده در همه جای بدنم. حالا سرم را از روی دیوار برمی‌دارم و یک‌بار دیگه به همه نقش نگاه می‌کنم. قد و قواره شما بر دیوار به سه متر می‌رسه. از همین پایین، از سر انگشت‌های پاهاتون که توی یک جفت نعلین هستن تا بالای عمامه سه متر هست اگه که بیش‌تر نباشه. چون، حتماً همین بزرگی نقش شما از رطوبته که مردم این شهرک را این‌جور حیرون کرده. بزرگ و واضح و واقعی، درست به همون شکل و شمایلی که امام جمعه ما توی خطبه‌هاش از شما می‌گه. اما امام جمعه ما هیچ‌وقت فکرش را نکرده بود که روزی شما خودتون را در همین شهرک پرت و دور افتاده نشون می‌دین به خلق خدا. توی این محل که مردمش هیچ خوشنام نیستن؛ از بس که گناه ازشون سر می‌زنه و از

بس که خدا نفرینشـون کرده که خواسـته و ناخواسته فساد بکنن. راستی که عجیب نیست ظهور شما در این محل؟ شنیده بودم که شما زمانی ظهور می‌کنین که ظلم و فساد همه جا را بدجور پر کرده. پس ظلم و فساد توی شهرک ما این‌قدر بالا گرفته که شـما مجبور به ظهور ناگهانی شـدین؟ اما راستش همچین هم ناگهانی نبود آقا. من می‌دونم که ناگهانی نبود و حداقل یک‌هفته طول کشـید تا نقش به قدرت خدا از داخـل سـینه دیوار خونـه بی‌بی ذره به ذره منقوش بشـه روی سـطح بیرونی اون، بدون دخالت دسـت انسان. نقشـی از عظمت شما نقاشی شده با خطوطی از نم و رطوبت روی دیوار گچ‌پوش خونه پیرزنی تنها و بی‌کس. مثل من که مردی هسـتم تنها بی‌کس. من از قبل می‌فهمیدم که نم و رطوبت از خونه صفدر به دیوار این خونه خواهد زد. زبانم لال نزدیک بود خطایی از من سر بزنه که مانع ظهور شما بشه. چه مزخرفاتی می‌گم من. اگه از قبل قرار بوده که نقش شما ظاهر بشه پس ظاهر می‌شد و هیچ‌کـس هم نمی‌تونسـت جلوی این ظهـور را بگیره. با این حال شـما را به جد بزرگوارتون مرا ببخشین که اولش مخالفت کردم با فرستادن آب گندیده جمع شده پشـت دیوار خونه صفدر به دیوار خونه بی‌بی. آب بارون بود آقا؛ آب رحمت الهی که از سـوراخ ناودون کهنه فرو رفته توی دیوار. ناودونی که سـال‌ها پیش باید بیرون کشیده می‌شد چون سوراخ پشتی اون بسته بود و آب بارون دیگه نمی‌تونست از سر دیگه‌ش بیرون بره. و این‌طور بود که آب جمع شـده بود پشـت دیوار خونه صفدر و او هم ده روز پیش فرستاد دنبال من که برم ببینم کاری می‌شه کرد یا خیر. من رفتم و نگاه کردم و بعد به او گفتم «آقا صفدر چاره جلوگیری از نفوذ رطوبت توی دیوار خونه شـما اینه که ناودون را از داخل دیوار بیرون بکشـیم و اونجا را خشـک بکنیم و بعد همه اون قسـمت از دیوار را دوباره سـیمان‌کاری کنیم.» صفدر گفت «اینکه خیلی خرج برمی‌داره.» گفتم «سه چهار روز هم کار داره.» گفت «پسرعمه من یک بنـای درجه یکه و حالا توی تهران دسـت به کار یک سـاختمون مهمـه. او به‌زودی

می‌آد اینجا و خودش می‌دونه چه‌کار بکنه. چون اوستاست.» پرسیدم «پس از من می‌خواین که چه‌کار بکنم؟» صفدر گفت «تو، فعلاً بیش‌تری نیاد توی دیوار خونه ما.» گفتم «من می‌تونم راه آب به دیوار خونه شما را ببندم اما اون‌وقت آب هدایت می‌شه می‌ره توی دیوار خونه پشتی شما یعنی به خونه بی‌بی.» صفدر گفت «این‌کار چقدر طول می‌کشه.» گفتم «فقط سه چهار ساعت.» گفت «پس همین کار را بکن.» گفتم «اما گناه داره که آب مونده گنداب شده را روانه کنیم به دیوار خونه همسایه.» گفت «تو دیگه کاری به گناه و ثوابش نداشته باش. تو فقط تند و سریع سوراخ آب رو به دیوار ما را ببند و بذار همین‌جور بمونه تا پسرعمه از تهران برگرده.« گفتم «اگه فردا پس‌فردا رطوبت از داخل دیوار خونه بی‌بی زد بیرون و نمایان شد کی جواب اون پیرزن را می‌ده؟» گفت «تو دلواپس بی‌بی نباش، جوابش با من».

بعد تا من اومدم دوباره چیزی بگم یکهو صفدر عصبانی شد و گفت «اگه بلد نیستی کار را انجام بدی بگو بلد نیستم و این‌قدر از خودت بهانه در نیار.» گفتم «چشم آقا صفدر من کار را بلدم و همین حالا هم انجامش می‌دم».

به پول نیاز داشتم، مثل هرروز دیگه. اما بعد از تمام شدن کار، اون کار را قبول کردم. چون اون روز شدیداً صفدر فقط نیمی از دستمزدم را داد و گفت «باقیش را بیا هفته دیگه بگیر.» حالا هم به‌خاطر اینکه باقی‌مانده پولم را به من نده رفته هو انداخته که من می‌خواستم از ظهور شما جلوگیری بکنم و به همه می‌گه که اگه اصرار خود او نبود شما بر روی این دیوار ظاهر نمی‌شدین. اما خدا را شکر که شما با فهم و دانشی که دارین عالم بر همه چیز هستین و از ریز به ریز ماجرا باخبرین. کاش ذره‌ای از اون همه فهم و علم شما به دل‌های بی‌خبر این مردم هم نفوذ می‌کرد تا اون‌ها هم می‌فهمیدن که من نه تنها مخالفت با ظهور شما نکردم بلکه باعث و بانی این ظهور شدم. آقا شما را به تقدستون قسم به این مردم بگین حقیقت را. به این مردم که دارن دنبالم می‌گردن تا دستیگرم بکنن و بیارنم همین‌جا و با ریختن خونم

من را به پای شـما قربانی کنن. هدفشـون همینه، قربانی کردن من پای دیوار سـفید که عظمت شـما این‌طور روی اون نقش بسـته. اما کاش این نقش این‌قدر صاف و صیقلی نبود و من می‌تونستم دست‌هام را حلقه بکنم به دور یکی از اندام‌های شما. آه اگه می‌تونسـتم با دو دسـتم پای شما را محکم بچسبم، و یا پری از لبه عبای شما را بگیرم. اما نه، نقش شـما هیچ دسـتگیره‌ای نداره که آدمی بتونه به اون آویزان بشـه آقا. و حالا هم وقت زیارت من تمام شده باید برم. ببین که نگهبان داره اشاره می‌کنه هرچه زودتر از شـما جدا بشـم و بزنم به چاک از لای نرده برم بیرون. ولی به کدوم بیرون؟ من که دیگه جایی برای رفتن ندارم. هیچ کجا. تنها پناهگاه من شما هستین. پس پناهم بدین ای تنها امید مظلومان! ای صاحب‌الزمان.

لندن، ۲۰۱۵

سنگ سفید

عکاس از روی چوبه دار پرید پایین و همه دوربین‌هایش بالاوپایین پریدند. چندتا دوربین بزرگ و حسابی. ما پسربچه‌ها ترسیده زل زده بودیم که نکند خدای نکرده یک‌وقت بلایی سر آن دوربین‌ها بیاید. آه کشیدیم.

یکی از ما گفت «همه این‌ها که دوربین نیستن».

یکی دیگه از ما گفت «شرط می‌بندم که همه این‌ها دوربین هستن».

چوبه دار هنوز درازکش افتاده بود کف وانت‌بار.

عکاس آرام به‌طرف ما آمد و پرسید «هی، شما! بچه‌های همین شهرک بغل هستین، از قیافه‌هاتون پیداس. درسته؟»

یکی از ما از او پرسید «تو اومدی از ما عکس بندازی یا از اون مرد مُرده؟»

مژه‌های عکاس یکهو پرپر زدند، هول شد و تند نگاهی به اطراف انداخت و با تعجب پرسید «مگه یارو مُرده؟!»

و با دوربین‌های سفت سیاه دوید به‌طرف ماشین پاترول. از همان طرف یکی از مأمورها داشت به ما نزدیک می‌شد. هر سه تا مأموری که با پاترول آمده بودند تفنگ‌هایشان ژسه بود.

یکی از ما گفت «شرط می‌بندم که خشاب‌هاشون خالیه».

یکی دیگه از ما گفت «شرط می‌بندم که خشاب‌هاشون خالی نیس».

دوتـا از مأمورهـا چوبه دار را از وانت‌بار بیرون کشـیدند تـا آن را ببرند بالای آن تخت سـنگ سفید و آنجا علمش کنند. دوطرف سنگ دوتا گودال کنده شده بود تا پایه‌های چوبه داخل آن‌ها جا بگیرند.

مأموری که به ما نزدیک شد گفت «هی شما! کدومتون می‌تونه بره از خونه شون یک چارپایه خوشگل محکم ورداره بیاره، ها؟»

یکی از ما گفت «می‌خواین دارش بزنین چون که باید دارش بزنین، مگه نه؟»

یکی از مأمورها گفت «چارپایه می‌خواییم چه‌کار؟»

یکـی دیگـه از مأمورهـا گفت «چون چارپایـه خودمون را تـوی محل قبلی جا گذاشتیم».

آن یکی دوباره گفت «بی‌خیالش، همین سنگ سفید کار را انجام می‌ده».

چندتا از مردهای شـهرک ما داشتند جابه‌جا توی بیابان با عجله پیش می‌آمدن که مراسم را تماشا بکنند. صبح جمعه سرحال قشنگی برای دار زدن بود و ما هم که مدرسه نداشتیم. اما اگر برف نمی‌بارید بهتر بود، یا اگر دست‌های ما لخت نبود.

شنیده بودیم که اگر برف ببارد مراسم اجرا نمی‌شود اما حالا مراسم داشت اجرا می‌شـد. وقتـی که آن مرد مُـرده را آوردند هنوز برف می‌بارید. وقتی کـه او را آوردند هنوز زنده بود. قد بلند بود. ما دیدیم که چطور از ماشـین نعش‌کش بیرون آمد بعد ایسـتاد و سـرش را بالا آورد و بوی اطراف و دور بر خودش را از زیر لبه‌ی چشـم‌بند کشید توی سوراخ‌های دماغش. لباس ورزشی پوشیده بود. سبز و خاکستری. از آن لباس ورزشـی‌های مارک‌دار. زیپش را تا آخر کشـیده بود بالا، یا برای او بالا کشیده بودند؛ چون دسـت‌های خودش از پشـت با طناب بهم بسـته بودند. برف نشسـت روی موهای سیاه او.

عکاس هنوز داشت دوربین‌هایش را امتحان می‌کرد. چراغ‌های جلو نعش‌کش

روشـن بودنـد و دانه‌هـای نـرم و نازک برف تا بـه حرارت چراغ‌ها می‌رسـیدند محو می‌شدند.

یکی از ما گفت «اون سالی که آدمای رژیم شاه را تیر بارون می‌کردن من هنوز به دنیا نیومده بودم. حیف».

یکی دیگه از ما گفت «اما برادر من به دنیا اومده بود. بابام او را می‌گذاشت روی شونه‌های خودش تا برادرم بتونه تیر خوردن طرف را خوب ببینه».

یکی از ما گفت «خوش به حالش. چه حالی پسر!»

راننده وانت‌بار به یکی از مأمورها گفت «به جون شما خیلی دلم می‌خواد بمونم و تماشـا کنم چونکه می‌دونم چقدر ثواب داره؛ اما باید زود برم که غذا برسـونم به افراد دیگه».

بعد ما را که دید گفت «بارک‌الله بچه‌ها. خوب تا تهش تماشا کنین چون آینده توی دست شماست».

و رفـت. می‌رفـت و به بـرف فحش می‌داد. بعد دوید و پشـت فرمـان وانت‌بار نشست و وانت دور شد.

محکوم چشم‌بسـته زیر برف قدم زد بدون اینکه بداند کجا هسـت. نزدیک شد به چوبه دار. پاهایش هم مثل هیکلش بلند و باریک بودند. ایسـتاد و به اطراف سـر گردانـد و بـاز هـوا را بو کرد. می‌خواسـت با تکان دادن پره‌هـای دماغش و به کمک ابروهایش چشم‌بند را بکشد بالا، و یا بکشد پایین؛ آن‌قدر که بفهمد کجاست. اما چشم‌بند محکم بود و به او راه نمی‌داد.

یکی از مأمورها بازوی محکوم را گرفت و کشید و او را آورد جلوی سنگ سفید و همان‌جا نگهش داشت.

عـکاس کـه حـالا نشسـته بـود تـوی نعش‌کش و سـیگار می‌کشـید، بـا همه دوربین‌هایش بیرون پرید. جلیقه برزنتی خبرنگاری پوشیده بود. از داخل جیب‌های

جلیقه یک مُشت سیم بیرون کشید و آن‌ها را یکی‌یکی فرو کرد توی دوتا حلقه‌هایی که روی شانه‌هایش بودند. یکهو از دوطرف شانه‌های او یک مشت سیم‌های سفید بیرون پریدند. بعد یک پارچه برزنتی را نصب کرد بالای سیم‌ها. حالا یک چتر بالای سر او بود که نمی‌گذاشت برف بریزد روی او و روی دوربین‌ها. آن‌وقت دوید و باز آمد به‌طرف ما.

مأموری که بازوی محکوم را گرفته بود آرام گفت «قربونت بی‌زحمت بیا یک‌دقیقه بالای این سنگ وایستا یک امتحان بکنیم و خاطرجمع بشیم که همه‌چی رو به راه هست اِن‌شاءالله».

پاهای محکوم دنبال سنگ گشتند و بالاخره پیدا کردند. فقط از نگاه کردن به چشم‌های کسی می‌شود فهمید که طرف ترسیده یا نه. اما ما که حالا چشم‌های او را نمی‌دیدیم، توی صدایش هم مشخص نشد که ترسیده بود یا نه.

پرسید «وقتش شده؟»

مأمور گفت «نه. چون حاجی نیومده».

محکوم پرسید «پس چی؟»

مأمور گفت «کفش‌هات را در بیار. فعلاً فقط یک آزمایش می‌کنیم».

و تلخ و با تشر به محکوم گفت «عجله داری مگه؟»

محکوم پاهای لُخت بی‌جوراب خودش را از گشادی کفش‌های کتانی سیاه بیرون کشید و روی کفش‌ها ایستاد. انگشت‌هایش سرخ شده بودند. مأمورها سنگ سفید را طوری بالا کشیده و به حالت ایستاده نگه داشته بودند که سنگ بتواند کار یک چارپایه سفت و محکم را بکند تا بعد وقتی که محکوم طناب به گردن بالای آن ایستاده بشود با یک لگد ساده سنگ را کنار زد و انداخت و آن‌وقت دیگر زیر پای محکوم هیچ باقی نمی‌ماند غیر از خالی.

مأمور گفت «حالا بی‌زحمت برو بالا».

محکوم یک پایش را گذاشت بالای سنگ و سنگ تکان خورد و لق شد و نزدیک بود بیفتد اما نیفتاد. محکوم پای خودش را عقب کشید. مأمور تند خم شد و سنگ را بغل کرد و به حالت اول برگرداند و عصبانی گفت «این‌قدر عجله نداشته باش، می‌فهمی؟»

حالا خود مأمور پاهای محکوم را یک به یک گرفت و با احتیاط گذاشت روی سنگ. محکوم روی سنگ ایستاد و از همه بلندتر شد. کفش‌های سیاه او جلوی تخته سنگ سفید خالی مانده بودند. از اینجا که ما می‌دیدیم پشت سرش هیچ نبود غیر از آسمان و برف.

بقیه مأمورها و راننده‌ی نعش‌کش کنار پاترول زیر یک چتر بزرگ ایستاده بودند و صحنه را تماشا می‌کردند.

عکاس بلند گفت «هنوز که حاجی نرسیده برادر».

مأموری که با محکوم ور می‌رفت گفت «نه. نرسیده».

عکاس گفت «پس بیا که ما هم یک کمی خرما زعفرون بخوریم».

مأمور گفت «اگه بذاری من‌هم بیام زیر چتر تو».

و غش‌غش خندید. داشت سر به سر عکاس می‌گذاشت.

عکاس گفت «بیا».

بعد گفت «فقط به‌خاطر دوربین‌هاست جون شما».

و رفت به‌طرف مأمورهای دیگر که داشتند خرما زعفران می‌خوردند.

مأموری که هنوز داشت با چوبه‌دار ور می‌رفت یک پایه چوبه را گرفت و خودش را از آن بالا کشید. اگر پوتین هم نپوشیده بود سنگ سفید دیگر جایی برای پاهای او نداشت. سنگ باز تکان خورد اما نیفتاد. مأمور طناب را گرفت و به‌طرف خودش کشید و حلقه طناب را انداخت دور گردن محکوم که داشت سعی می‌کرد به مأمور کمک کند تا کارش را بهتر انجام بدهد اما جهت رفت و آمد دست مأمور را نمی‌دید.

بالاخره مأمور پرید پایین و سنگ تکان نخورد و او به خوشحالی گفت «می‌بینی چقدر محکم شده؟»

صدایی گفت «عجله کن».

ماشین سیاهی را دیدیم که از دور پیش می‌آمد به‌طرف ما.

مأمور به محکوم گفت «بهش عادت کن که بعد زهره‌تَرَک نشی».

حرکت آرام ماشین سیاه توی بیابان سفید تماشایی بود.

چندتا از مردهای شهرک ما هم رسیده بودند و داشتند مراسم را تماشا می‌کردند.

مُدل ماشینی که داشت می‌آمد هنوز مشخص نبود.

یکی از ما گفت «شرط می‌بندم که بنزه».

صدایی گفت «بیا».

مأمور به محکوم گفت «مراقب باش که طناب شُل نشه تا من برگردم».

و با عجله رفت به‌طرف صدا و با مأمورهای دیگر قاتی شد.

ماشین سیاه با شکم چسبیده روی برف می‌سُرید و می‌خزید می‌آمد و نزدیک‌تر می‌شد.

مأمورها و راننده نعش‌کش و عکاس کنار پاترول ایستاده بودند و داشتند خرما زعفران می‌خوردند.

محکوم یک پای خودش را روی سنگ سفید تکان‌تکان داد. سنگ نجنبید. حسابی محکم شده بود.

یکی از مردهای تماشاچی خیز برداشت که برود جلو، اما یکی از ما به او تشر زد که «نه. نرو».

و مرد تماشاچی قبل از رفتن ایستاد سرجای خودش.

مأمورها و راننده نعش‌کش و عکاس هسته‌های خرماهای خورده شده را پرت می‌کردند روی برف.

حالا تشـخیص مُدل ماشـین سـیاه آسان شـد. بنز بود. دسـت‌های ما از سرما سرخ شده بودند. جعبه خالی خرما هم پرت شد و رفت لای پشنگه‌های برف غلت خورد. همه آن‌ها آخرین دانه‌های خرما را که توی دست داشتند تند و تند خوردند و رفتند به استقبال ماشین سیاه.

عکاس نگاهی به چوبه دار و به محکوم انداخت. انگار می‌خواست به این طرف بیاید اما منصرف شد و رفت به‌طرف نعش‌کش.

محکوم یک‌بار دیگر پاهایش را روی سـنگ تکان‌تکان داد. سـنگ لرزید و لق خـورد و افتـاد و یکهـو زیر پاهای او لخت شـد و خالی شـد و پاهایـش توی هوای خالی پرپر زدند. انگشت‌های پاهایش چقدر بلند بودند و مثل چندتا جانور زنده‌ی آویزان داشتند می‌لرزیدند. اما این لرزش‌ها کوتاه مدت بود و بعد همه حرکت‌ها از جنب‌وجوش افتاد و تمام شد.

ما دیدیم که چطور تمام شد و همه‌ی هیکل او را دیدیم که آرام و آویزان ماند.

ماشـین سـیاه رسـید با چراغ‌های روشـنش که بزرگی‌شـان تمام جلو ماشین را پـر کرده بود. رسـید امـا دیگر چیزی برای تماشـا باقی نمانده بود و مـا هم رفتیم تا دسـت‌هایمان را با گرمای چراغ‌های ماشـین نعش‌کش گرم کنیم چون عکاس هم داشت همین کار را می‌کرد.

تهران، ۱۳۶۹

توی دشت بین راه

در طول راه، پدر دیگر از جنگ شهریور نمی‌گفت. از هیچ چیز نمی‌گفت. در طول راه، پدر فقط پا می‌کشید روی خاک، توی دشت، و کومه‌های توخالی خاک زیر؛ لگدهایش می‌شکستند و دیوارهای کروی‌شان ویران می‌شد.

دشت از روبه‌رو پهناور بود و تا خط افق چیزی توی دشت نبود غیر از زمین صاف و پُر شوره. به پشت سرمان که برمی‌گشتیم و نگاهی می‌انداختیم فقط شعله‌های آتش را می‌دیدیم که زبانه می‌کشید و مثل هیولایی زخمی به خود می‌پیچید و پخش می‌شد. و شهر که هیچی‌ش پیدا نبود. زیر چتر شعله بود و مردم به شکل سایه‌هایی کوچک و لغزان در بخار از دل آتش بیرون می‌جستند و خود را می‌انداختند توی دشت و لب تشنه پا می‌کشیدند تا آبادی بعدی که سی کیلومتر راه بود. پیشاپیش ما سایه‌هایی بودند که داشتند به مقصد نزدیک می‌شدند.

پدر، طوری که مادر بشنود، گفت «یک کمی بشینیم خب.» ایستاد. لب‌هایش سفید بودند و دو شکاف بر لب پایینی‌اش پیدا شده بود. خم شد روی پنجه پا نشست. تا پدر نشست ما هم خودمان را ولو کردیم روی زمین. من بودم و دو خواهرم که از من کوچک‌تر بودند.

مادر اول ننشست. دور دسته‌ی ظرف پلاستیکی آب کمر بند بسته بودیم که

بشود بر شانه حملش کرد. مادر کمربند را گرفت و ظرف را از شانه پایین آورد. بعد نشست.

وقتی نشسته بودیم یک خانواده که پشت سر ما می‌آمد از کنارمان گذشت و رفت و دور شد.

خواهر بزرگ‌تر که اسمش صدیقه بود گفت «آب».

پدر غُر زد «وا مصیبتا! شکمت باد نکرد از اون‌همه آب؟»

صدیقه خیلی گفته بود آب و هربار مادر سر قمقمه را پر کرده و ریخته بود توی حلقش و گفته بود «بسه‌ته دیگه. بقیه هم می‌خوان خب».

مادر سر قمقمه را پر کرد و دراز کرد به‌طرف پدر. پدر آب را گرفت و ریخت توی دهان خودش و سرقمقمه را پس داد و آب را که هنوز نگه داشته بود توی دهان تاباند و مضمضه کرد؛ مثل وقتی که بعد از هر نوبت غذا مادر با آفتابه‌مسی آب می‌ریخت روی دست او و او یک مشت آب به دهان می‌ریخت و نگه می‌داشت و می‌تاباند توی دهان و چند بار با فشار از لای دندان‌ها بیرون می‌داد و بعد تف می‌کرد. حالا هم همان‌قدر نگه داشت اما حالا همان مقدار آب را قورت داد و نفس عمیق کشید.

هریک، یک سر قمقمه آب خوردیم.

مادر، هنگام آب خوردن برگشت و به ناپیدایی شهر نگاه کرد و گفت «کاش بچه‌م می‌اومد».

از افراد خانواده ما فقط زهیر مانده بود و بی‌بی.

پدر گفت «نیومد خب».

مادر هیچ نگفت.

پدر گفت «چرا نیومد. اصلاً چرا موند؟»

من گفتم «نیومد دیگه. بهش گفتم بریم. کم گفتم؟ نیومد. خب هرکس یک عقیده‌ای داره».

پدر عصبانی شـد «اصلاً من ریدم به اون عقیده.» سـرش را پایین انداخت و با تمسخر کشیده گفت «عقیده».

آفتاب کج می‌تابید و تا به مرکز آسمان برسد ساعتی مانده بود. یک روز گرم پاییز بود. اول طلوع راه افتاده بودیم که به گرما نخوریم اما چون بچه کوچک همراهمان بود و به سختی راه می‌رفتیم، گرما ما را گرفت.

مـا تنها نبودیم. مردم پراکنده با قمقمه‌ها بر دوش یا بی‌قمقمه می‌رفتند. دشـت دیگر دشت نبود؛ بلکه پیاده‌رویی بود با عرض و طول فراتر از نگاه، بی‌آن که آمدی داشته باشد و همه‌اش رفت بود و مردم می‌رفتند زیر خورشیدی که قرص تمام بود و لکه ابری حتی جلویش سد نکرده بود که از گرماش بکاهد یا سایه بیندازد بر راه؛ و شعله‌ی آتش مثل روزهایی که شط طغیان می‌کرد و می‌غرید و پهن می‌شد و شعاع سـرخش گسترده می‌شد و چنگ می‌انداخت و بر سطح زمین دنبال صیدی، آدمی که در خود فرو ببرد و ببلعد، پیچ و تاب می‌خورد. و مردم می‌گریختند چرا که سپری نبود تا خود را پشت آن پنهان کنند و فقط سنگرهای حقیر گورشکل بود که پر از نم بودند و وقاحت شعله و شلیک و انفجار تا عمق سنگرها را هم می‌کاوید و این‌طور بود که در دشت فقط رفت بود و ما می‌رفتیم بدون برادرم زهیر و بدون بی‌بی و بدون گاوهایمان، پنج تا گاو.

پدر گفت «من نمیام».

گفتم «دیوونگی نکن».

گفت «کجا برم؟ ولم کن. پس گاوهام چه می‌شن؟»

گفتم «گُه به قبر هرچه گاوه».

بُراق نگاهم کرد، انگار می‌خواسـت خیز بردارد با ناخن‌هایش صورتم را خنج بزند. نشسته بود روی حصیر کوچکی که دور تا دورش ریش‌ریش بود.

گفت «تو اگه می‌خوای بری برو، من بدون گاوها از جام تکون نمی‌خورم».

گفتم «مگه من به‌خاطر خودم می‌گم که بریم؟»

«پس چه؟»

«به‌خاطر این بچه‌ها، زنت».

«زنم بره. من جلوش را نگرفتم».

«چرا لج می‌کنی مرد؟ همین پریروز دو تا خمپاره انداختند پشت منزلت و بیست و چهار نفر را کشتند».

گفت «دیگه نمی‌اندازن».

مادر گفت «عاشق چشم و ابروی تو هستند، نه؟»

پدر برای مادر چشم غُره رفت اما مادر اعتنا نکرد.

گفتم «زیر گوشت هستند. تا فردام هم می‌رسند به اینجا».

پدر تسبیح را دور انگشت‌هاش گرداند «خب برسند».

گفتم «عرب و عجم هم سرشون نمی‌شه این‌ها، خیال باطل نکن».

گفت «اصلاً شما چی می‌خواین از جون من؟ ولم کنین با درد خودم».

آن روز تا فردایش همین‌طور بحث کردیم و پدر همه‌اش می‌گفت «پس گاوها؟» و گاهی می‌گفت «پیاده؟ من پا دارم که پیاده بیام این‌همه راه را؟» و هی نشنیده می‌گرفت و پشت گوش می‌انداخت و می‌گفت «حالا ببینیم چطور می‌شه. شایدم خدا خواست و امروز فردا جنگ تمام شد».

اما امروز و فردا هم گذشت و جنگ تمام نشد و بالاخره پدر را راضی کردیم و در یک صبح قمقمه را پرکردیم و زهیر با یکی از دوستانش ما را تا آن‌طرف شط رساند که بیفتیم توی دشت.

گفتم «زهیر، تو مطمئنی که با ما نمیای؟»

زهیر به تایید سر جنباند «اوهوم.» تا زانو توی گل فرو رفته بود و رفیقش داشت قایق ما را آماده می‌کرد. هنوز این‌سوی شط بودیم.

گفتم «بیای بهتر نیست؟»

گفت «پس کی بمونه اینجا؟»

زهیر دو سال از من کوچک‌تر بود و من نگرانش بودم.

گفتم «آخه».

گفت «شهر در خطره کاکا».

گفتم «تو هم در خطری».

«اما شهر».

«خب می‌مونی تا کی؟»

دستش را بالا برد و ریش کم پشتش را خاراند و گفت «تا وقتی که احتیاج هست به من.» بعد با لبخند گفت «تا دینش».

گفتم «پس قصد جنگیدن داری».

لبخند زد و برگشت رو به دوستش که قایق را آماده کرده بود و حالا بر بلندی آن ایستاده بود نگاه انداخت و من شانه بالا کشیدم و پدر و مادر با خواهرها آمدند و سوار قایق شدند و ما رفتیم و زهیر ماند و ما حالا هیچ از او خبر نداشتیم.

صدیقه دوباره گفت «آب».

پدر برگشت و با غیض گفت «سَرت را می‌شکنم همین‌جاها».

صدیقه زد زیر گریه و حتی بعد از خوردن آب هم از گریه دست نکشید.

گفتم «چته؟ بسه دیگه.» حالا قمقمه بر شانه‌ی من بود.

صدیقه با گریه گفت «کجا داریم می‌ریم خب؟»

گفتم «شادگان. بعد هم شاید اصفهان، یا یک‌جای بهتر. نمی‌دونم».

پدر گفت «اگه زهیر به فکر گاوها بود غمی نداشتم».

مادر گفت «هست».

«زهیر و گاو؟ او یک سر داره و هزار سودا».

گفتم «حرفش را نزنید بهتره».

پدر گفت «همه‌ش تقصیر شماست که ما را آواره کردید».

مادر گفت «می‌خواستی بمونی زیر آتش خمپاره‌ها؟»

مدتی طولانی در سکوت رفتیم. آب قمقمه از نصف هم کمتر شده بود. قدم که برمی‌داشتم، آب پشت کمرم تلق‌تلق صدا می‌کرد.

خورشید بالای سرمان بود و ما زیر آن در جاده‌ی خاکی که مردم پیش از ما با رفتنشان ساخته بودند پیش می‌رفتیم و صدای هن‌هن همدیگر را می‌شنیدیم.

گاه یک جیپ ارتش تند از کنارمان می‌گذشت و به ما خاک می‌خوراند. گروه‌هایی که جوان بودند وخانواده همراه نداشتند می‌آمدند و از ما جلو می‌زدند و می‌رفتند. نمی‌دانستیم چند ساعت دیگر راه داریم، هیچ‌کس نمی‌دانست. همه تند می‌رفتند که پیش از شب برسند و برای همین هم بود که مادر با اینکه خستگی را در چشم‌هایش می‌دیدم کمتر می‌گفت بشینیم. فقط گاهی می‌گفت «آخ. بچه‌م».

گفتم «گفت شلوغ‌تر که بشه میاد».

دروغ گفته بودم و می‌دانستم که حالا زهیر و مردهای جوان دیگر مثل او توی جان‌پناه‌های کوچک نامطمئن دراز کشیده‌اند و بالای سرشان نفیر گلوله است.

گفتم «میاد».

مادر گفت «کاش بی‌بی هم را با خودش بیاره».

گفتم «میاره».

اما چطور؟ با آن پاهای پیر و از کارافتاده‌ی بی‌بی.

گفتم «تو هم بیا بی‌بی».

لم داده بود و پاهایش را پهن کرده بود ودوکش را می‌تاباند و برای زمستانی که از هیچش خبری نبود جاجیم می‌بافت.

گفتم «یک‌جوری می‌برمت، هرجور شده».

لبخند زد و با صورت پرچین نگاهم کرد و گفت «بیا ببوسمت».

صورتم را جلو بردم. بوی خوش می‌داد. بوی بچگی و گلاب و شیرینی‌های کوچکی که از توی جیب گشادش بیرون می‌آمد. لب‌هایش پوست گونه‌ام را مکید و ول کرد و من سرم را کشیدم عقب و دیدم چشم‌های ریز بی‌بی در اشک می‌درخشیدند. مردمک‌هایش همرنگ تیله بود و من هیچ نگفتم.

گفت «پس کی بمونه به گاوها علف بده؟»

پدر سرش را زیر انداخته بود و تسبیح می‌گرداند «اگه ماشین می‌گذاشتن برای بردن مردم باز خوب بود، همه می‌تونستن برن».

بی‌بی به حرف پدر اعتنا نکرد و رو به من گفت «گاوها و یاس».

یاس وسط حیاط بود و گل نداشت. بلند بود و شاخه‌هایش تا نصف حیاط می‌رسید.

گفت «درخت بیچاره آب می‌خواد بی‌بی».

در سایه‌روشن مهتاب نشسته بودیم. شب آخر بود. پا شدم شیلنگ آب را کشیدم و سرش را گذاشتم پای یاس و شیر را باز کردم.

مادر نالید «یا جد سید طاهر».

پدر به بی‌بی گفت «سرگرم بشو با گاوها. ما زود برمی‌گردیم».

بی‌بی گفت «با خدا».

رفتیم بخوابیم که صبح زود راه بیفتیم اما صبح که پاشدیم پدر توی رختخوابش نبود.

مادر پرسید «پس کو بابات؟»

ترسیده دویدم به حیاط و از آنجا به تک‌تک اتاق‌ها سرکشیدم. پدر توی دستشویی هم نبود. از حیاط بیرون زدم و توی باغ و لابه‌لای ردیف ستون نخل‌ها

را نگاه کردم و با عجله برگشـتم و رفتم به طویله که باید از همان اول می‌رفتم. پدر نشسته بود روی سکوی سمنتی طویله.

وسط سکو چند حفره بود که علف را برای گاوها در آن‌ها می‌ریختیم. خودش سکو را ساخته بود. پشت به من نشسته بود و از بالای سرش دود خاکستری سیگار می‌لغزید و بالا می‌آمد. شـانه‌هایش را جمع کرده بود؛ شـانه‌هایی که حالا داشـتند آرام می‌لرزیدند. هر پنج تا گاو لم داده روی زمین پهن شده بودند و پدر رو در روی گاو سفید که قدیمی‌ترین گاومان بود نشسته بود و نور ضعیف زردی از درزهای بالا می‌خزید داخل و شانه پدر را شقه‌شقه می‌کرد.

آرام برگشـتم و بی‌صدا از طویله بیرون زدم. مادرم وسـط حیاط ایستاده بود و به من نگاه می‌کرد. انگار چیزی می‌پرسید و من هیچ نگفتم و یک‌راست به اتاق بی‌بی رفتـم وخودم را انداختم توی دامن سـیاهش و بی‌بی انگشـتان کوچک زبرش را در موهایم فروبرد.

توی دشـت، نمای یک آبادی دورادور جلویمان شـکل می‌گرفت. پدر خم شد پاچه‌های شلوارش را یک تای دیگر بالا زد.

گفت «پشیمون شدم».

گفتم «که چی؟»

«گول تو را خوردم».

گفتم «یک‌جایی اون دورها پیدا شد، ببین».

گفت «یک مستراح.» به روبه‌رو نگاه نمی‌کرد.

«وقتی که برسیم خیالت راحت می‌شه».

گفت «هیچ‌وقت خیالم راحت نمی‌شه. دیگه تمام شد».

گفتم «به این مردم نگاه کن».

گفت «گُه به قبر پدر مردم. گُه به قبر پدر خودم، به قبر پدر تو و زهیر، همه تون».

فهمیدم که دیگر نباید چیزی بگویم و هیچ نگفتم. با سکوت رفتیم. آب قمقمه به ته رسیده بود.

مدتی که رفتیم صدای شلیک توپ آمد. بعد صدای گذشتن یک هواپیما به گوش رسید؛ صدای مهیبی که تن آدم را می‌لرزاند.

صدیقه ترسیده گفت «اوه».

گفتم «نترس عزیزم».

گفت «هواپیماست».

گفتم «ها».

پرسید «مال کیه؟»

گفتم «نگران نباش، مال این‌طرفه».

اما او خیالش راحت نشد و لبه‌ی پیراهنم را ول نکرد. لب‌های او خشک شده بودند و ما همچنان رفتیم.

بعد از کمی قدم برداشتن باز صدیقه حرف زد «کاکا، تو می‌گی این‌طرف می‌بره یا اون‌طرف؟»

گفتم «ما می‌بریم عزیزم.» و دست کشیدم روی سرش.

او هیچ نگفت و نگاه از آسمان برنداشت. بعد حس کردم از پشت سر یکی دارد تکه‌ای از لباسم را می‌کشد. سر برگرداندم و دیدم خواهر کوچک‌ترم که اسمش نرگس بود ایستاده و به چشم‌هایم خیره شده با موهای خاک‌آلود و درهم.

گفتم «ها. چته؟ چی شد؟»

گفت «کاکا.» صدایش می‌لرزید.

گفتم «بگو».

پرسید «ما این‌طرفیم یا اون‌طرف؟»

آبادان، ۱۳۵۹

گلدان

زیبا سرش را از روی کاسه توالت برداشت. با وجود آن‌همه تقلا هنوز هیچ بالا نیاورده بود. بلند شد و با چهره سفید مات روبه‌روی آینه ایستاد و آرام انگشت بر موهای زبر زیر ابرو کشید. چندشش شد و روگرداند. بطری سبز با شکم گرد و گردن بلند باریک، کف وان خشک افتاده بود. خم شد آن را برداشت و به گونه چسباند. سرد بود و بوی الکل می‌داد. مثل بدنه وان هنگام عشقبازی. تنش لرزید و بطری به دست از دستشویی بیرون زد و رفت پشت پنجره ایستاد و به پایین نگاه کرد.

وسط حیاط چند نفر داشتند صندلی‌ها را در ردیف‌های منظم می‌چیدند. یک نفر روی چارپایه ایستاده بود و داشت به سرپیچ رشته سیم‌های آویخته لامپ رنگی می‌بست. مرد و پیرزن کنار عده‌ای دیگر روی سکوهای سیمانی، زیر شاخ و برگ‌های درهم تنیده چنار نشسته بودند و آن‌طرف‌تر زنی کالسکه بچه‌اش را می‌راند و بی‌اعتنا به اطراف طول حیاط را طی می‌کرد.

دو دختر میزی را آوردند گذاشتند روی زمین و روی آن تور سفید کشیدند. پیرزن چیزی در گوش مرد گفت. مرد نگاهش کرد و بلند شد پشت به او ایستاد و خم شد. انگار بخواهد کیسه شنی را بر دوش بکشد، دست‌های پیرزن را گرفت و او را بر دوش کشید و راه افتاد. زنی که کالسکه بچه می‌راند بار دیگر به ته حیاط رسید

اما این بار برنگشت. همان‌جا ماند و به دیوار روبه‌رو خیره شد. پاهای پیرزن از دو طرف مرد آویزان بودند.

زیبا بطری سبز را میان دست‌ها فشرد و بر پاشنه پا گردید و نگاهش را در اتاق گرداند. یخچال، فرش، کمد قهوه‌ای، تلویزیون، ساعت دیواری و مقداری خرت و پرت لکنته دیگر. برای بردن بطری سبز اما هنوز دودل بود چون تنها یادبود باقی‌مانده از سال‌های پیش از جنگ بود و او آن را همیشه با خود داشت.

به تسمه‌های بسته چمدان نگاه کرد و قید بردن بطری را زد «به سلامتی تو.» آن را روی تاقچه گذاشت و به تختخواب آهنی تک‌نفره که بر ملافه نارنجی‌اش لکه‌های زرد نقش بسته بود خیره ماند. پلک‌ها را بر هم فشرد. صدای وزوزی همراه با باد از سوراخ‌های کولر بیرون می‌زد و او نفهمید چه مدت به صدا گوش داد که در باز شد و مرد و مادرش داخل شدند. مرد ساعدهایش را از زیر ران‌های پیرزن رد کرده و پنجه‌ها را روی ناف خود گره زده بود. مقنعه سیاه مادر که از تور نازک بود روی صورت مرد افتاده بود و تن او که جسم سیاه سنگینی بود بر گرده مرد لمیده و پنجه‌های استخوانی دستانش را لای استخوان‌های کتف مرد فرو برده بود. زانوی مرد لغزید و راهش را کج کرد و مادر را به دستشویی برد.

زیبا روپوش خود را از جارختی برداشت و صدای گنگ پیرزن را شنید. بعد صدای سقوط چیزی.

مرد پرسید «درست شد؟»

پیرزن نالید «ها».

انگشتان لرزان زیبا بر دکمه‌های روپوش می‌گشت که مرد بیرون آمد. رنگ پریده با صورتی تراشیده و پیراهن سفید. می‌آمد و دکمه بالایی پیراهن را باز می‌کرد و زیبا دکمه روپوش خود را می‌بست. بعد روسری را از روی چمدان برداشت.

مرد پرسید «همین؟»

زیبا هیچ نگفت.

مرد گفت «باشد».

زیبا گفت «بمانم به چه دلخوشی؟» و روسری را بر سر کشید.

مرد گفت «من که نمی‌گذارم تو به کارهایش دست بزنی».

زیبا هیچ نگفت. مرد جلوتر آمد و لبخند زد «چه خوشگل شدی امروز.» صدای ریزش آب از دستشویی بلند شد. زیبا سرش را عقب برد و به دیوار چسباند و با ناله گفت «بگذار بروم».

مرد با چشمان گرد نم‌دار و پیشانی بلند روبه‌رویش ایستاده بود «کاش یک بچه دیگه غیر از من داشت.» و با صدای سیفون رفت به طرف دستشویی و بلند پرسید «تمام؟» و داخل شد. صدای خفه‌ای از گلوی پیرزن بیرون زد. صدای مرد هم خفه بود وقتی که گفت «آن یکی دستت را هم بده.» بعد مرد و بارش از دستشویی درآمدند.

زیبا روسری را بست و چمدان را برداشت. پیرزن داشت به او نگاه می‌کرد؛ با دو قطره اشک گوشه چشم‌ها که نه می‌چکیدند و نه به حدقه برمی‌گشتند. مرد که مادر را روی تختخواب گذاشت زیبا بیرون زد. با سگک آویزان لنگه کفشش که خرت و خرت می‌کرد و در راهرو دراز و باریک به دنبالش کشیده می‌شد.

در پاگرد اول هجوم نفس‌هایی را پشت لاله گوش حس کرد «با مسئول خوابگاه حرف زده‌ام. گفت اگر یک اتاق توی ساختمان خالی بشود می‌دهد به ما. یک اتاق دیگر داشته باشیم حل است دیگر. پس مشکلی نیست».

«نیست».

«طعنه می‌زنی؟»

«نه».

«یعنی آن‌ها اتاق دادند و من نگرفتم؟»

«حالم خوش نیست نوروز».

در پاگرد بعدی مرد چاق با زیرپیراهن رکابی و بازوهای پرمو، لبه پنجره باز را گرفته بود و با صدای بلند رو به خیابان سوت می‌زد و آن‌ها به پاگرد که رسیدند مرد چاق سوت‌زنان سرچرخاند و با لُپ‌های ورم کرده نگاهشان کرد و آن‌ها از کنارش گذشتند.

نوروز گفت «راست می‌گویی. اگر سالم بود غمی نبود؛ مثل پنج شش ماه اول. ولی کمی دیگر طاقت بیاور بلکه جنگ تمام بشود، یا...»

«خودت را گول نزن مرد».

نوروز برگشت نگاهی به پشت سر انداخت و باز رو کرد به او «خب، که می‌خواهی بروی خانه مادرت این‌ها».

«اگر از آنجا خوشم می‌آمد که شوهر نمی‌کردم».

رسیدند به طبقه همکف، بعد به در دولنگه شیشه‌ای.

نوروز گفت «بدون تو نمی‌دانم زندگیم چطور می‌شود».

«مجردیت چطور بود؟ همان‌طور».

«اما تو حالا داخل زندگی من هستی».

زیبا میان دو شیشه ایستاد و گفت «تو دیگه برگرد».

«تا ایستگاه همراهت می‌آیم».

«با اتوبوس نمی‌روم».

«خیلی خب، امشب هم خواستی بمان خانه مادرت. من حرفی ندارم».

«اشکالی ندارد. تو همه‌چیز را شوخی فرض کن».

پل، بیست قدمی هتل بود.

نوروز گفت «یک شعر برایت بخوانم.» و خندید.

«نه».

زیر پل محوطه وسیعی بود که در آن مردم به دنبال تاکسی‌ها می‌دویدند. نوروز بازوی زنش را چسبید و انگشتانش را از زیر بغل غلتاند و برکناره سینه چپ او سایید «پس منظورت چیه؟»

از لابه‌لای ماشین‌ها رفتند آن‌طرف خیابان.

زیبا گفت «تو خودت هم با طلاق موافق بودی».

نوروز بازوی او را ول کرد «اصلاً تو یک چیزیت می‌شود. زن‌ها همه‌شان یک‌جورند. بی‌رحمند. وقتی جنی می‌شوند دیگر خدا هم نمی‌تواند جلوشان بایستد».

بچه‌ای که دنبال مادرش کشیده می‌شد سر برگردانده بود و به نوروز نگاه می‌کرد.

زیبا گفت «داد نزد».

نوروز گفت «می‌خواهم داد بزنم.» بعد یک دستش را بالا برد و صدایش را کلفت کرد و خواند «آه ای ساختمان بلند آلمینیوم، ای نکبت».

بچه خندید.

زیبا خود را به ستون زیر پل چسباند و اطراف را پایید «مسخره بازی درنیاور».

«پس چه بکنم زیبا؟»

«شنبه اول وقت زنگ می‌زنم به محل کارت».

«اصلاً تو توی زندگی چه کم و کسری داری؟ فقط یک اتاق؟»

«نه».

«پس چه؟ خوب بگو».

زیبا لبخند زد و گفت «انبه».

«چی؟»

زیبا شانه بالا انداخت و لبخند به لب رفت و از پشت جدول پا به خیابان گذاشت و به بهانه مرتب کردن روسری چرخید و نوروز را دید که دست به سینه

پای ستون ایستاده بود و نگاهش می‌کرد. زیبا چمدان را کمی بالا آورد که به جدول نگیـرد. بـا قدم‌های تنـد می‌رفت. در قوس خیابـان که پیچید دیگر کسـی نگاهش نمی‌کرد. ایستگاه اتوبوس شلوغ بود. از مقابل صف مردم گذشت. ماشینی از پشت سر بوق زد. تند برگشت و گفت «مستقیم.» کمی جلوتر، رنوی زردی برای او ایستاد. لحظه‌ای تردید کرد، بعد رفت. راننده جوان خم شد در جلو را برای او باز کرد. زیبا دسـتگیره در عقب را گرفت و تکمه‌اش را فشـرد اما در قفل بود. بعد به شکاف دهن گشوده در جلو نگاه کرد و قدمی دیگر برداشت و سوار شد «خسته نباشید».

«مرسی».

ماشین از کنار نرده‌های سرخ پادگان گذشت.

مرد راننده گفت «خوب حال شما خوب است؟»

«مرسی. تا میدان می‌روید؟»

«مسیر شما کجا هست؟»

«نه، مزاحم شما نمی‌شوم».

«خیال کردم می‌روید فرودگاه».

زیبا لبخند زد «نه».

راننده پرسید «عجله دارید؟»

«نه».

«با فیلم دیدن چطورید؟»

«چطورم؟»

«از فیلم دیدن، خوشتان می‌آید؟»

زیبا آرام سر تکان داد.

راننده پرسید «چه جور فیلم‌هایی؟»

زیبا گفت «فیلم سینمایی».

راننده گفت «فیلم‌های فرنگی چی؟» یک دستش را در هوا تکان داد «فیلم‌های تاپ دهه هشتاد».

زیبا پنجه‌های دستش را دور چمدان قفل کرد و آن را به سینه فشرد.

«امانوئل پارت تری مثلاً».

زیبا هیچ نگفت. به چهارراه که رسیدند راننده پیچید به سمت راست و پخش صوت را روشن کرد.

«از اینجا بروم که خیالی نیست؟»

«فرق نمی‌کند».

«خوشتان می‌آید؟»

«اوهوم».

راننده صدای پخش صوت را بلندتر کرد و پا بر پدال گاز فشرد «نگفتید کجا می‌روید».

«گفتم».

«شهرستانی هستید؟»

باز حالت تهوع به سراغ او آمد. خم شد و پیشانی را روی چمدان گذاشت.

«چی شد؟»

«می‌خواهم استفراغ کنم».

«چه بد».

«بی‌زحمت...»

«مشروب خورده‌ای؟»

«نگه‌دار».

ماشین به سمت راست کشانده شد و ایستاد و زیبا تند سکه‌ای را روی داشبورت گذاشت و چمدان در بغل بیرون پرید و دوید به طرف جوی آب کنار پیاده‌رو و روی

زانو نشست و صدای پرتاب سکه بر آسفالت در گوشش پیچید و عق زد. اما هرچه تقلا کرد چیزی بالا نیاورد. دوباره سر بلند کرد. روبه‌رویش بیابان بود و کُپه‌های خاک که مانند قبر بچه‌ها در بیابان پراکنده بودند و غروب بر آن‌ها گرد زرد می‌پاشید. تُف کرد و بلند شد. شلوار و روپوش را تکاند. رنوی زرد رفته بود. ماشین‌ها به سرعت می‌گذشتند. روسری را پایین‌تر کشید. چمدان را برداشت و راه افتاد.

پیاده‌رو پرت و خلوت بود و او سر به زیر انداخته می‌رفت. و نقطه‌ای بر آسفالت جلو رویش به صورت گردی گرداب مانند شکل می‌گرفت و جلو می‌آمد و تند از زیر قدم‌هایش می‌گریخت و باز گردابی دیگر پیش می‌آمد و او بر گرداب‌های گریزنده پا می‌گذاشت و می‌گذشت و لنگه کفشش لق می‌خورد.

سینما بعد از چهارراه سوم بود و مردم پشت باجه آن صف بسته بودند. اما زیبا حوصله توی صف ایستادن نداشت. چشم‌چشم کرد شاید بتواند خارج از صف بلیطی گیر بیاورد. کمی معطل شد. گیر نیاورد. دوباره راه افتاد.

چند قدم بالاتر سینمای دیگری بود که هیچ‌کس مقابل باجه‌اش نبود و فیلم کارتون نشان می‌داد. او بلیط خرید و داخل شد و از پله‌ها پایین رفت. مردی که بلیط او را گرفت رو به مرد دیگری گفت «چمدان خانم».

مردی قوزی که انگار گونی سنگ بر گُرده‌اش بسته بودند از روی صندلی فلزی پایین پرید و پیش آمد و دست‌ها را دراز کرد «ببخشید.» و رفت زیر چمدان و آن را روی میز کوتاه انداخت و تسمه‌ها را باز کرد. زیبا به در بسته سالن نگاه کرد و جلوتر رفت و گوش داد. صدای موسیقی انگار از زیر آب می‌آمد. برگشت و پرسید «چی گفتید؟»

مرد قوزی سربلند کرد. صورت مثلثی و چشمان ریز داشت. پرسید «ها؟» و انگشتان کوتاه خمیده‌اش روی سفیدی ملافه تاخورده غلتیدند. زیبا دست بر پیشانی روی صندلی نشست و به صدای موسیقی گوش داد و تصویری درنظرش

شکل گرفت؛ بازمانده از تصاویر یک فیلم کارتون که مدت‌ها پیش دیده یا شاید هرگز ندیده بود. خرس سفید پشمالو افتاده توی رودخانه و فشار آب او را به‌سوی آبشار می‌برد و پرنده‌ای با بال‌های سبز و نوک دراز سرخ، بالای سرخرس پرواز می‌کند و فشار آب خیلی زیاد است و ناگهان صدای زنانه از توی سالن شنیده می‌شود «احمق اگر کلاه‌گیسم را پس ندهی می‌گویم مامانت تنبیه‌ات کند.» خرس و پرنده می‌روند که باران می‌گیرد و یک قطره درشت شیشه‌ای‌شکل می‌چکد روی برگ شفاف درخت یاس سفید و باز صدایی این بار مردانه از توی سالن بلند می‌شود «دیدار به قیامت ای همسایه کله پوک جیغ جیغوی من.» و خرس غلتان در آب می‌رود تا می‌رسد به آبشار و لابه‌لای آب؛ آبی خوش‌رنگ. از ارتفاع سقوط می‌کند و پرنده در هوا تنها می‌ماند و زیبا از روی صندلی بلند شد و دستان مرد قوزی زیرپوش سبز را مچاله کردند و آن را زیر جامه‌ها چپاندند «تمام شد خواهر.» و در چمدان را بست و تسمه‌ها را جا انداخت و به کیف اشاره کرد. اما زیبا کیف را نداد و خم شد چمدان را برداشت و برگشت و آرام از پله‌ها بالا رفت و فکر کرد کاش جای آن بطری پُر از ودکا را که پشت کمد قایم کرده بود به نوروز نشان داده بود. و از سینما بیرون زد و آن‌طرف خیابان به انتظار تاکسی ایستاد. چند ماشین شخصی گذشتند و برایش بوق زدند اما او اعتنا نکرد. در حاشیه خیابان بالا رفت. از تاکسی خبری نبود. به پشت سر نگاه کرد. ایستگاه اتوبوس خلوت بود. چند دقیقه تنها روی نیمکت نشست. اتوبوس نیامد. باز بلند شد آمد به خیابان و آرام‌آرام برگشت و دوباره رسید به سینما که عده‌ای داشتند از آن بیرون می‌آمدند. ایستاد و به پرده سردر سینما نگاه کرد. دستی از پشت بر شانه‌اش نشست. چرخید.

«سلام».

«تو هستی فاطی جان، ترسیدم».

زیبا و فاطی از بالای سر دختربچه که در بغل فاطی بود همدیگر را بوسیدند.

دختربچه تکه‌ای لواشک در دهان گذاشته می‌مکید و آب قهوه‌ای‌رنگ از چانه و لب‌هایش شُره کرده بود. زیبا آب دهان خود را قورت داد.

فاطی پرسید «تو هم توی سینما بودی؟ پس این چمدان دیگر چیه؟»

زیبا گفت «نه، هیچ، چطوری رعنا خوشگله؟ پس کو کیومرث؟» و با اشاره فاطی به ماشین ژیان نگاه کرد که داشت از پارک در می‌آمد و کیومرث روی صندلی جلو کنار پدرش ایستاده بود. ماشین پیش پایشان ایستاد.

زیبا گفت «من دیگر می‌روم».

«بیا. تا یک‌جایی می‌بریمت. مسیرت کدام طرف هست؟»

«مزاحم شما نمی‌شوم».

فاطی گفت «واه!» و در عقب ماشین را باز کرد و با دختربچه خزید داخل. زیبا هم سوار شد و سلام کرد. مرد جواب داد و ماشین راه افتاد.

فاطی گفت «این بوزینه نمی‌گذارد کسی جلو بنشیند، جز خودش».

کیومرث گفت «بوزینه خودتی».

مرد سر برگرداند و گفت «مشتاق دیدار. مریم این‌ها چطورند؟ می‌گویند جنگ دارد تمام می‌شود».

دختربچه گفت «قاقا».

فاطی گفت «تمام شد.» و رو کرد به زیبا و پرسید «به خانه مادرت می‌روی؟»

«نه».

«قاقا»

از چهارراه اول گذشتند. فاطی دختربچه را به طرف زیبا هل داد «برو پیش خاله.» زیبا چمدان را پس زد و دختربچه را که بوی شیر تُرشیده می‌داد گرفت.

فاطی پرسید «شوهرت هنوز توی ساختمان آلمینیوم کار می‌کند؟»

«بله».

«گفته بودی دارند اخراجش می‌کنن انگار؟»

«توی یک تعمیرگاه دیگر مشغول شده».

دختربچه صورتش را به لب‌های زیبا نزدیک‌تر برد و خواست او را ببوسد که زیبا تند صورت خود را پس کشید و از بوی شیر به پنجره ماشین پناه برد و نوک دماغش به شیشه خورد.

«چی شد؟»

«حالم دارد بهم می‌خورد».

فاطی دختربچه را پس گرفت و خندید «از لب و لوچه رعنا؟» و با دستمال کاغذی دهان دختر را پاک کرد.

زیبا گفت «نه، نمی‌دانم».

فاطی گفت «رنگت هم پریده.» سرش را پیش‌تر آورد و پرسید «توی دوره‌ای؟»

«نه».

«آخرین بار کی بودی؟ یک ماه بیش‌تر است؟»

«گمانم».

«چیزی هم هوس می‌کنی؟ خوراکی؟»

زیبا پرسید «چی مثلاً؟ لواشک؟»

اما فاطی دیگر به او امان نداد و بلند گفت «ای وای بمیرم الهی. تمام شد. مبارک است» و سرش را عقب کشید. پشت چراغ سرخ بودند میان انبوه ماشین‌ها.

مرد گفت «چه شد؟»

کیومرث با جنب‌وجوش چرخید که یکهو پیشانی‌اش به سر مرد خورد و مرد هلش داد و او افتاد و جیغ کشید. دختربچه هم زد زیر گریه.

فاطی گفت «خودت نمی‌دانستی؟»

زیبا گفت «نه.» جیغ بچه‌ها در سرش می‌پیچید.

«سر کیومرث هم اول مادر محمود فهمید از رنگ و رویم. حیوونی، می‌خواهی برویم برایت لواشک پیدا کنیم؟»

«نه نه، مرسی. می‌خواهم پیاده بشوم».

کیومرث با گریه گفت «برویم».

فاطی گفت «اینجا چرا؟ بیا برویم خانه ما».

زیبا گفت «کار دارم».

مرد گفت «سبز شد، اجازه بدهید.» از چهارراه گذشتند.

زیبا خم شد و فاطی را بوسید. ماشین ایستاد.

فاطی گفت «مواظب خودت باش. بار سنگین برندار. چی شد یک دفعه؟» زیبا خندید و پیاده شد «بعد می‌بینمت. فعلاً خداحافظ».

بیرون نسیم نرم می‌وزید و چمدان انگار سنگین‌تر شده بود و زیبا برای لحظه‌ای گردش چیز خنکی مثل یک تکه یخ توی شکم حس کرد و زهرآب تلخ را که تا گلوگاهش بالا آمده بود بلعید و در خیابان‌ها پرسه زد و از برابر ویترین مغازه‌ها گذشت و چند بار در خیابان‌ها بالاوپایین شد و ناگاه خود را مقابل مجسمه سفیدی دید که نزدیک به خانه مادرش بود.

روبه‌روی گل‌فروشی ایستاد و چمدان را بر زمین گذاشت و شلوار سیاهش را بالاتر کشید و باز راه افتاد و رفت توی خیابان فرعی و رسید به ساختمان دولتی که در کوچک آهنی داشت و چند پیرمرد تکیه داده بودند به دیوارش و در سکوت نگاه می‌کردند به عبور و مرور ماشین‌ها، زیبا توی راهرو سر به‌زیر انداخت و تند گذشت. اتاق مادر در طبقه همکف بود و هیچ‌کس توی آن نبود و روشنایی چراغ مهتابی آدم را به یاد مریض‌خانه می‌انداخت. اتاق دراز بود و قسمتی که به وسیله ورقه نئوپان جدا شده بود آشپزخانه بود و حالا از آن بوی چربی می‌آمد. زیبا پشت به دیوار نشست و سر بر زانوها گذاشت و خود را در لباس آبی مدرسه دید با موهای

بلند ریخته برشانه کنار دیواری از شمشاد و نوروز سر لوله آب را به طرف او گرفته و بر سر و رویش آب می‌پاشد و او می‌خندد و آب بوی انبه می‌دهد.

«ها؟»

زیبا سر بلند کرد و گفت «دوباره پیدایم شد».

مادر در اتاق را پشت سر بست و گفت «پریشانی».

«خیلی گرم است».

مادر دکمه پنکه دستی را زد. پره‌ها پرپر کردند و راه افتادند «نوروز اینجا بود».

زیبا پرسید «خب چه می‌گفت؟»

«گفت تو مانده‌ای توی خانه».

«پس برای چه آمده بود؟»

«گفت دیشب توی فکر عیسی بوده. آمده بود به خانه عمه‌اش خبر بگیرد».

«خوب؟»

«ننه عیسی پریروز رفت ماهشهر».

«مگر خبری شده؟»

«نه هنوز. نه اسمش توی لیست شهدا پیدا شده نه توی اسیرها. نوروز یک چایی هم نخورد و فوری رفت. گفت تو توی خانه هستی پس».

«چقدر خلوت است اینجا. پس کو بقیه؟ چرا این‌قدر تشنه‌ام می‌شود؟»

مادر درحالی‌که حرف می‌زد رفت به‌طرف یخچال «فریده و پروین رفته‌اند روی پشت‌بام. پدرت هم مانده سر کار، برای اضافه‌کاری. صدیقه و پروانه را هم فرستادم بروند توی خیابان گردش بکنند. دخترها باز امروز دعوایشان شده بود و تا توانستند زدند به سر و مغز همدیگر» پارچ آب را برداشت و در یخچال را بست و برگشت.

زیبا پرسید «سر چی؟»

«چه می‌دانم. تو خودت که اینجا بودی سر چی هرروز با هم مرافعه داشتید؟ هیچ و پوچ».

«حوصله‌شان سر رفته».

مادر گفت «بیخود.» روبه‌روی او زانو زد و پارچ آب را به دستش داد «کتک هم خورده‌ای؟»

زیبا پوزخند زد و چند جرعه آب خورد. آب بوی دوای سینه می‌داد.

«پدرت اگر بفهمد تو باز با شوهرت دعوا کرده‌ای و به اینجا آمده‌ای خیلی دلخور می‌شود. نمی‌دانی چقدر از فریده دلخور است که حاضر نیست زن عباس بشود».

«پس نامزدی‌اش با عیسی چه می‌شود؟»

«حالا کو عیسی؟»

«از دخترهایتان خسته شده‌اید».

«دختر باید شوهر کند برود سر خانه زندگی خودش. وضع ما هم که وضع نیست. می‌بینی».

«می‌بینم».

«طعنه می‌زنی؟»

«نه».

زنی از بیرون صدا زد «مامان زیبا».

مادر جواب داد «ها، بله؟» و باز آهسته به زیبا گفت «شما جگرگوشه‌های من هستید».

زیبا به چشمان عسلی مادرش خیره شد که باز صدای زن بلند شد «بیا برس به داد عادل که باز با بچه‌ها دعوایش شده».

مادر پاشـد و مقنعه را بر سـر محکم کرد و گفت «الهی بمیرد عادل» و به‌طرف در رفت.

زیبا گفت «راسـتی.» مادر برگشـت و نگاهش کرد. زیبا پرسـید «پیرهن نوروز چه رنگ بود؟»

مادر گفت «پیرهنش؟» به سـقف نگاه کرد و پرسـید «سـفید نبود؟» و بی‌آنکه منتظـر جـواب زیبا بماند چرخید و از اتاق بیرون زد و زیبا سـر به دیوار چسـباند که بوی چربی خزید توی حلقش و پایین سُرید و او با نفس محبوس به آشپزخانه دوید و سـطل خالی ماسـت را برداشـت و صورتش را بر دهانه آن گذاشـت و عق زد؛ اما هرچـه تقـلا کرد چیزی بالا نیاورد. سـطل را انداخت و برگشـت. اتاق با بسـته بلند رختخواب‌های تلنبار، صندوق فلزی، عکس خون‌آلود بوریس لی، باد خشک پنکه و صدای گنگ و ملتمسانه پدر که انگار از ته چاه برمی‌خواست دور سرش چرخید. و وقتی از زیر همهمه راه‌پله گذشت و از در آهنی بیرون زد باز آن پیرمردهای مات‌مانده را دید و از زیر روشنایی چند تیر چراغ گذشت و نبش خیابان ایستاد و نفس‌نفس زد. بعد به سمت چپ پیچید و از کنار گل‌فروشی که گل‌هایش در مه غلیظ سرخ بودند رد شـد؛ اما چند قدم آن‌طرف‌تر ایسـتاد و برگشـت و رفت داخل گل‌فروشـی و برای لحظه‌ای با پلک‌های بسته در فضایی لبالب از بوی بهار معلق ماند.

چشم باز کرد. مردِ پشت میز، چانه خود را در کاسه دست‌ها فرو برده بود و به او نگاه می‌کرد. زیبا خم شـد سـه شاخه گل میخک برداشت. دو تا سفید و یک سرخ. آن‌هـا را بـه مرد داد و مرد گل‌ها را تزیین کرد و بسـت. زیبا پول داد و با دسـته‌گل که روبان آبی دورش بسـته بود از گل‌فروشـی درآمد و کمی روی جدول خیابان ایستاد ودماغش را به گلبرگ‌ها چسـباند. بعد حاشـیه خیابان را در پیش گرفت و راه افتاد. ماشـین‌ها با سرعت از پشـت سرش می‌آمدند و می‌گذشـتند. به چهارراه که رسید سایه ماشینی را پشت سر حس کرد. برگشت و بی‌اختیار گفت «بهمنشیر».

ماشین ایستاد. یک اپل سیاه بود با درهای سفید. راننده که عینک ذره‌بینی به چشم داشت پرسید «کجا؟»

«سید خندان».

«بیا بالا».

زیبا سوار شد. مرد با سبیل تابیده سرچرخاند و گفت «خیال کردم چیز دیگری گفتی».

زیبا لبخند زد «نه».

راننده گفت «چمدان را می‌گذاشتی توی صندوق‌عقب که راحت‌تر باشی».

«سنگین نیست».

در تمام طول راه راننده فقط سیگار می‌کشید و می‌راند. روبه‌روی اداره برق دو رشته سیم با چراغ‌های رنگی در عرض خیابان آویخته بودند که حالا به شکل هلالی افتاده و شبیه شده بود به یک لبخند بزرگ روشن رنگارنگ. زیبا لبخند زد و وقتی از زیر آن گذشتند چرخید و با همان نگاه دنبالش کرد اما ناگهان چراغ‌ها خاموش شدند و مرد گفت «حیف.» و زیبا برگشت به غده ورم کرده پشت گوش مرد نگاه کرد.

ماشین رسید به در شیشه‌ای ساختمان که پشتش تاریک بود و گاهی نور تند ماشینی بر آن می‌سرید. زیبا پول به راننده داد و پیاده شد و از میان در شیشه‌ای گذشت. در راه‌پله تاریک چند بچه هوراکشان پایین می‌دویدند. او خود را به دیوار چسباند و به بچه‌ها راه داد که بگذرند. در پاگرد بین دو طبقه مرد چاق رکابی‌پوش هنوز ایستاده و رو به بیرون سوت می‌زد. زیبا آرام بر پاگرد پا گذاشت.

مرد تند چرخید و پرسید «کی هستی؟»

«ترساندمت؟ ببخشید».

مرد گفت «ایست».

زیبا ترسـید و خود را عقب کشـید. مرد دست برد از توی جیب چیزی درآورد و تکان داد. کبریت بود. چوبی آتش زد و صورتش در نور زرد شـعله پیدا شـد. گوشه لب‌هایش کف جمع شـده بود. شـعله را جلوی پای زیبا گرفت و گفت «این‌قدر از بچه‌ها بدم می‌آید این‌قدر از بچه‌ها بدم می‌آید، بگو چرا».

«چرا؟»

«چون همه جا هسـتند. توی راه‌پله، توی حیاط، راهرو، پشـت پنجره آدم، جیغ می‌کشند، وغ می‌زنند، می‌ریند، معذرت می‌خواهم، می‌خواهم علیه‌شان شکایت بکنم، عریضه بنویسم».

چوب دیگری آتش زد. خم شـده بود و شـعله کبریت را از پله‌ای بر پله‌ای بالا می‌بـرد و زیبـا قدم‌هـای لرزانـش را در نور ضعیـف زرد بر می‌داشـت و پله‌پله بالا می‌رفت.

مـرد گفت «غلام هـم بچه بود اما امشـب آدم شـده دارد زن می‌گیرد. می‌دانی بـا کی؟ بتـول، دختر اتاق صـد و دوازده که با تیمور می‌رفت روی پشـت‌بام یا توی نمازخانـه خوابـگاه خلوت می‌کرد. عبداللـه به غلام گفت حالا که بـرادرت زده به چاک و رفته تو باید با دخترم عروسـی بکنی یا با چاقو جرت می‌دهم. بتول یک ماه است دارد گریه می‌کند. تو نمی‌دانستی نه؟ آخ».

شعله لای انگشت‌هایش خاموش شد.

زیبا گفت «دیگر زحمت نکش برگرد، خیلی ممنون».

«هنوز جنگ تمام نشـده تو چمدان بسـته‌ای؟ اگر جنگ تمام بشود من با طیاره برمی‌گـردم. مثل آن سـال‌ها. جزایر خلیج که می‌رفتیم همه‌اش بـا طیاره می‌رفتیم. بیست سال پیش، باورت می‌شود؟»

«ها».

بـه طبقه سـوم رسـیدند و در راهرو پیش رفتند. پشـت در اتاق، زیبـا چمدان را

زمین گذاشـت و گفت «خیر ببینی. حالا تو برو استراحت کن. امروز خیلی خسته شده‌ای، معلوم است».

مرد خوشحال شد. ذوق زده خندید و برگشت و هیکل بزرگش لق‌لق خورد و در تاریکی راهرو فرورفت.

زیبـا در اتـاق را بـاز کرد و رفت داخل. چمدان و کیف را پشـت در گذاشـت و پیـش رفـت. پیرزن بر تختخـواب، زیر ملافه مچالـه بود. بطـری روی تاقچه نبود. زیبا از پنجره به پایین نگاه کرد. در سـیاهی وسـط حیاط مردم گرد هم جمع شـده با صدای نی‌انبان می‌رقصیدند و می‌جُنبیدند و روشنایی ضعیف چند فانوس پراکنده در گوشه و کنار سوسو می‌زد اما زیبا از اینجا فقط درهم لولیدن سایه‌ها را می‌دید و جسم سفید ثابت را که عروس بود و در موج تاریکی بی‌حرکت مانده بود و سایه‌ها گرداگردش می‌لرزیدند و دست‌هایشـان را رو به آسمان گرفته خود را به‌سوی هلال نازک ماه می‌کشیدند.

از پشـت سـر صدای گریه آمد. زیبا برگشـت. پیرزن زیر ملافه جُنبید و پهلو به پهلـو غلتید. زیبا بـه دوروبَر نگاه انداخت اما در سایه‌روشـن اتاق هم بطری را پیدا نکرد. با دسته‌گل به دستشویی رفت. آنجا تاریکی غلیظ‌تر بود و صدای نفس‌نفس می‌آمد. پیش‌تر رفت و کنار وان زانو زد. نوروز توی وان دراز کشـیده و دسـت چپش را گذاشـته بود روی سـینه‌اش. خرخری از گلویش بیرون می‌زد و گردن بطری سـبز میان پنجه دست راست بود.

زیبا دسته‌گل را آرام توی بطری گذاشت. بوی الکل زد زیر دماغش و مثل ضربه‌ای پرتش کرد. پیچید و روی زانوها خزید و دست‌هایش کاسه توالت را چسبیدند. عق زد و اسـتفراغ کرد و هرچه زهرآب در گلو و معده داشـت بیرون ریخت. خودش را خالی کرد و بلند شد ایستاد و به گلدان با گل‌های سفید و سرخش لبخند زد.

تهران، ۱۳۶۶

گل خانم

همه مرا می‌شناسن. موهام از ته تراشیده و ژاکت عنابی بافت دست تو را به تن دارم و با دیدن هر ماشین پلیس شروع می‌کنم به دویدن؛ چه بارون باشه چه آفتاب گرم تابستون می‌دوم تا جایی که جان دارم؛ چون چاره‌ی دیگه‌ای هم ندارم جُز تو را پیدا کنم. درسته که دسته‌گلم را نمی‌بینی اما بوی اون را که می‌فهمی. وقتی همراه آب فرو بیاد توی خاك سوی تو و به تو می‌رسه بعد مأمورها که گاهی کم هستند، گاهی زیاد. سر به سرم می‌ذارن توی خیابون. تا مرا می‌بینن پا می‌چسبونن به گاز. اون‌وقت من می‌دوم. راننده پا از روی گاز بر می‌داره. یواش می‌رونه. می‌دوم تا بیام به چند قدمی‌شان برسم. شوفره یواش پا می‌ذاره باز روی گاز. می‌دوم. تندتر می‌رن. تندتر می‌دوم. فکر می‌کنن می‌خوام دست بکشم به شیشه ماشین آن‌ها. غش‌غش می‌خندن و لای خنده دماغ می‌مالن به نوك لوله تفنگ برای من که می‌دوم. نه که دست بکشم به شیشه ماشین، نه؛ فقط می‌خوام برسم به جایی که تو را بردن. شبی که نفسم تموم شد. اگه نمی‌شد می‌دویدم می‌رسیدم و می‌دیدم تو را به کجا می‌برن. اما ندیدم، نرسیدم. چون ماشین را بین راه گم کردم. وقتی پیچیدن. وقتی غش کردم از بی‌نفسی. چه یخبندونی! هیچ‌کس مرا نمی‌دید جز تو مچاله‌ی سیاه پشت شیشه. نگاهم نمی‌کردی. عکس شاخه‌های لخت روی تو می‌سُرید یا درز

چادر تو مي‌لرزيد؟ اون مرديكه همراهت چقدر بدم مياد ازش. باچشم‌هاى وغ‌زده. علت همه‌ى دربدرى‌هاى من در زندگى. با اينكه داخل ماشين روبه‌روى تو نشسته بود، مرا نديد. نمى‌ديد. شايد ديد و نشناخت. مثل وقتى توى پارك مرا ديد. فقط نيم‌نگاهى انداخت با تحقير. بعد من تصميم گرفتم هر جور هست زهر خودم را به او بپاشم. حالا ديگه از زهرپاشى گذشته‌م. چون ديگه زهرى ندارم. همون روز اول هم كه ديدمش براى اولين بار، هنوز زهرى نداشتم؛ اگرنه در را اينجور راحت باز نمى‌كردم. اول صبح كه در زد گفتم «مشترى كله سحرى نداشتيم.» مامان گفت «بيچاره كون‌گشاد از بس تا لنگ ظهر مي‌خوابه به ساعت نه و نيم ميگه كله سحر.» بعد كوبه در باز صدا كرد. شرجى كلافه مي‌كرد. تقه‌هاى او به در يا تقه‌هاى باد؟ تو هنوز روبه‌روى آيينه بودى. كندر مى‌جويدى. سُرمه به چشم‌ها مي‌كشيدى. دستمال خيس از روى ميز برداشتم. انداختم روى بند رخت و جارو به‌دست گفتم «هركى هست باشه. شايد در خانم‌هاى ديگه باز باشه اما ما هنوز بستيم.» مامان كف كفش‌هاى كثيفش را گذاشت روى صندلى كه من تازه تميز كرده بودم. گفت «پس چى؟ همه خانم‌ها كه مثل خانم ما افاده‌شان طبق‌طبق نيست ماشاءالله!»

طعنه مي‌زد مامان بى‌حيا. اونم به كى؟ به تو خانم من! تو فقط خنديدى. كفرم بالا اومد. گفتم «ببين مامان ديدى كه من صندلى‌ها را يك به يك تميز كردم!»

مامان گفت «تو ويز ويز نكن عنتر.» بعد سه تقه، سه بار به در. مامان رفت پشت ميز نشست با پيرهن سرخ و سفيد. بعد روى سطح ميز فوت كرد؛ مثلاً از كار من ايراد گرفت. پوزخند زدم. تو گفتى «بالاخره در را باز مي‌كنى يا نه سوسك سياه؟» با من بودى. خنديدى. عاشق خنده‌هاتم. بعد مامان النگوهاش را جابه‌جا كرد. دلم مي‌خواست در را باز كنم با جارو بزنم طرف را هركى بود برونم؛ اما جارو را انداختم دور. هيچ‌وقت نذاشتم مردهاى مشترى مرا جارو به‌دست ببينن. در را باز كردم. مردى كه هيكلش نمى‌گذاشت كوچه را ببينم توى چهارچوب در ايستاده،

نگاهش دودو می‌زد. به‌داخل حیاط سرگردوندم. دیدم شونه‌های تو لخت بود. خوشم نیامد. به یارو گفتم «شاش داری بفرما برو کوچه پشتی.» و خواستم در را ببندم که یارو هل خورد آمد. لبخند زدی. مرد چرخید براندازم کرد؛ مثل اینکه بخواد روی من تف کنه. آتش انتقام توی دلم گرگرفت. تمام وجودم شد زهر خالی. تا اینکه تو با کندر و سرمه سریدی لای پرده. چون سر و وضع مردیکه مرتب بود. با کت و شلوار خاکستری پیرهن سفید همون لباس.

روز بعد، روزهای بعد، همیشه اولین مرد بود. اصرار داشت اولی باشه. تو هم می‌خواستی اولی باشه. چون عاشق او شدی. دلم خبر شد. اه. این موتورسوار سگ‌مصب پشنگه‌های برف و گل به ژاکتم می‌پاشه. ژاکتی که تو بافتی. شب‌ها وقت بافتن همین، شانه‌هات را با شوق می‌انداختی بالا. می‌گفتی «خیلی مرد خوبیه. ماهه.» از نظر من که ماه نبود. نبود چون صورتی داشت به گندگی یه دیس. روی سرش انبوه موی سیاه با تارهای سفید بلند لابه‌لا. اما شناختن او توی غروب پارك هنر می‌خواست و فقط از من برمی‌آمد. نشسته روی نیمکت. قوز کرده خیره به در. با سیگار و همون صورت گنده ولی چروکیده، ریخته، و همون کت شلوار خاکستری که حالا نخ‌نما شده، پیرهن سیاه. تا کلاه را برداشت دیدم موها از ته تراشیده مثل خودم. به‌خاطر تو. تو اینجور می‌خواستی. تا موهام می‌خواست بلند بشه اوقات تو تلخ می‌شد. انگار یکهو گرمت شده. پسم می‌زدی. می‌گفتی «واه ترسوندی مرا با موهای بلند. شدی یه سوسك سیاه جنگلی».

می‌دویدم می‌رفتم به سلمونی. می‌گفتم از ته بتراش. تا شب که باز سر بذارم روی پاهات دست بکشی روی سرم پر از تیغه تیغه‌های ریز. بعد سر به سرم بذاری. می‌گفتی «ای حقه! دوروبَر خونه بنفشه می‌پلکی این‌روزها!» می‌فهمیدی از این حرف لجم می‌گیره. می‌گفتم «او خواسته با من درددل کنه نه من.» می‌خندیدی.

تو مثل هیچ‌کدام از خانم‌ها که شناختم نمی‌خندی. تو همه کس‌وکارم بودی. از

وقتی چشم باز کردم تو را دیدم. با خال‌های ریز سینه‌ت که انگار یك پنجه‌ی خیس، آب اناری تکانده بودن به سینه‌ت. سال‌های بعد از من قایمش می‌کردی. سال‌ها که دیگه خودم تنهایی می‌تونستم درِ قوطی کنسرو و نوشابه باز کنم. یادم نیس کدوم یکی از مامان‌ها بود؛ چون هی عوض می‌شدن یا می‌مردن یا می‌رفتن سفر، که هر دو یکی بود. خانم‌ها هم تند و تند عوض می‌شدن. که بیش‌تر می‌رفتن سفر. اما تو خانم همیشگی بودی. چون خود تو مرا پیدا کرده بودی. هروقت می‌گفتم «بگو که چطور شد؟» می‌گفتی «اون‌شب اینقدر دلم گرفته بود که خدا خودش می‌دونه. نمی‌دونستم با دلتنگی‌م چه کنم. تا اینکه از خونه زدم بیرون. راه رفتم پابه‌پای ماه تا رسیدم به شط. همه‌چی آروم بود. لنج‌ها، همون قدیمی‌ها. هیچی تازه نبود که دل را باز کنه. نشستم روی سکوی لب شط واسه خودم تخمه شکستم. آواز خوندم. آب پایین بود. از لای گل ساحل صدای ناله زن شنیدم. ترسیدم. پا شدم. خیره دیدم یه کوسه خودش را از آب بیرون کشیده یا بیرون انداخته شده. روی گل ساحل افتاده. از دهنش چیزی بیرون می‌ریزه. یواش‌یواش کوسه دیگه ناله نکرد. اما حالا یه بچه آدمیزاد داشت وغ می‌زد. کوسه از بس درد کشید، یه نگاهی به‌من، نفس آخر را کشید مرد. بچه‌ای که از دهنش بیرون افتاد تو بودی. کاری نمی‌تونستم بکنم. جز تو را بردارم بیارم. می‌گفتم «چه کار خوبی کردی خانم!»

بعد سرم را می‌کشیدم بالاتر، تا سینه‌هات. می‌گفتم «اما بالا بره پایین بیاد من از این یارو مردیکه خوشم نمیاد. نه از اون چشم‌های وغ‌زده هیزش نه از قد دیلاقش. با لبخند زل می‌زدی به چشم‌هام. با صدای نفس‌ها می‌گفتی «اگه این یارو با همین چشم‌ها و همین قد دیلاق کوسه‌ی فلك‌زده‌ای را از لای گل ساحل بکشه باز توی آب؟»

گریه نمی‌کردی. گریه توی کار تو نبود. اصلاً تو از اون خانم‌ها نبودی که تا عاشق می‌شدن زود قاتی می‌کردن و گریه‌زاری راه می‌انداختن، با دود سیگار.

تـو سـیگاری نبودی. او هسـت. خیلی از او حـرف می‌زدی. لجـم می‌گرفت. می‌گفتم لابد اون‌وقت به آرزوت می‌رسـی. میری پیش آقای خراسون با کفترهاش. خندیدی. گفتی «وای که الهی قربون اون کفترهاش.» گفتم «از اینجور مردها زیاد هسـت. پرسـه می‌زنن توی کوچه‌ها. تازه یـارو دوروبَر خونه بنفشـه هم می‌پلکه.» گفتـی «بعضی چیزها هسـت که با همه چیزهای مثل خـودش فرق داره زغال اخته جون!» دسـتت از زیر پیرهنم رفت داخل. گشت روی سینه‌م. هیچ نگفتم؛ چون تو فقط کشته مرده‌ی خودم بودی. اگه یک‌شب مرا نمی‌دیدی خوابت نمی برد. هرشب پیـش از خوابیـدن خوب با سـر و کله‌ی مـن ور می‌رفتی. بعد با خنـده، می‌زدی به تخت سینه‌م. می‌گفتی «حالا دیگه پاشو برو که خوابم گرفته.» می‌رفتم. اما هروقت هوس می‌کردم می‌تونستم بیام کنارت دراز بکشم. حتی اگه خیلی خواب بودی. اما اون‌شب سخت نکبتی یادت هست؟

اه که باز همه‌ی یادم را گرفت. مرده‌شـور ببردش توی این حال دویدن. می‌دوم دنبال ماشـین پلیس. مثل شـب اول که شروع کردم به دویدن. دنبال ماشین اون‌ها و یادش من را گرفت. تو هرگز اینجور با من رفتار نکرده بودی تا اون شب. شب بدون تو که گفتی «می‌خوام امشـب با مامان تنهات بذارم ببینم بزرگ شـده‌ای تو اصلاً؟» گفتم «که لابد مراقب باشم کسی دندون مصنوعی‌شو ندزده.» خندیدم. نخندیدی. گفتی «جدی می‌گم. امشـب دارم می‌رم بیرون.» پرسیدم «تا ساعت چند؟» گفتی «تا فردا ظهر.» آب دهنم خشک شد از بس نمی‌دونستم چی بگم. گفتم «می‌خوای از اینجا فرار کنی؟» جواب نداده ژاکت مرا گذاشتی داخل کیسه. با کلاف گرد عنابی سـر کیسـه را گره زدی و گفتی «چی گفتی؟» گفتم «بعضی از خانم‌ها دوست دارن فرار کنن از اینجا. تو چی؟» دست انداختی دور گردنم. صورتم را خوابوندی روی سـینه‌ت. گفتی «بدون تو؟» بعد گفتی «واه که‌چقده خری. باشه. صبح میام. اما نه خیلی زود.» گفتم «آخه شـب که بدون تو صبح نمی‌شـه.» زل زدی به چشم‌هام. با

لـرزش لب‌ها گفتی «بذار برم تو را به‌خدا.» گفتم «برو. باشـه. برو. چیزی نشـده. تـازه من می‌رم با بنفشـه دردِدل می‌کنم. فرسـتاده دنبالـم. تو هـم بی‌خودی ژاکت را می‌بـری. چون‌کـه اون‌جـا فرصت بافتن نـداری.» بی‌اعتنا به حرف من چادر سـیاه سرکردی. با هفت قلم آرایش رفتی. نگاهت می‌کردم. راه که می‌رفتی چند بار چادر از روی سرت سرید افتاد روی شونه. چه موهای خوش‌رنگ خرمایی! بعد مثل یك گلوله‌سـیاه بودی. دیگه نبودی. چون از کوچه زده بودی بیرون. برگشـتم واسه خودم توی تنهایی گریه کنم اما نمی‌خواستم اون مامان آخری که اسمش یادم نیست گریه‌م را ببینه. این بود که رفتم توی مستراح. ولی با گریه کار درست نشد. به خونه بنفشه نرفتم. اصلاً با بنفشـه چه‌کار داشـتم؟ رفتم روی پشـت بوم وایسادم به تماشا کردن چراغ‌های شهر. با این فکر که حالا تو داخل کدوم خونه بودی؟

خسته شدم. مامان خوابیده بود. رفتم به اتاق تو دراز کشیدم روی تختخواب که بوی تو را می‌داد. قاتی با بوی گند مرد برگشتم توی حیاط. نشستم لب حوض. زدم زیر آواز. ولی مگه مامان می‌گذاشـت کارم را بکنم؟ هی دم به دقیقه می‌اومد فریاد می‌زد که «چی شده عرعر می‌کنی؟» خواب خانم به گوز من بسته بود.

فکرهـای جورواجـور زد به کله‌م. تو را می‌دیدم داخل اتاق یـارو. ای خدا. یادم نیار. نمی‌خوام باز بیاد به یادم. تا اینکه بالاخره بدترین شب زندگی‌م به صبح رسید و تو نیامدی و من لباس بیرون پوشـیدم. با کلافگی راه رفتم. به خودم گفتم «وقتی اومـدی خودم را خوشـحال نشـون می‌دم می‌گـم فقط منتظر ژاکتم بـودم. همین.» هرچنـد دور یقـه‌ش هنـوز بافته نبود. تـا نزدیك ظهر این پا و اون پا کردم. چشـم بر نمی‌داشتم از در کوچه. نمی‌اومدی. نفهمیدم چی شد که به خودم گفتم «بی‌خیال ژاکت».

از کوچه زدم بیرون. دیدم عده‌ای با بیرق‌های سـبز وسـیاه توی خیابون با سرود می‌گذشـتند. چند نفر مشـعل به دسـت از کوچه‌ای به کوچه‌ای گریختند. انگار از

جایی که به آتیش کشیده بودن فرار می‌کردن؛ یا می‌رفتن جای دیگه را به آتیش بکشن. خوابم گرفت. رفتم سینما. اما حواسم به فیلم نبود. تموم نشده زدم بیرون. قصد داشتم به خونه برنگردم. خیابون پر شده از بوی لاستیك سوخته. جایی ناهار خوردم. باز علافی. توی شهر و یه میدون چمن لمیدم. از خدا می‌خواستم مجبورم نکنه برگردم پیش تو. از خدا می‌خواستم یه کار برام پیدا کنه که بتونم خرج زندگی‌م را خودم در بیارم. رفتم توی رویای پولدار شدن و بعد از سال‌ها با جیب پر از پول برگشتن به تو. اون‌وقت خوابم برد. خواب دیدم چادر سبز بر سرت توی یك باغ پر از ستاره می‌دوی. می‌رسی به من که وسط بیابون نمك، دارم از تشنگی هلاك می‌شم. می‌خندی. چاك پیرهنت را پاره می‌کنی و یکی از ستاره‌های سینه را می‌گذاری توی دهنم. می‌مکم. مزه کندر. بعد صدای چاك‌چاك شمشیر از هرطرف. می‌خوام پا شم، نمیشه. می‌گی «بخواب.» می‌خوابم. از زیر نمك یه گله اسب سم می‌کوبن. شمشیر لخت براق، پیشانی تو را دو شقه می‌کنه. از خواب پریدم. هیچ‌کس بالای سرم روی چمن نبود. در دوردورها مردم می‌دویدن به‌طرف دود. دیدم اینجا جای خوبی برای خوابیدن نیست. دست در جیب راه رفتم. مشعل به دست‌ها پیش اومدن. خوشحال بودن. یکی از مردها مرا به دیگران نشون داد گفت «این بچه مال اون کوچه‌ست.» وایسادم. عقب کشیدم. دویدن. دویدم. بارون گرفت. پیچیدم توی کوچه پس‌کوچه‌ها. مرا گم کردن. سراپا خیس خود را رسوندم به کوچه که آتیش گرفته بود. چندتا خانم زیرپوش به تن جیغ‌کشان زیر بارون از کنارم گریختن. چندتا خانم لحاف تشك سوخته نیمه سوخته از در خونه می‌انداختن بیرون. کوچه سیاه شده. هنوز چندتا کپه‌ی آتیش که باران داشت خفه شون می‌کرد دوروبَرها ولو بود. دویدم سوی خونه. سوی تو. اما تو دیگه اونجا نبودی و آخرین تکه تختخوابت هم داشت می‌سوخت. خواستم چمدونت را بکشم بیرون. نشد. دود نگذاشت توی اتاق بمونم. زدم بیرون. دیدم روی بند رخت ژاکت عنابی من آویخته. بغلش

کردم. خیس تکیه دادم به دیوار. اشکم ریخت روی ژاکت. نبودی. شب شد. بارون بند نیامد. کوچه پر بود از خرت و پرت‌های سوخته نیمه سوخته‌ی لحاف تشک لباس‌های خانم‌ها. صندلی‌های چرمی با من توی کوچه تنها بودن. با بارون راه رفتم. هیچ‌کس نمونده بود خبری از تو به‌من بده. کنج دیوار کز کردم. ژاکت خیس پوشیدم. پاییز بود. تا صبح یه لحظه خوابم نبرد. بارون بند اومد. مشعل به دست‌ها با سر و روی پوشیده برگشتن. خیز برداشتم. پریدم روی دیوار. خود را کشیدم بالا. اما مردی حمله کرد پایم را گرفت کشید. بعد دیدم روی دست اون‌ها هستم. انگار روی موج آب بالا پایین می‌شدم. پرتابم کردن وسط کوچه. قهقهه‌شون را در حالت بیهوشی شنیدم؛ وقتی دیگه درد نداشتم و غوطه ور بودم لای مه. مه به لختی بدنم چسبیده. بعد دیگه هیچ. و تاریکی مثل حالا؛ همرنگ شیشه عقب ماشین اون‌ها و آیینه یخ‌زده که تکون‌تکون می‌خوره. قوس پل توی تاریکی یواش‌یواش شکل می‌گیره. نفسم ذره‌ذره ته می‌کشه. می‌دونم وقتی به پل برسم بیهوش می‌شم می‌افتم پای یکی از ستون‌ها، تا نصفه‌شب به‌هوش بیام. افتاده وسط بیابون نمك. و شهر از نگاه من دور بود. چقدر به من زمان گذشته بود؟ با دویدنم زخم‌ها تیر کشید. دویدم و درد مثل درد سال‌ها، مثل حالا شب یخبندون. می‌دوم دنبال ماشین اون‌ها و عکسمم یا سایه‌م روی نرده خیس سربی وسط خیابون پا به پام می‌دوه. تا رسیدم به کوچه در آهنی قفل بزرگ زرد؛ که روزهای زیادی بود همه روزها که من اون دوروبَر پلکیدم از صبح تا شب. تا صبح نمی‌اومدی. نبودی. به اون گذر دیگه گذر نکردی. بعد من کجا رفتم غیر از خیابون به خیابون؟ خونه من شد خیابون. دنبال چی می‌گشتم غیر از تو؟ دنبال دربه‌دری این‌همه سال، سال‌ها؟ خب نتیجه داد اون روز غروب که مردیکه را دیدم فهمیدم من را صاف میاره پیش تو. قبول کن باعث این‌همه بدبختی من او بود. باعث سرگردانی‌های من او هست. اگر اون‌شب تو را از پیش من نبرده بود مگه می‌گذاشتم لباس‌های تو بسوزه؟ مگه می‌ذاشتم من را گم بکنی؟

اگه او نبود. اما خود خودش بود. کز کرده و لهیده روی نیمکت. من که داشتم توی غروب پارك مي‌گشتم خسته شدم. نشستم روی چمن، لمیدم. نگاه تیزم مي‌گشت. او را دیدم منتظر با سیگار. بعد دوتا مرد اومدن هم‌سن‌وسال خودش. با هم دست دادن و راه افتادن. تعقیبشان کردم. از پارك آمدن بیرون. از خیابان گذشتن. پیچیدن داخل کوچه. رسیدن به خانه؛ که مرد تو آرام ایستاد. کمرش چقدر خمیده شده. نگاه انداخت. فوری در را باز کرد. مردها را هل داد داخل خانه. خودش هم بعد از اطراف را پاییدن، بی‌آنکه مرا ببینه که سایه بودم پشت تیغ دیوار، هل خورد داخل. فهمیدم این کار هر شب اوست با مردهای جوربه‌جور. گاهی وسط راه با اون‌ها میره داخل فروشگاه محل، خرید مي‌کنه. همه‌ش با اون‌ها مي‌خنده. تا شبی که دو تا پیرمرد ریقو برد به خونه. وقت خوبی برای لو دادن یك نامرد بود. گذاشتم ساعتی بگذره و خوب توی هرکاری‌که هستن، که حتم داشتم خلاف هست، مشغول بشن. بعد هل خوردم داخل یك باجه تلفن. گفتم «الو من به یك خونه مشکوك شدم.» پرسید «تو کی هستی؟» پرسیدم «من؟» پرسید «آدرس چی هست؟»

آدرس دادم. چقدر طول کشید که ماشین پلیس مقابل خانه ایستاد؟ در زدن. رفتن داخل. بعد یکی‌شان با دوتا پیرمرد برگشت. اون‌ها را تپاند داخل ماشین. پیرمردها ترسیده با زیر پیرهن. چندتا همسایه سرکشیدن. بعد مردتو را آوردن با چشم‌های وغ‌زده وقیح. مثل نگاه رهگذرها. گفتم برم نزدیك‌تر. رفتم. مرد تو گفت «ای همسایه‌ها مگه این زن من نیست؟» پاسداره گفت «دیگه توی ماشین خفه خون بگیر.» و بعد آخرین مأمور خانم را از داخل خونه بیرون آورد. لای چادرسیاه پیچیده بوی کندر آمد. از روی سینه‌م غلتید بالا تا زیر دماغم. چرا من پس کشیدم وقتی چادر یه لحظه از سر زن لیزید و موها که خرمایی نبود، سیاه کدر بود. مرد تو گفت «باورتون نمیشه؟ اینم شناسنامه.» اما دیگه هیچکی به هیچکی محل نمی‌گذاشت. خانم و آقا و دو تا مرد داخل ماشین باید برده مي‌شدن. درخانه هم قفل شد. راننده

حرکت کرد. همه پاسدارها سوار بودن. ماشین آمد سوی من، سوی تاریکی. و از من از تاریکی گذشت. مرد و زن مقابل هم نشانده شده. مرد حرف می‌زد. خانم سرش پایین بود. ماشین از کوچه رفت سوی روشنایی مهتاب. نور پاشیده شد روی خانم. سر بلند کرد. تو بودی. نگاهم کردی. از لای درز چادر. فقط یك لحظه. آه خدایا. تنم از هم وارفت. هر تکه از بدنم ول شد. به کجا. چی شد پاهام؟ نگاه‌نگاه تو. بعد ماشین سرعت گرفت. یکهو مات مانده درز چادرت رو به من لرزید و دویدنم شروع شد و سرعت ماشین بیش‌تر، و قیر زیر پاهام نرم‌تر و بلعنده، و زوزه‌کشان من و ماشین می‌دویدیم. با زخم‌های من. بعد سر یك چهارراه نفسم تمام شد. افتادم، و خاموشی. بعد دیگه هیچ. تا آفتاب بعدی که من دیگه به یاد نداشتم کجا بودم و ماشین کجا رفت. این هست که چاره‌ای ندارم غیر از دویدن. می‌دوم و همه مرا می‌شناسن که می‌دوم. اما فقط تو می‌دونی دنبال چی می‌دوم. دنبال رسیدن به جایی که تو را بردەن. درحالي‌که علت قبليِ دویدنم رسیدن به خود تو بود. به دیدارت. آن‌وقت‌که هنوز امید پیدا کردنت بود. اما بعد که عکست توی روزنامه درآمد، فکر کردم تو داشتی به چی فکر می‌کردی وقتی طناب انداختن دور گردنت. تا بعد یکی از مردها لگد بزنه زیر چارپایه، پرتش کنه. اون‌وقت من به تو فکرکردم که بهترین خانم‌ها بودی. و اگه روزی این دویدن‌ها به‌جایی برسه و تو را پیدا کنم، می‌بینی غروب‌ها با دسته‌گل پیش تو میام. هر غروب. فقط اگه پیدا کنم گور تو گل‌خانم را.

تهران، ۱۳۷۱

فتنه

کربلایی زال گفت «هه فردا تعطیل کنم؟ فردا که قراره خبرهای مهم بشه؟ که بالاخره یا خود دکتر مصدق بشـه رئیس کل مملکت یا شـاه برگرده به تاج و تختش؟ فردا را به‌زودی می‌بینی حالا»

حاتـو گفت «چی می‌گی تو اصلاً کربلایی، من به سیاسـت چه کار دارم؟ تازه ایـن کـوره آدم‌پزی توکی تعطیلی به خودش دید که فردا ببینه؟ حالام بی‌زحمت این پول ما را بده تا زحمت کم بکنیم و بریم».

«هـا. باشـه. بگیر برو ایـن پول علیه‌السـلام را بنداز داخل سـینه لخت فتنه. تو نمی‌دونـی. اما من می‌دونم. چون من یک آدم سیاسـی هسـتم. نـه مثل تو یک مردِ خانم‌باز».

حاتو سـکه‌ها را از دسـت او قاپید. دوتاش را ریخت توی جیب شـلوار و یکی هنـوز در دسـت، گفت «ها باشـه.» و راه افتـاد رفت. رو به غروب و پشـت به کوره آجرپزی می‌رفت وگرمای شعله آتش را که هنوز بر شانه‌های او بود، با خود می‌بُرد. کوره‌ها در بیابان اطراف پراکنده بودند. سـطح صاف وسـیع بیابان پوشـیده از نمک بـود و هـر کارگر، باریکه‌راهی روی نمک داشـت. باریک‌راهی کـه او را به خانه‌اش می‌رسـاند و فقط مخصوص خود او بود و کس دیگر بر آن نمی‌گذشـت. چون هر

خانـه یـا هـر کپر، پرت بـود و از خانه‌های دیگـر دورافتاده بود. راهی کـه حاتو را به کپر خود می‌رسـاند، از کنار گورستان می‌گذشت. حاتو به دوراهی رسید. ادامه هر دو راه، جـا پـای خـودش بود. یکی ازراه‌ها، او را می‌برد به جانب کلبه سـوت و کور تنهایی خودش. و راه دیگر از میان نخلسـتان می‌گذشـت و او را می‌رسـاند به چادر فتنه. هنوز بر سر دوراهی ایستاده بود. سکه‌ای را که دردست داشت به هوا انداخت. چرخـش زرد سـکه درهوا. خط هم اگر می‌آمد او بـاز به جانب چادر فتنه می‌رفت. چون امشب بدجور او را هوس کرده بود. سکه را در هوا قاپید و کوبید پشت دست دیگر. شیربود. پس به جانب نخلستان رفت.

حالا باید از روی جوی آب می‌پرید و سـنگی برای ترسـاندن و دور کردن سگ برمی‌داشـت. اما سـگ در غروب آن روز، سنگ شـده بود. وایستاده بود زیردرخت کُنـار و نـگاه بـه او می‌کرد. باد لابه‌لای موی سـگ می‌وزید. سـگی کـه حالا فقط چشم‌هایش جان داشتند و درسکوت خیره مانده بودند به حاتو. و او چاره‌ای نیافت جـز آنکه بـدود. پس دوید. با نگاه سـنگین سـگ روی شـانه‌ها از روی جوی‌های کوچک و بزرگ می‌پرید.

چندتا چادر کولی‌نشین لای تاریک‌روشن نخلستان چاتمه بودند. حاتو ناگهان ایستاد. چه شد؟ دهن تنگ کوزه‌ای قورت و قورت آب از نهر می‌نوشید و می‌بلعید. دسته کوزه در دست دختری بود که زود تور سبزِ برشانه افتاده خود را بر سرکشید تا موها و روی خود را پشـت آن بپوشـاند. پوست بازوی او سفت و صاف و مرد طلب بود. حاتو سکه را در مقابل دختر به هوا انداخت. نگاه دختر بالا پایین شد. حاتو باز سکه را قاپید. دهن کوزه که پُر شده بود، آب را پس زد. دختر برخاست «حالاشغلت چه هست؟»

حاتو گفت «توی کوره کار می‌کنم. آجرپزم».

دخترگفت «ویش نه. پس تو هم کارگری.» وکوزه بردوش بربلندی سکو چرخید

با پاهایش که تا بالای قوزک لخت بودند. صدای جرینگ خلخال. لرزش گیسوی سیاه پشت تور سبز. گفت «من از پریونم. سکه‌ت برام بی‌قابله» خندید و رفت؛ یا بُرده شد. مثل برگی که باد از روی شاخه می‌بَرد. و لغزید پشت ستون نخلی. بعد باز او بود با تن کشیده، که تا نیمه‌راه با حاتو آمده بود. اما حالا تند گریخت و رفت؛ و پرید از روی جوی کوچکی، دورشد. صدایش چه خوش بود. گفت «اگه لااقل یه تکه زمینی داشتی که پدرم بتونه توی اون چادر بزنه باز یه چیزی».

حاتو دست به جیب برده سکه‌ها درآورد و هرسه را به او نشان داد «پس این چی؟ اینها ببین.» اما دختر رفته بود و دیگر در آن حوالی نبود. شرجی هم رفته بود وحالا انبوه شاخه‌های درهم نخل‌های کوتاه که دختر را بلعیده بودند، در باد تکان می‌خوردند. سایه شب پیش‌تر می‌آمد با نفس‌نفس زنانه. حاتو میل کرد از روی نهر بپرد؛ برود دختر را بیابد. اما شب داغ نخلستان دختر را مکیده و از او هیچ باقی نگذاشته بود جز نفسی پُر از بوی میخک. او چه بود؟ کوزه پُرکردنش که مثل کوزه پُرکردن‌آدمیزاد بود و مثل آدمیزاد هم تلخ گپ زد. ولی رفتنش! نه، آن‌هم عجیب نبود. آدمی هم همین‌طور از آدمی می‌گریزد، با طعنه و تمسخر. «ویش تو هم کارگری...» حاتو روبه‌سوی چادر فتنه چرخید. چادری که هنوز از او دور بود. و وقتی برسد فتنه دو تا تخم‌مرغ پخته با ریحان تازه در طبق می‌گذارد و چندتا هم نان دست‌پخت خودش. تن فتنه در زمستان گرم بود و در تابستان خنک. روی تن فتنه که هستی انگار دل به موج آرام شط داده‌ای و خوابیده‌ای رو به شمال. از خود پرسید «پس چرا امشب ستون‌های نخل‌ها به چشم من سنگی شده‌اند. این‌طور با تَرَک‌های پراکنده درآن‌ها و انگار هردم نخلی درحال فروافتادن است؟»

شب‌ها روی سکوی کنار شط راه رفتن اَمن‌تر بود از راه رفتن برراه‌های دیگر. یک‌طرف آب روشن سرخ بود و پشت خط آب، دُم آفتاب هم غرق می‌شد تا کامل فرو برود و بگردد پشت پرده شط که زیرزمین است و شط را دور بزند تا فردا صبح

باز از سـمت مخالف طلوع کند. و اگر حاتو می‌خواسـت نگاهش نیفتد به تاریکی وهمناک نخلستان، باز باید به آفتاب و به شط فکر می‌کرد. اما حالا تاریکی وهمناک نخلسـتان به او نگاه کرد و دختری به رنگ خاک با تور سـبز بر سر و پوزخند بر لب بیرون خزید و باز پس کشید و دیگر نبود. لایه‌های آب بالا می‌آمدند و تنه می‌زدند بـه دیـوار سـکو و باریکـه‌راه را می‌لرزاندند. و حاتـو حالا انگار روی قلـب خود راه می‌رفت. سوت‌زنان دوید. بازوی راست او که سمت شط بود خنک بود؛ اما بازوی چپ که سمت نخلستان بود درگرما بود. گرم، تندتر دوید. دیگر سوت نمی‌زد. پس چرا سگ امشب مثل هیچ شبی نبود؟ و او چرا دختر را شب‌های پیش ندیده بود؟ یا خضر زنده! نکند فتنه امشب میهمان داشته باشد. سکه‌ها را در مُشت گرفته می‌فشرد و می‌دوید و درز بین روشـنی و تاریکی را می‌شـکافت. پس یعنی آن دختر آدمیزاد نبود و آل بود؟ نکند حاتو نفهمیده پا روی بچه او گذاشته باشد. اگرچه دشمنی آن‌ها با آدمیزاد در خون آن‌ها می‌جوشد. اگر آل اصلاً خون در بدن داشته باشد.

آل همـان پـری اسـت کـه خداوند به مؤمنـان خود وعـده داده اسـت. این‌ها را کربلایـی زال می‌گفـت. «اگـر در زندگـی پرهیزکار بوده باشـی، بعـد از مرگ، خدا زیباترین پری را برایت می‌فرسـتد تا با تو درآمیزد و مطابق هرشـب، چهل سـال در رختخواب با تو بغلتد».

حاتو از خود پرسید «مگر من پرهیزکار بوده‌ام؟»

کربلایـی زال گفت «چهل سـال. امـا صبح روز بعد که از خـواب وامی‌خیزی می‌بینی که فقط یک شب گذشته.» و با اشتیاق شهوت قهقهه می‌زد و چانه اصلاح شـده حاتو را می‌گرفت و با همان خنده زل می‌زد به داخل چشـم‌های او؛ انگار در آن‌ها نقش دوتا پری برهنه می‌دید.

حاتو ایستاد. «پرهیزکاری کجا و من کجا و چادر فتنه کجا؟» چادر فتنه پشت تاریکی خیس نخلستان می‌جُنبید. حاتو باز فکر کرد. «پس چرا این‌طور به زنده‌ها

کینه می‌ورزند؟ چرا شاطری را وامی‌دارند تا خود را به داخل تنور روشن بیندازد از قیامت عشق؟ چرا صیادی را شبانه به آب می‌اندازند تا کوسه او را شقه‌شقه کند؟ اما با کارگری چون من که هر روز در آتش کوره می‌سوزد دیگر چه‌کار دارند؟»

پارچه سفیدی بر سردر چادر فتنه آویخته بود که حاتو نفهمید علامت چیست. فتنه اگر میهمان داشت پارچه سرخ می‌آویخت و اگر میهمان نداشت پارچه سبز بود. اما حالا این پارچه سفید!؟ صدای گردش گرداب‌های پراکنده از شط به گوش می‌رسید. حاتو را صدا می‌زدند. ولی او ترسیده، تند از بالای سکو پایین پرید. دورتادور زمینی که فتنه درآن چادر زده بود نهر بود. پُر از آب همرنگ خاک پخته. سایه خوشه‌های سنگین خرما بر زمین می‌لرزیدند. او باز پا پیش گذاشت. خیسی هوا فروکش کرده بر خاک نشسته بود. چادر فتنه حالا مثل کومه‌ای بود که مُرده‌های امانتی را برای مدتی کوتاه در آن نگه می‌داشتند. فقط برای مدتی. تا بعد صاحب مُرده بیاید و نعش را از داخل کومه بیرون بکشد ببرد کربلا و یا هر شهر مقدس دیگر. ولی نعش حاتو اگر حتی سال‌ها سال در کومه‌ی فتنه می‌ماند، هیچ‌کس نبود بیاید سراغش. چون او نه پدر داشت و نه مادر و نه هیچ‌کس و کاری. خودش بود با آجرهایی که پخته و سخت می‌شدند؛ به سختی مردی تنها در یکی از آخرین شب‌های مرداد ماه. و در نخلستان نگاهش می‌گشت دنبال فتنه. آن زن خنده‌روی آشنای چاق. تا از او بپرسد این پارچه سفید علامت چیست. ناگاه میوه خرمای رسیده‌ای بر بالای چادر افتاد و باریکه‌تنی بالا بلند، یک دور، دور چادر دوید و گردید و باز گم شد. کجا رفت؟ کی بود که این‌جور در خاموشی درخشید؟ نکند قصد جان حاتو را کرده‌اند. صدای خنده از جانب چادر به گوش رسید و او میخکوب شده برجا صدا زد «هوی فتنه!» قهقهه‌ای زنانه جوابش داد. پیش‌تر رفت. سقف نخلستان پوشیده از شاخ‌وبرگ‌های درهم بود وخوشه‌های رسیده خرما که مثل پستان‌های هزارگاومیش آماده برای دوشیدن آویخته بودند. حاتو از روی نهری

پرید و یک پایش درگل ماند. ترسید. انگار یک موجود زنده که دیده نمی‌شد، ناگهان پـای او را محکـم گرفتـه بود. باز تقلا کـرد و پای خود را از داخل گـودال گل بیرون کشید و باز رفت؛ درحالی که فکر می‌کرد. «چرا اصلاً همه‌اش بد به دل راه می‌دهم امشـب؟ شـاید آن‌ها نه برای آزارم که اتفاقاً برای لذت دادنم در این شـب دورتادور مـن می‌گردنـد. قصـد آزار اگر بـود پس چرا آن سـگ را وادار نکردند تـا بیش از هر شـب دیگر مرا بترسـاند؟ نکند در این مدت ده دوازده شب که به چادر فتنه نیامده‌ام خبرهایی شده که نمی‌دانم؟ خیر یا شر؟» و او دل به روی خیر گشود. صدای خنده که انگار صدای خنده‌ی فتنه بود، در زمانی که هنوز دختر جوانی بود.

تـور سـبز دیگـر بـاره دیدار شـد و با باد هُـل خورد داخـل چادر. بـه حاتو نگاه انداخت؟ به اوگفت بیا؟ سـکه‌ها را ازکف دسـتی به کف دسـت دیگر می‌ریخت. صدای سُریدن سکه‌ها روی هم به او آرامش می‌داد. رسید به چادر فتنه. بوی میخک درحوالـی بـود و او نفهمیـد کی هُل خورد داخل چادر و شـمع روشـن را دید. مثل شب‌های دیگر درآن‌سوی رختخواب نمناک.

صدای زنانه گفت «منتظرت بودم».

دخترجوانی لمیده بر رختخواب ظاهر شد. تنها تن‌پوش او تور سبز بزرگی بود تا حاتو جلوتر برود و با دست خود آن را پس بزند.

فتنه درکنار شمع یک قلک داشت که سکه‌های مردان را در آن می‌ریخت.

«یه بچه بذار تو دلم».

مـوی دختـر بوی دل نخـل می‌داد یا خـاک هنوز نپخته؟ صدای غلتیدن سـکه درقلک. صدای باد که هی به چادر می‌خورد.

«دعا کن بچه‌مون پسر باشه تا مثل من سیاه بخت نشه».

حاتو گفت «پس یعنی حالا که من مَردم، بختم سفیده؟»

«مرد هرچه که نباشه بالاخره مرد هست».

حاتو بوسه زد برآن دو پلک ترد شفاف که گاه با خنده گشوده می‌شدند و دو شط زلال از آب سیاه نشانش می‌دادند و او مردانه سوار بر امواج هردو شط می‌رفت بالا و می‌آمد پایین. با نفس‌نفس‌ها و موج‌ها آخر نداشتند. امواج لغزنده حاتو را به ناکجا می‌بردند و گاه دُم می‌پراندند و رها می‌شدند و از زیر بار او می‌گریختند تا باز برگردند وتشنه‌تر به چنگ او بیایند.

زن گفت «بچه نشست تودلم».

صدای غرش آب از پوست گونه زن شنیده شد. همراه با هلهله صیادان. حاتو پایین‌تر سُرید و چانه‌اش بر یکی مُشک پُرگلاب کشیده شد. پایین‌تر. پیشانی‌اش گُر گرفت. شعله در شعله از پوست زن فواره زد. زنانی دسته جمعی جیغ کشیدند. حاتو تند آمد بالا.

زن با لبانی ازآتش خندید. «دردت گرفت؟»

تا شعله لب‌های زنانه حاتو را به آتش نکشد باید با زبان مردانه آن‌ها را خیس می‌کرد و لب پایینی را به دندان می‌گزید. صیادان یک‌صدا نالیدند. شمع پِرپِرکرد و رو به خاموشی رفت اما ناگهان دوباره جان گرفت.

زن گفت «خوبه که تو اینجا پیش من هستی».

«چه شد؟»

«بازشروع شد».

قهقهه زنانه. موی حاتو به چنگ زن افتاد. سبک و با لذت. و پاها که دو ماهی زنده پُرشیطنت بودند هی می‌پریدند و می‌افتادند روی پاهای حاتو. «داخل‌تر بشو».

باد ازکجا آمد که این‌طور موهای شلال زن را به صورت حاتو ریخت؟ صدای ترکیدن چیزی پی‌درپی و تق‌تق نخل زنده‌ای که می‌سوخت. انگشتی بر مُهره‌های پشت حاتو کشیده شد و دوتا سنگ‌ریزه‌ی نوک پستان‌های او را لرزاند.

زن با خنده گفت «از فردا صبح تو عمر جاودان خواهی داشت».

حاتو پرسید «چطور؟»

«یعنی که دیگه نمی‌میری اصلاً».

«اصلاً!؟»

«حتی اگه روزی چهل بار مرگ را آرزو بکنی».

حاتو گفت «زنده بودن با یکی زن مثل تو بودن خوشه».

«خوبی‌ش این هست که همیشه جوان میمونی. همه وقت تا اون‌روزکه خبر بدی بشنوی یا داغ عزیزی را ببینی. اون‌وقت وای به حال تو حاتو».

از داخل دل زن صدای جیغ مرد جوانی شنیده شد. «عزیز».

حاتو خود را پس کشید. تا جایی که دُم وصل او هنوز توی تن زن مانده بود. صدای جیغ قطع شد.

کف دست‌های پُر از پینه حاتو بر دو سوی تشک قرص و محکم بودند.

زن خندید و از دهانش بوی گلاب و کافور بیرون ریخت.

«تو اصلاً پول دادی امشب؟»

«ها. انداختی داخل اون قوطی، پس یادت رفت؟»

قهقهه زن در ته عمیق شط ترکید و آب با ماهی‌های مُرده که درهوا پَرپَر می‌زدند، ریخت داخل یک شط دیگر که خالی خالی بود و هرچه آب در آن ریخته می‌شد پُر نمی‌شد. ماهی‌ها برکف گل‌آلود شط ماندند. زن غلتید و از حاتو کناره گرفت. با خنده‌ای عجیب انگشت سبابه خود را می‌جوید. حاتو دل بالا شد و پرسید «از چیه که جیگرم داره این‌جور می‌سوزه؟»

زن گفت «ازگرمای تن من».

و با خنده باز درهم شدند تا یگانه سهم آنان از رختخواب. حاتو نمی‌خواست یاد خود را رها کرده بفرستد به‌سوی فردا که باز کار بود وکوره بود و تن خودش که همراه خاک خشت‌خشت و لایه‌لایه می‌سوخت. اما وقتی آفتاب شبانه زیر شط را

دور زده و به جایی نزدیک شده که حالا باید از پشت خط آب بیرون بیاید، حاتو چه کاره بود که بخواهد یا نخواهد؟ بودن یا نبودن شب دست کسی نیست. شب اما بهتر است. خیلی بهتر. چون هرچه باشد به دردناکی روز نیست. روز مال کار است و مال کوره و صاحب آن، کربلایی زال، که سکه‌های پول را لای دندان‌های خود محک می‌زند. بعد با صدای خش‌دار می‌گوید «شب مال مُرده‌هاست».

زن با جیغ خفه گفت «صبح شد».

«نه».

خروس نخواند. پارچه برزنتی چادر روشن نشد. باد بود اما صدای شاخ و برگ‌ها شنیده نمی‌شد. حاتو صورت خود را بر شکم زن پنهان کرد. قلبی زیر ناف زن می‌تپید و مرد درفرورفتگیِ نرم شکم او پیش‌تر فرو رفت. شکمی که دیگر پوست زنانه نداشت. لایه‌لایه جلبک‌هایی بود که جوی بدون آب را پُرکرده بودند. تن مرد از میان تن تازه سرد شده زن گذشت و رفت فرو در لایه‌های جلبک. سقف چادر اگر هنوز بالای سر بود پس این باد گزنده ازکجا می‌آمد سر و روی او را می‌گزید؟ باد رو به گرما رفت. یک لکه از سر حاتو را گرفته بود و می‌گزید. گرم گرم‌تر، سوز سوز. بعد باد گرم از لغزیدن باز ایستاد وحالا نیزه ثابتی بود که از جای خیلی دور می‌آمد و آتش در سر حاتو می‌ریخت. و او تقلا کرد خود را از لای جلبک و بوی ماهی گندیده بیرون بکشد. قورباغه‌ای زُل زده بود به عمق چشمان او. حاتو باز جنبید و دست انداخت سوی خشکی. پنجه‌اش در شکاف زمین فرو رفت. بعد دست دیگر در شکاف دیگر، خزید بالا. بیرق سه‌رنگ پوسیده با جنبش او از هم درید و در جلبک سبز حل شد و تنها چند لکه سفید و سرخ از آن باقی ماند. صدای دویدن عده‌ای شنیده شد که پوتین‌های سنگین پوشیده بودند. حاتو سربلند کرد و از پشت پرده جلبک، مردانی را دید که انگار روی زمین دنبال سکه‌های گمشده خود می‌گشتند و گاه با فریاد یکی‌شان همه به‌سوی او می‌دویدند. لباس‌هایشان رنگ

خاک پخته بود و ساق پاهاشان سیاه. حاتو خود را روی خشکی انداخت. نیزه آفتاب به چشمان او خلید. جوی بی‌آب پُر از جلبک که حالا آرام‌آرام حفره خالی شده از تن او را پُر می‌کرد. فقط به اندازه یک تشک بود وسط خشکی؛ بدون هیچ باریکه راهی برای آیند و روند آب. آسمان یکپارچه دیده شد پریده رنگ. پس شاخ و برگ نخل‌ها کو؟ خوشه‌های آویخته خرما؟ با وحشت نشست. نخل‌ها ستون‌های خالی بودند بدون کوچک‌ترین لکه سبزی؛ مثل نیزه‌های کلفت بی‌شمار و سرهای تیزشان آغشته به زهر خاکستر آماده شلیک به آسمان.

صدای نوحه از دور می‌آمد. او بلند شد اطراف را برانداز کرد. زمین نخلستان خشک و پُرازشکاف، سال‌ها دور مانده از آب بود. اثری ازچادرکولی‌ها نبود. نهر بزرگ که از شط جدا شده و تا آخر نخلستان می‌رفت، هنوز بود. اما هیچ شباهتی به نهر دیشب نداشت. خالی بود مثل گور دهن‌گشوده‌ای که می‌شد هزارتا مُرده در‌آن چید.

بالاخره آب‌چالی یافت با اندک آبی زلال. نشست و خود را شست وجلبک را از تن جدا کرد. اما هرچه می‌کرد مزه گل از دهانش جدا نمی‌شد. رفت پا به پای نهر. باد نبود. شرجی همه‌چیز را در رطوبت خود فرو برده بود. مردان پوتین‌پوش از هم پراکنده می‌گشتند. آفتاب تازه سر زده بود و او می‌رفت به سمت کوره که محل کار هرروزه‌اش بود. می‌رفت با دلی که مثل دمام می‌زد. یا شاید صدای دمام از میان نوحه‌ی زنان بر می‌خاست.

رسید به یک کپر کوچک. پیرمردی با کمر خم شده و موی سفید پریشان روی زمین دنبال تکه چوب خشک می‌گشت. اما باد دیشب هرچه شاخ و برگ را برده، نخل‌ها را سوزانده و زمین را پُر از ترک به جا گذاشته بود.

گفت «خدا قوت بابا».

پیرمرد نیم‌نگاهی به او انداخت و باز مشغول گشتن شد.

حاتو گفت «دیشب تو اینجا نبودی، کپرت اینجا نبود».

پیرمـرد با بغض گفت «این دفعه تو اومـدی برای خراب کردن این کلبه حقیر؟ چی می‌خواین از جونم؟ پس من برم کجا بمیرم. ها؟»

«نـه. کاری بـه تو ندارم. فقط بی‌زحمت بگو ایـن مردها چه می‌کنن اینجا، چه می‌خوان؟»

«دارن دنبال استخوون‌های هم‌قطاراشون می‌گردن».

«همقطاراشون!؟»

«اون‌همه جوون که تو جنگ به اون طولانی حیف و میل شدن. به همین زودی یادت رفت؟» سری تکان داد و زیرلب گفت «هی. ای آدمیزاد فراموشکار، ای آدم.» بعـد تکـه چوبی درگوشـه‌ای دید. شـاید که دوید و دور شـد. رفت پشـت به حاتو. صدای پای مردان پوتین‌پوش حاتو را ترساند. او هم دوید و به جهتی رفت که شب پیش از آنجا آمده بود. یکهو نگاهش ماند بر پیرهن و شلواری خاکی‌رنگ، همرنگ لباس آن مردان، آویخته بر شاخه خشک درخت کُنار. ایستاد و پوست نازک چسبیده بـه تـن را که زمانی لباس او بود از خود جدا کرد، انداخت و لباس‌های آویخته را از درخت برداشت و پوشید. گرمای خاک را بر پوست خود حس کرد. رفت.

کف‌پوش بیابان هنوز نمک خالی بود، و لکه‌های سیاه باقی‌مانده از آتش سوزی درجای‌جای بیابان پراکنده بودند.

«آتش سوزی کی بود که من خبردار نشدم؟»

کوره‌های خاموش آجرپـزی در نمک تپیده بودند. همه‌ی باریکه‌راههای نمایان دیشـب حالا پنهان شده بودند زیر سطح نمک که چشـم آدم را می‌آزرد. حتی دیگر از باریکه‌راه خودش هم که دیشـب دیده بود، اثری نبود. از سـمت گورسـتان صدای کِل زدن زن‌ها به گوش رسید. زنی تک‌خوانی می‌کرد. بعد زن‌های دیگر به او جواب می‌دادند. از آن‌همه کوره به غیر از چند کومه در حال رُمبیدن چیزی برجای نمانده بود

و اگر می‌خواستی خبری از شخص زنده‌ای بگیری باید به گورستان می‌رفتی. رفت.

عده‌ای زن سیاه‌پوش دور تکه‌زمینی حلقه زده شیون‌کنان می‌گردیدند و سیلی به گونه‌های خود می‌زدند. در سمتی دیگر، زنان و مردان جدا از هم لابه‌لای بیرق‌های بی‌تکان، سبز وسفید و سرخ، سرگشته می‌گشتند. فقط یک زن بود که دور از همه مقنعه سبز بر سر بسته بود. حاتو رفت و به او نزدیک شد. پیرزن ناگهان گردید و نالید «کی هستی؟» کور بود و بوی میخک می‌داد. ناگاه باد از زیرگونه حاتو در رفت و پوست او به استخوان چسبید و پشت گردنش تیرکشید. چه بلایی یکهو سر ساق پاها آمد؟

پیرزن زانو زده باز چرخید و سنگ سفیدی را بویید. بعد روی زانوها سرید و خود را سوی سنگ دیگر کشید و این سنگ را هم بویید و نالید «می‌دونی چند ساله دارم دنبالش می‌گردم؟ خیلی، خیلی سال. شب اول که تن بی‌سرش به دستم رسید یه جایی همین‌جا همین طرف‌ها دفنش کردم. اما صبح که پاشدم دیدم همه جا فقط تاریکه و من هیچ نمی‌بینم. از بس که گریه نکردم.» و همین‌طور که حرف می‌زد رفت سوی سنگ دیگر. «یه سنگ سفید بالای سر قبرش گذاشتم که علامت باشه اما حالا هرچه سنگ‌ها را بو می‌کنم همه سیاهن، سیاه.» گریه کرد.

حاتو دیگر به او نگاه نکرد. سرش به سختی گردید. فهمید گردنش که تا لحظه‌ای پیش بلند و ساق بود حالا پیر و چپیده شده و سر به گُرده چسبیده.

همه سنگ‌های منتشر در اطراف، سفید و براق بودند. پراکنده بر گورهای هم‌سطح زمین و هر سنگ نشانه گوری. اما حتی یک سنگ سیاه به دیده نمی‌آمد.

«تو کمکم نمی‌کنی تا سنگ سفیدم پیدا بشه؟»

زنان سیاه‌پوش حالا در همان دایره، دور گور دسته‌جمعی نشسته بودند و دم نمی‌زدند و مردان به دور حلقه زنان راه می‌رفتند و سیگار می‌کشیدند.

حاتو گفت «این‌ها که همه دور یه قبر جمع شدن!»

زن گفت «ها. همون سال که سینما آتش گرفت کی بود سال‌ها پیش. سوخته‌ها تو هم قاتی شدن کسی ملتفت نشد کی به کی هست. بعد همه را ریختن داخل یه قبر. پناه برخدا. یه قبر برای این‌همه جوون زن و مرد».

«پس مرد تو کجاست؟»

«مرد؟»

«شوهرت؟»

پیرزن جنبید «ها؟ شوهرم نبود. مردی بود بهتر از مردهای دیگه. همون شب که این بچه را تو دلم گذاشت رفت و کسی خبردار نشد کجا».

حاتو یکی از سنگ‌های سفید را که نزدیک پیرزن بود نشان داد و گفت «اونهاش. اونجاست».

پیرزن تند از جای برخاست. دستانش را در هوا تکان‌تکان داد. حاتو جلوتر رفت. نمی‌توانست تعادل خود را هنگام راه رفتن نگه دارد. سخت شده بود. لبه آستین پیرهن پیرزن را گرفت و کشید سوی سنگ. بوی گلاب فاسد شده زد زیر دماغش. دست بر شانه پیرزن گذاشت و او را درکنار سنگ نشاند. این سنگ هم مثل بقیه سنگ‌ها بود اما لکه کوچک سرخی بر آن بود که بر سنگ‌های دیگر نبود. لکه خونی مانده ازسال‌های دور.

دست‌های زن دنبال سنگ گشتند. حاتو دست او را گرفته بر سنگ گذاشت. دو دست پیر پُرچروک بر یک سنگ لغزیدند. دست زن و دست مرد.

زن خم شد سنگ را بویید و با اشتیاق گفت «خدا را شکر عزیز دوباره پیدا شدی.» تن خود را بر روی سنگ انداخت و آن را در بغل گرفت.

حاتو گفت «ها!؟ چه گفتی؟»

اما پیرزن فقط با سنگ حرف می‌زد. «اگه بازم گم بشی فتنه توی تب می‌سوزه. می‌میره».

سینه‌ای دریده شد. بوی میخک ریخت روی خاک. پاهای مردانه از زانوها شکستند و تا شدند. حاتو افتاد روی خاک داغ. دست‌هایش از دوسو بر نرمی زمین تپیدند. صدای تپش قلبی از دورادور به گوش می‌رسید. پیشانی حاتو خورد به یکی ازسنگ‌ها. صدای تپش قلب از زمین درآمد. قاتی شد با صدای دل حاتو. در تنگی قفس سینه و در دهانش سیاه‌چالی عمیق و خالی، کنده شد. باز سربلند کرد. روی سرش انبوه مو سنگینی می‌کرد. دست پیر خود را بُرده مُشتی از مو را به دیده آورد. مو سفید بود. به سفیدی سنگ مقابل که حالا یک لکه خون تازه بر آن روییده بود. سخت و پُرپیچ از جای برخاست. سر بدون گردنش هنوز هی درگُرده فرو می‌رفت. پیرزن باز به سنگ چیزی گفت و خندید. حاتو هم می‌خواست چیزی بگوید اما کلمات در دهان بدون دندان او شکل نمی‌گرفتند. دست کشید بر لایه‌لایه پوست برهنه صورت خود بعد برگشت و رفت، به کجا؟

حاتو پاهای پیر خود را بر نمک می‌کشید و می‌رفت تا محوطه وسیع گورستان را دور بزند و بگردد گرداگرد آن و روزی چهل بار مرگ را آرزو کند.

تهران، ۱۳۷۲

چل طوطی

مامان فرهاد باز از اتاق خود آمد بیرون. این دفعه یک بشقاب شست و خوب آبش کشید و باز رفت داخل. اما هنوز پرده را که پشت در اتاق بود و شکل و شمایل کشتی و بوق کشتی و موج آب رویش بود، پشت سر نینداخته بود که مادر پرسید «پس کی می‌آید آن یارو؟»

مامان فرهاد در همان حال که یک‌ور پرده روی شانه‌اش بود سر برگرداند و گفت «می‌آید دیگر. چه عجله؟» و رفت و من دیگر ندیدمش. فقط پرده را دیدم که تکان‌تکان خورد و خط منحنی وسطش که موج آب بود، بالاوپایین شد.

هربار که پرده می‌افتاد، نگاه من روی آن می‌ماند تا باز پس زده شود و مامان فرهاد باز بیاید و از خبرنگاری بگوید که قرار بود با ضبط‌صوت و دوربین بیاید تا ما هی بخندیم و دست بیندازیم دور گردن مامان فرهاد و خبرنگار. هی تلق و تلق عکس از ما و بعد بپرسد که «خب، مامان فرهاد کی آمد به خانه شما و اتاق اجاره کرد و شما نظرتان درباره او چه هست؟» و خلاصه از این‌جور سؤال‌ها و یک هفته بعد عکس‌مان را توی مجله بیندازد کنار عکس مامان فرهاد و آن‌وقت مامان فرهاد چقدر معروف می‌شد. شاید برای همین بود که می‌خواست یک پذیرایی مفصل راه بیندازد. عصر آن روز میز چیده بود به چه بزرگی و چهار صندلی تاشو

دور میز گذاشته بود و روی میز خیلی چیزها ردیف کرده بود. مثل تخمه و سیگار وینستون و فانتا. پای میز هم یک فلاسک پُر از یخ بود. گفته بود چای را هم بعد آماده می‌کند. گفته بود اول فانتا برایش بیاورم بهتر است، سرد است و دل خبرنگار را خنک می‌کند. مادر به او گفته بود اول به مهمان چای می‌دهند. چای خستگی را در می‌کند، به خصوص اگر عصر تابستان هم باشد. خب، شاید خود مامان فرهاد هم در آخرین لحظه یا در همان لحظه ورود خبرنگار رأیش بر می‌گشت و اول چای می‌آورد. اما چیزی که من به آن فکر می‌کردم و فکر می‌کنم مامان فرهاد هم به آن فکر می‌کرد این بود که خبرنگار سؤال‌ها را از کدام نقطه‌ی زندگی او شروع خواهد کرد. آیا اول می‌پرسد که کی به دنیا آمده‌ای و کجا درس خوانده‌ای و نمی‌دانم پدر و مادرت کی و چه کاره بوده‌اند؟ و یا می‌پرسد حالا چه‌کار می‌کنی و از کجا می‌آوری می‌خوری؟ و بعد همین‌طور سال‌ها و سؤال‌ها یکی‌یکی دورتر می‌شوند تا می‌رسند به بچگی و تولد.

«در جوانی از خانواده جدا شدم و آمدم به یک شهر دیگر. فکرش را بکنید. یک دختر جوان تک و تنها توی یک شهر غریب».

می‌گفت «دو راه بیش‌تر پیش پایم نبود. یا باید می‌رفتم با زن‌های بدکاره دمساز می‌شدم و یا کلفتی را انتخاب می‌کردم. پس کلفت شدم، تا بیست سالگی. آن‌وقت یک مهندس شرکت نفت عاشقم شد و با هم عروسی کردیم. با هم خوب بودیم، خوش. می‌رفتیم به پارک. جمعه‌ها به سینما می‌رفتیم. اما آن خوشی‌ها دو سال بیش‌تر طول نکشید. شوهرم منتقل شد به تهران و من نمی‌توانستم بروم تهران. چاره‌ای نبود، و او رفت.

و زن باز مانده بود بی‌کس و غریب با فرهاد یک ساله از شوهر مهندسش. و باز دربه‌دری و از این خانه به آن خانه رفتن، و رختشویی، و هر کاری. تا اینکه یک افسر نیروی دریایی اهل شیراز با او آشنا می‌شود.

«گوشه خیابان نشسته بودم و فرهاد هم توی بغلم بود. زنی که برایش کار می‌کردم گفته بود دیگر نمی‌خواهدم چون بچه دارم. سرم را روی زانوهایم گذاشته بودم و برای غریبی خودم اشک می‌ریختم که یکهو حس کردم سایه‌ای بالای سرم ایستاده. نگاه کردم دیدم یک افسر نیروی دریایی بالای سرم ایستاده».

آن افسر فرهاد را خیلی دوست می‌داشته. انگار که بچه خودش باشد. اما مگر آدم این همه بدشانس می‌شود که مامان فرهاد بود؟ اگر بدشانس نبود که بار کشتی در آن سفر آن‌همه سنگین نمی‌شد که غرق شود و در زمانی که هنوز حتی یک‌سال از عروسی او نگذشته شوهر را که به تازگی هم شده بود افسر عالی‌رتبه، تا اعماق آب‌های دریا فرو ببرد و طعمه ماهی‌ها کند.

«همان کشتی که چند سال پیش نرسیده به بندرعباس غرق شد؟»

مادر گفته بود «نمی‌دانم والله، من نشنیده‌ام».

پدر گفته بود «نشنیده‌ام. کی؟» بعد به چشمان نمناک مامان فرهاد نگاه کرده بود و سری جنبانده بود و پکی دیگر به سیگارش زده بود «ها. بله. مال خیلی سال پیش است».

هرچه از گرمای آفتاب کم می‌شد ساعت آمدن خبرنگار هم نزدیک‌تر. و مامان فرهاد میز را مرتب‌تر می‌کرد. بعد آمد خودش را روی صندلی ولو کرد و به ساعت مچی‌اش نگاهی انداخت و هیچ نگفت. هرچه بود پیش‌تر از این‌ها گفته بود.

«نمی‌دانی چه جوانی، خوش‌خلق، مثل هنرپیشه‌های سینما. شما که ندیدید. با یک گردنبند پهن طلا، یکهو زد روی ترمز. گفتم «گمشو نسناس.» گفت «خانم باور کنید من فقط می‌خواهم شما را برسانم.» گفتم «برو بدترکیب.» گفت «بی‌تعارف، نترسید.» و گفت «من آدم علافی نیستم خانم، خیال بد نکنید لطفاً. ببینید. و کارت خبرنگاریش را درآورد».

مادر گفت «خب، دیده هوا گرم است و یک زن تنها هم توی خیابان».

ماشین خبرنگار کولر داشته، چقدر سرد. و خنکی می‌لغزیده پشت گوش‌های مامان فرهاد و دورتادور گردنش. آن‌ها با هم سیگاری هم کشیده‌اند. از آن سیگارهای بلند خارجی که نوار طلایی دارد. بعد مرد از زندگی خودش گفته و این که اهل تهران است و آمده که زندگی مردم آبادان را توی مجله چاپ بزند. آن‌وقت مامان فرهاد شروع کرده به گفتن از زندگی خودش، و چون داستان زندگی او برای مرد غم‌انگیز بوده آن‌ها با هم رفته‌اند به یک خانه مجلل که در باغچه‌اش گل صورتی بوده و نشسته‌اند به گپ زدن و چون خبرنگار دوربین و ضبط‌صوتش همراهش نبوده آدرس مامان فرهاد را گرفته و گفته عصر می‌آید برای تهیه گزارش و نوشتن شرح حال او.

مامان فرهاد سیگارش را در زیر سیگاری روی میز خاموش کرد و خسته و بی‌حوصله به ساعتش نگاه انداخت. بعد نگاهش را به در حیاط گرداند. در بسته بود. بلند شد رفت توی اتاق. مادرم داشت رخت‌های شسته شده را می‌چلاند و می‌انداخت توی لگن. آفتاب پشت دوربین آجری پشت‌بام گم می‌شد و نسیمی که نشانه‌ی غروب بود می‌وزید. حالا مادر لگن پر از رخت را برداشت و رفت روی پشت‌بام. پدر عصر کار بود. وقتی پدر نبود غروب‌های حیاط ساکت‌تر و کسل‌تر می‌نمود. صدای گفتگوی مادر و بی‌بی از روی پشت‌بام شنیده می‌شد. بی‌بی چشم دیدن مامان فرهاد را نداشت و حرصش می‌گرفت وقتی می‌دید کسی از ما داریم با او حرف می‌زنیم. می‌گفت از طاق‌باز نشستن‌هایش و از بی‌معنی خندیدن‌هایش و از شلوار پلاستیکی چسبان پوشیدنش بدش می‌آید. می‌گفت اصلاً چه معنی دارد که زن این‌طور باشد. معلوم هم نیست چه‌کاره هست.

من پا شدم پاکشان رفتم پشت در اتاق مامان فرهاد. اول پشت‌بام را پاییدم و بعد چپیدم توی اتاق. او پشت میز توالت نشسته بود و دست‌های چربش را به صورت می‌کشید. چشم‌هایش بسته بود و مرا ندید. انگشت‌های باریک و بلند با ناخن‌های

سرخ بالا رفتند و روی پیشانی کشیده شدند و همین‌طور از دو سوی پیشانی یواش پایین آمدند و رسیدند به گوش‌ها و دور گوش‌ها گردیدند. بعد سرش را بالا گرفت و موها را عقب زد و انگشت‌ها را به پشت نرمه‌ها مالید و نفس عمیق کشید و چشم باز کرد و لبخند زد.

گفتم «نیامد پس؟»

«می‌آید».

«کاش پسته هم برایش می‌خریدی».

«کجا وقت می‌کند به پسته خوردن؟»

«پسته خوب است».

چیزی نگفت. موهایش را افشان کرد. بعد شانه سبز بزرگی را در موها فرو برد و کشید. موها پله‌پله بودند، موج بر موج.

وقتی سر چرخاند و لبخند زد چقدر به نظرم قشنگ آمد. جوان‌تر شده بود. با ابروهای باریک و لب‌های صورتی‌رنگ و من نگاهم را از لب‌ها سراندم و از چانه گذراندم و رسیدم به گردن. دکمه بالایی پیراهنش را باز کرده بود، آن پوست شفاف غم‌انگیز قهوه‌ای هنوز در نگاهم هست و به یاد می‌آورم آن لرزش‌ها را، هنگامی که جلوی چشم همه مرا در بغل می‌فشرد و سرم را بر سینه‌اش می‌چسباند و می‌نالید «فرهاد من، فرهاد من.» و نگاه من در گل‌گلی پیراهنش و در انبوه آن‌همه نرمی گم می‌شد.

بوی تند عطر سودانی اتاق را پر کرده بود. سر برگردانده به پرده پشت در نگاه کردم. از اینجا کشتی‌ها و موج‌ها و دودکش‌ها کمرنگ بودند.

گفتم «چه می‌خواهی به او بگویی؟»

«همه‌چی».

«همه‌چی؟»

سر تکان داد و لب‌هایش را روبه‌روی آینه جوید و باز بیرون داد و باز جوید.

پرسیدم «از فرهاد هم؟»

گفت «می‌گویم».

فرهاد تا آخرین سالی که پیش او بوده، تا ده سالگی، خیلی قشنگ بوده. تک بوده. مثل ماهی دختر ناخدا که مژگان بلند و مردمک‌های گرد دارد، و آن‌قدر زیبا که او ناچار بوده بچه‌اش را از دید خیلی‌ها پنهان کند که یک‌وقت چشمش نزنند. و توی کوچه هم که می‌نشسته به دروغ می‌گفته که به چشم‌های فرهاد سورمه می‌کشد. اما آه از آن روز نکبتی.

آن روز یک زن انگلیسی با دامن بنفش و بلوز آستین حلقه‌ای لیمویی و موهای زرد از کوچه می‌گذرد که ناگهان نگاهش می‌افتد به فرهاد. می‌ایستد و مثل وحشت‌زده‌ها دست می‌گذارد روی قلب خود؛ انگار پاهایش سنگ شده‌اند، تکان نمی‌خورد. بعد به کلفتش می‌گوید که الا و بلا باید بچه را از مادر قرض بگیرد. حتی اگر شده برای یک روز. مامان فرهاد رضایت نمی‌دهد. زن انگلیسی گریه و زاری راه می‌اندازد و خاک بر سر می‌ریزد و دل مامان فرهاد را به رحم می‌آورد و مامان فرهاد هم بالاخره رضایت می‌دهد اما فقط برای چند ساعت. خب، از روی سادگی. و نمی‌داند که رفتن فرهاد رفتنی خواهد بود تا هنوز.

نه کلانتری برای مامان فرهاد کاری کرد و نه از این اداره به آن اداره دویدن‌های خودش.

سکوت در اتاق کش می‌آمد و هوا نیمه‌تاریک می‌شد. اگر آن روز خبرنگار آمده بود، حتی دیر، یا فردا و روزهای بعد، مامان فرهاد این‌طور دو لته‌ی در اتاقش را تا یک هفته به روی خود نمی‌بست و نمی‌گریست. شب که بیرون آمدیم، او خرت و پرت‌های روی میز را جمع کرد، صندلی‌ها را تا زد، فانتا را به من داد و من همه‌اش را نوشیدم. پاکت سیگار را گذاشت توی سینه بندش، میز را تا زد و به دیوار تکیه داد.

بعـد هم خودش چپید داخل اتاق و کشـتی و مـوج و دودکش‌ها را با کوفتن در اتاق در نگاه من گم کرد.

پیش از آن که از اتاق بیرون بیاییم، وقتی که او هنوز روبه‌روی آینه نشسـته بود، من پرسیدم «حالا چه‌کار کنیم؟»

او روی صندلی بدون پشـتی چرخید و لبخند زد و انگار چیزی گفت، آهسـته، اما لرزش ناگهانی در من نگذاشت حرفش را بشنوم. ترسیده بودم و او آرام شانه بالا انداخت. بعد غلتیدن یک قطره اشـک، سـیاهی غلیظی را بر پوسـت صورت او به پایین سُراند و قطره زیر گلوی او چکید.

آبادان، ۱۳۵۷

حُفره

چـرا هیچ‌کـس نمی‌داند که من شـهید شـده‌ام؟ درحالی‌که شـهید شـده‌ام. به شهادت رسیده‌ام. به لقاءالله پیوسته‌ام. می‌پیوندم. زمستان بود.

هنـوز هـم زمسـتان اسـت و باران. امـا آن روز بـاران نبارید. سـه روز بود مرتب می‌بارید و روز چهارم آفتابی شد. دو ماه پیش. عصر بود.

من در سنگر نشسته بودم و آنجا او مرا کُشت. ته سنگر. مرا کشت وقتی داشتم سـیگار می‌کشـیدم و تفنگم سـینه دیوار بود و دشـمن از ما دور بود، خیلی دور. اما نمی‌دانـم او چطور ناغافل از کجا آمد غافلگیرم کرد و من دیدم سـنگر در سـایه‌ای فرو رفت. فکر کردم خورشید دارد از پشت پرده ابری می‌گذرد. چندتا سنگ‌ریزه از بالا سُر خوردند افتادند پایین. یک نفر آن بالا بود. فهمیدم. ترس به جانم افتاد. آدم ترسویی نیستم، نیستم. آرام سربلند کردم و دیدمش. او بود و لوله تفنگش را به‌طرفم گرفته بود و من باید دسـت‌ها را می‌گذاشتم روی سرم. اول دست راست بالا رفت. بعد دسـت چپ را آهسـته بلند کردم و در بین راه سیگار از لای انگشت‌هام ول شد افتاد و او فرصت نداد و شلیک کرد «تق تق تق.» و من شهید شدم.

بعد آن‌ها خیال کردند که من گُم شـده‌ام یا خودم را گم و گور کرده‌ام. هنوز هـم در همین فکر هستند. همه شان، هم پدرم، هم مادرم و هم زری.

و مـن بـه تو فکر می‌کردم زری وقتی که او به رویم خاک پاشـید. اولین مشـت خاک که بر سینه‌ام ریخته شد فواره خون فروکش کرد و خاک قاتی خون شد و روی خون را پوشاند و لباس من به رنگ خاک بود.

من به آسـمان نگاه می‌کردم و او آنجا بود. مثل یک هیولا، مثل مردهایی که به خواب‌های ترسـناک می‌آیند. پوتین‌هایش گلی بود و خورشـید پشـت سرش پایین می‌آمد و او اول تنه‌ام را پوشاند. بعد روی پاهایم خاک ریخت. ایستاد و با تنها چشم خود به من نگاه کرد. یک چشم در سمت چپ صورت و یک حُفره عمیق پُر از زخم در سمت راست. باز بیل را بلند کرد و روی صورتم خاک ریخت و من دیگر چیزی ندیدم جز تاریکی. باد می‌آمد.

آن‌وقت من با خودم تنها شدم و هیچ‌کس نیامد نام مرا در لیست شهدا ثبت کند. اگر می‌آمد - بعد حجله مرا در محله می‌بسـتند. با آینه و شـمع‌های روشن. عکس مرا بالای آن می‌آویختند. نیم‌رخ، با اجزاء سـالم صورت. بعد تو می‌آمدی لابه‌لای جمعیت رهگذر می‌ایستادی و مثل آن روز که برای عباس گریه کردی، برای من‌هم. و چادر سیاهت کمی از صورتت پس می‌رفت و نگاه می‌کردی و چشم‌هایت سرخ می‌شـدند و یک قطره اشـک، فقط یک قطره کافی بود، از گوشـه چشـمت سـرازیر می‌شد می‌غلتید.

افسـوس زری. بـاد می‌پیچیـد در آن عصر زمسـتان و آن هیولا کـه گور مرا هم سـطح زمیـن پر کرده بود رفت و در باد گم شـد. وگرنه تـو می‌فهمیدی که من دیگر آن «قاسـم»ی که پیش‌تر می‌شـناختی نیستم. آن پسـرخاله تو که کارش پادویی در پاساژها بود.

چقدر طاقه‌ها سـنگین بودند. شـانه آدم درد می‌گرفت. شانه آدم می‌افتاد. پله‌ها پیچ‌درپیچ بودند.

«تندتر پسر».

«چشم امیرخان».

راهروهـای باریـک و نمناک. گچ‌های فروریخته. این هم طبقه سـوم. فقط یک طبقه دیگر مانده.

«بدو پسر».

«هع هع هع».

اتاق‌های کوچک و نیم‌تاریک سرتاسـر راهرو صف بسـته‌اند و آن اتاق روبه‌رو مستراح است.

"بدو پسر"

بوی گُه توی راهرو، از صبح تا غروب بوی گُه زیر دماغت بود قاسم.

«بدو».

اما هیچ نمی‌گفتی. حتی آن روز هم هیچ نگفتی، فقط گفتی «نه.» یادت هست پسر؟ آن روز که حسین شاگرد ابرام آقا گفت «خوب است یک هواکش توی راهرو بگذاریم؟» چه ساده لوح بود حسین. تازه آمده بود. رفت و در یک‌به‌یک کارگاه‌ها را زد. می‌خواست از آن‌ها پول جمع کند برای خرید یک هواکش. اول از همه آن یارو که لباس بچه می‌دوخت آمد و گفت «کو بوی گُه؟ کجا؟» چندتا نفس عمیق کشید و سر تکان داد «نه. من که نمی‌فهمم».

بعـد ابـرام آقـا آمـد، و خیاط دیگر که اسـمش یوسـفی بـود، آن‌ها هـم با نفس کشیدن‌های عمیق هوا را بوییدند گفتند «بوی گُه؟ نه. نیست».

و بالاخـره همه گفتند که «این بوی گُه نیسـت، نـه.» گفتند که «این بوی یک چیـز دیگر اسـت نه بـوی گُه.» حسـین به تو نگاه کرد و پرسـید «تـو چی می‌گی قاسم؟»

«نه نیست. این بوی یک چیز دیگر است».

حسین خجالت کشید. گفت «خب بله. نیست. حتماً نیست.» و خندید «بوی

گُه؟» و باز گفت که او بد فهمیده و همه مردها نیش‌هایشان را تا بناگوش باز کردند. تو هم خندیدی، همراه با آن‌ها و با حسین.

«بدو پسر».

اما حالا دیگر همه‌چیز تمام شد و دفترچه بدبختی‌ها به ته رسید و بسته شد. شکایتی نیست، هرچند هیچ‌گاه شکایتی نبوده. از هیچ‌کس، حتی از او که مثلاً پدر من بود.

خودت بگو پدر، من هیچ‌وقت روی حرف تو حرفی زده‌ام؟ همیشه همان‌طور بود که تو می‌خواستی. خب آن اوایل هم اشتباه از من بود، آن‌وقت‌ها را می‌گویم که تازه با مادرم عروسی کرده بودی و من به تو نمی‌گفتم پدر و تو دلخور بودی و هی می‌گفتی که بگویم. مادرم هم این را از من می‌خواست اما من زبانم نمی‌چرخید و می‌دانستم که پدرم در زندان مُرده است و هی می‌گفتم «مش اسماعیل.» تا آن روز که تو دیگر مش اسماعیل نبودی و پدر بودی. یادت هست؟

هیچ‌کس توی خانه نبود و فقط تو بودی و عصر بود و من تازه از راه رسیده بودم و باران بند آمده بود و تو در حیاط داشتی بخاری نفتی را تعمیر می‌کردی. من سلام کردم و خواستم بروم توی اتاق که صدایم زدی. برگشتم. گفتی «برو از زیرزمین کمی نفت بیاور».

من رفتم پایین. پله‌ها خیس بودند. پنج تا پله بلند و کم عرض. کلید چراغ را زدم و لامپ کم‌نور روشن شد. زیرزمین بوی بد می‌داد. مثل همیشه. بوی مُرده می‌داد. من مشغول شدم از بشکه بزرگ نفت بردارم. شیر را باز کردم و منتظر ایستادم. ناگاه حس کردم یکی پشت سرم ایستاده. برگشتم. تو بودی. چوب باریکی توی دستت بود. پرسیدی «من کی هستم؟»

من عقب کشیدم و تو باز پرسیدی. سؤال عجیبی بود. کمرم را به دیوار می‌ساییدم و عقب می‌رفتم. بازهم. خیال کردم واقعاً می‌خواهی بدانی کی هستی.

گفتم «خب، مش اسماعیل».

و چوب تو بالا رفت و چرخید و بر پشت گردنم فرود آمد و من در یک لحظه دیدم لامپ در مه فرو رفت. این را با تنها چشمم دیدم. خم شدم و شانه‌ام کشیده شد به دیوار. صدایم اما در نمی‌آمد و تو هی زدی روی پاهایم «پدر، فهمیدی؟ من پدر تو هستم».

نبودی.

نعره می‌زدی «فهمیدی؟»

«فهمیدم».

می‌فهمیدم و درد چوب تمام رگ‌های مرا می‌گزید. بغضم شکست. این‌طور بود که تو پدرم شدی و نوارهای سیاه پدری‌ات بر ساق پاهای من ماند. اما من به هیچ‌کس نشانشان ندادم. نه، من این‌طور آدمی نبودم. من آدم خوبی بودم زری. امیرخان از من راضی بود. تو هم آن‌وقت‌ها از من راضی بودی زری.

جمعه‌ها عیدمان بود و هنوز چشم من سالم بود و پدرم نمُرده بود و من برای تو آدامس می‌آوردم. چند سالمان بود؟ تو به مدرسه می‌رفتی و من با پدرم کار می‌کردم. کارهایی مثل زنبه‌کشی و از این‌جور کارها. جمعه‌ها اما مال خودمان بود. تو از جویدن خوشت می‌آمد. «شق شق شق.» و من کیف می‌کردم وقتی تو می‌جویدی. می‌گفتم «حالا از این سبزها بجو.» و هر جمعه آدامس‌هایی با رنگ‌های تازه‌تر. تا خانه شما خیلی راه بود و من دلم می‌خواست هرروز پیش تو باشم و هرچه دارم به تو بدهم. آن زنجیر نایلونی هفت‌رنگ که یادت نرفته؟ خیلی دوستش داشتم. سه هفته طول کشید تا تمام شد. روزها که نمی‌شد بافت. روزها کار بود و گل بود و زنبه بود.

«بدو پسر».

و پدر آن بالا بود و برای بنا گل می‌برد و من‌هم دنبال پدر بودم. با زنبه‌ای

کوچک‌تر. پله‌ها هنوز درست نشده بودند و لیز بودند و من هی می‌خواستم از آن بالا بیفتم و نمی‌افتادم. بوی خاک چه خوش است وقتی بر آن آب بریزند. فشش، شب‌ها می‌بافتم. با قرقره و نایلون و سنجاق. بعد در یک جمعه برایت آوردمش. چه بلند و قشنگ شده بود. وقتی آن را گرفتی چه ذوقی کردی. نگاهش کردی. این‌ور و آن‌ور. کمی از آن را دور دستت پیچیدی و به من گفتی «برگرد».

من برگشتم و پشت به تو و رو به دیوار ایستادم. دانه‌های ریز نمک از دیوار بیرون زده بود. ریز مثل دانه اشک بچه. تو با شلاقت یک ضربه بر گرده‌ام زدی «هی».

چرا این کار را کردی؟ البته شوخی بود، بازی بود. یعنی که من اسب بودم و تو دختر یکه‌سوار. اما اسب تو خیلی دردش گرفت، خیلی محکم زدی و خندیدی.

آی دختر یکه‌سوار، آن روز پشت اسب تو سوخت و آن سوزش همیشه با او ماند. تا سال‌ها بعد، تا سال‌هایی که بین ما فاصله افتاد.

آن سال‌ها، آن اوایل، برایم دل می‌سوزاندی و از چشم من قطره‌قطره آب سرازیر می‌شد و پدرم هنوز در زندان بود و تو خیال می‌کردی من برای او گریه می‌کنم. اما من اصلاً گریه نمی‌کردم. فقط آب بود که شرشر می‌ریخت و چشم مرا می‌سوزاند. شش ماه مدام آب شور. تا این که مادرم مرا به بیمارستان برد. باز هم زمستان بود. دو هفته در آنجا بودم. بین آدم‌هایی که حال و روزشان مثل من بود و به جای چشم یک مشت پنبه و پارچه سفید داشتند.

روزی که از بیمارستان آمدم بیرون، یک حفره عمیق زخم با خود آوردم؛ که تو از آن می‌ترسیدی و رو برمی‌گرداندی و من دیگر به خانه شما نیامدم.

تو حق داشتی. حفره دهن باز کرده بود و دل آدم را بهم می‌زد و من ساعت‌ها در آینه به آن زل می‌زدم. فهمیدم که هست و همیشه خواهد بود و حتی از دعاهای مادر هم کاری ساخته نیست.

«بدو پسر».

این سرنوشت تو بود قاسم. مال تو بود و حالا که تنهایی و زیر خروارها خاک خفته‌ای از خودت خجالت بکش و معذرت بخواه. از همه، از زری، از پدرت، از آن یکی، مادرت، امیرخان، از تمام مردم دنیا، حتی از عباس. از عباس که وقتی با زری در کوچه‌ها قدم می‌زد دنبالش می‌کردی. سال‌ها پیش بود. خب باشد. همان یکی دو بار هم خیلی بود. اصلاً چرا این کار را می‌کردی؟ چرا مثل سایه می‌رفتی دنبالشان؟ مگر تو که بودی که به عباس حسادت می‌کردی؟ خم شو و از او تشکر کن. سپاسگزارم. اگر عباس نبود تو حالا به این درجه رفیع نمی‌رسیدی. اگر عباس نبود و حجله‌اش نبود و زری آن روز نمی‌آمد مقابل حجله.

تو آمدی زری. آهسته آمدی وایستادی رودرروی عباس و به او نگاه کردی و من چرخیدم از لابه‌لای مُشبک‌های حجله عباس، تو را دیدم که گریه کردی. عباس هزار تا آینه داشت و من در همه آن‌ها خودم را دیدم اما هزار عکس من به یک عکس عباس نمی‌ارزید. با آن چشم‌های درشت و موهای صاف شانه خورده. لبخند می‌زد و به من نگاه می‌کرد و من به خودم نگاه می‌کردم و در هر آینه قسمتی از صورتم پیدا بود و در آن آینه بزرگ که درست وسط حجله بود، زخم چشمم پیدا بود.

آه چه خوب کردی آن‌طور به من نگاه کردی عباس. حتماً تو را زود ثبت نام کردند. بله. اما از من خیلی ایراد گرفتند. همه‌اش بهانه بود. می‌گفتند به اندازه کافی سرباز در جبهه‌ها هست و نیاز به افراد تازه نیست. می‌گفتند برو و چند ماه دیگر بیا. خلاصه از این حرف‌ها. التماس کردم، از این اتاق به آن یکی، سی تا امضا، بدوبدو رو پله‌ها. تا اینکه پذیرفته شدم و همراه عده‌ای راهی جنوب شدیم. تو هم جنوب بودی یادم هست. چه بارانی بود. عمر تو به فصل باران نرسید.

ما در زمستان آنجا بودیم و دشت خیس خیس بود. یک ماه آنجا بودم. شاید کمتر. بعد هم که خوب این‌طور شد و من غافلگیر شدم. به‌خاطر همین هم هنوز پیدایم نکرده‌اند. پیدایم می‌کنند. کافی است بیایند و کمی بگردند.

خـب پس چـرا نمی‌گردید؟ آدرس دقیق محل دفنـم را می‌دهم. بیایید به جبهه جنوب. توپ‌خانه بزرگ ما کجاست؟ پیدایش کنید. بعد بیایید پایین‌تر. یک سنگر هسـت. سـنگر زیاد هست. بپرسید سنگری که قاسـم در آن بود کجاست. نشانتان می‌دهند. از آن سـنگر نزدیک به نیم‌سـاعت مسـتقیم بیایید به‌طرف دشمن. چپ و راست نه، مستقیم. یک ریل می‌بینید. نه یک ریل واقعی، ده بیست متر آهن دراز که نه سر دارد و نه ته، توی دشت تک و تنها است. پیش از آن حتی در خواب هـم چنین ریلی ندیده بودم. به نظرم رسید که دشمن باید همین طرف‌ها باشد.

باد بود و دشـت خالی بود و هیچ چیز دورتادور دیده نمی‌شـد. صدای شـلیک برای چند لحظه از هر دو طرف قطع شـده بود. عجیب بود. من کنار ریل ایسـتاده بودم. خم شـدم و درحالی که تفنگم را در بغل می‌فشـردم دو خیز برداشـتم. سریع. دیدم بالای سـنگری هسـتم. با پاهای از هم باز ایستادم و به عمق سنگر نگاه کردم. آنجا یک نفر نشسـته بود و سـیگار می‌کشـید. من لوله تفنگم را به طرف او نشـانه گرفتـم. او سـر بلند کـرد. آدم عجیبی بود. تن خود را جمع کرد از بس ترسـیده بود. دسـتش را که بالا آورد سـیگار از لای انگشـت‌هایش افتاد. با تنها چشم خود به من نگاه می‌کرد. در آن طرف صورتش به جای چشـم یک حفره زخم داشـت. چشـم سـالم نگاه بدی به من می‌کرد. بدجور. تنم لرزید. مهلتش ندادم و ماشـه را کشیدم «تق تق تق».

تهران، ۱۳۶۱

داوود

انسان باید احمق باشد. احمق تا انسان، حضرت‌عالی. سرم گیج می‌رود. صحیح می‌فرمایید بر پشتی لمیده با پلک بسته. جهت گزارش عرض می‌کنم خبری نیست حتی از نویسنده‌ها.

پی برده‌ام در اتاق بنده‌ی حقیرست که پیپ نمی‌کشند وگرنه می‌کشند. می‌دانم همین و بس. می‌دانم اگر شما فرصت داشتید کمی از مکتوبات آنان را بخوانید، اما نمی‌توانید. فرصت داشتن مناسب حال شما نیست حضرت‌عالی حتی با پلک بسته.

کارِ من خواندن، دیدن، شنیدن و مراقبت از حریم هنرست؛ که تا اطلاع ثانوی‌ها استعمالات آن را هم ممنوع کرده‌ایم. به قول شما آن‌ها توجه ندارند که اصل مبارزه است نه مماشات. مماشات. اجازه بدهید فرهنگ لغت همین‌جاست «باهم راه رفتن، مدارا کردن. با کی؟ با مهاجمین به فرهنگ اصیل ما.» خیال کردم زیر دارید لب آواز می‌خوانید. ببخشید.

همان‌طور که شما فرمودید این‌همه حکایت در فرهنگ ما هست. قصه‌ی کچل خارکن را هم به آنان گفتم بنویسید. بازنویسی کنید برای مردم لذت ببرند. این‌ها را دوست دارند. مبارزه کنید با نوگرایی با تمدن.

خاطر شما جمع. ممنوع‌اند تا وقتی از رسالت ما بُریده توجه به گذشته ندارند.

حال که همه‌ی هستی ما در گذشته است. زنده باد گذشته. انسان امروز، حال را مثل آینده مدفون می‌کند زیر خروارها خاک مثل موهای زنان. ببخشید.

یکی از نویسندگان صحنه‌ای توصیف کرده در اتوبوس آنجا که مردان پشت به زنان می‌نشینند دو صندلی هست مقابل بانوان رودررو. پیشنهاد می‌شود عریضه بنویسیم به شهرداری تا رسماً به اتوبوس‌رانی دستور حذف دو صندلی را بدهد. هیچ فکر کرده‌اند نفع این بده‌بستان‌ها نصیب چه کسانی خواهد بود؟ نگاه گناه.

صدای چه بود؟ گاه گوشم را اذیت می‌کند. از ته دل می‌گویم باز هوس تماشای پرده‌های جنگ کرده‌ام. در کوچه‌ها پس‌کوچه‌ها همراهِ رِنگ مصیبت‌خوانی‌اش. کاش به آنان هم گفته بودم که حقیر خود فلسفه می‌خوانم. گفتم هنرمند انسان‌گرا به نوشتن هرزه‌ترین و دریده‌ترین مسائل انسانی می‌پردازد. نقاش و مجسمه‌ساز اندام برهنه نمایش می‌دهد. اوج رسوایی هنر، مجسمه‌ی داوود، اوج رسوایی بشر.

خوش به سعادت جنابعالی که گناه دیدار آن را به گردن نداشته و نخواهید داشت. حق جانب شماست. با آنان بگومگو نبایست کرد. اما راستش بار دیگر لیاقت و وفاداری خود را میان همکاران نشان می‌دادم وگرنه آن‌چه را که صلاح نیست مردم ببینند، بشنوند، بخوانند، سپرده می‌شود به زباله‌دان عمیق اداره توسط بنده‌ی حقیر. البته زیر نظر جنابعالی. در زباله‌دانی عمیق. عمیق و تاریک.

خاطرتان جمع فانوس که هیچ، نور هزار نورافکن هم آن‌چه در عمق است معلوم نمی‌کند. نگران نباشید. لطفاً به همان حال بمانید لمیده. فقط سگ‌ها لابه‌لای زباله بو می‌کشند دنبال تکه نانی و گداها تا کهنه پارچه‌ای پیدا کنند برای پوشاندن سینه‌ی لخت خود در باد و همه دنبال تکّه نانی و چه بی‌خبرند از کار با شرافت هنر که در نقش ایثارها تصویر شد و گذشت.

هیچ چیز نباید در خدمت انسان نامقدس باشد. ما همه‌چیز خود به مقدسات سپردیم تا جسم و جانمان در حصار زرین اخلاق و روح‌مان در اوج رها رها رها.

ملاحظـه می‌فرماییـد کـه بنـده در اصلاح امـور تقلّا کرده بـر هر عبـارت موهوم و مشکوک به مخدوش کردن ذهنم، بر ذهن مردم خط بطلان می‌کشم.

کار من کشیدن خط بطلان‌ست بر موهومات و مبهمات که نشانی در آن هست از آزاد خواسـتن زیسـتن. زیسـت چه دشـوار شـده این روزها. جنابعالی دختربچه ندارید اما مطمئنم دختربچه‌ها را دوست می‌دارید. عرض کنم که پیشنهاد می‌شود ممنوع بکنیم آنان را پیش از آن‌که در اتاق کار خود قرار بگیرند مقابل سـفید سـفید سفید تا هرگز سیاهه نشود و راه به دیار ما نجورد و ولع دانستن به جان مردم نیندازد.

گرچه نباید حرفی زد از پرسـه‌های شـبانه در زباله‌ی اداره که تنها کار سگ‌ها و گداهاست. اگر بتوانم پیش از خَلق ممنوع کنیم اثر را، دیگر زباله‌دانی پُر از نوشته، تابلو و مجسمه نخواهیم داشت؛ تا غیر از آن‌ها که عرض شد کسی راه بیفتد فانوس به دست بگردد.

وقتی نفس عمیق می‌کشم استخوان زیر قلبم تیر می‌کشد. به‌خصوص شب‌های زمستان که باد سرد می‌وزد. اما نه آن‌قدر که فانوس خاموش کند، که کاش می‌کرد. تیر کشـیدن استخوان زیر قلب گاه با صدا همراه شک شک شکستن. هرچند سختیِ تنفس حقیر از هر پیپی نه، از همین پیپ است.

وقت روشـن کردن، آدم چاره ندارد جز خیره شـدن به داخل دهانه‌ی پیپ که در آن توده‌ی آتش انبوه می‌شـود و هجوم انبوه فانوس‌ها سـوی زبالـه‌دان اداره‌مان را در خیال شـکل می‌دهد. چه عمیق و تاریک. خاطر جنابعالی جمع، نه شـعله آتش نه نور مسی‌رنگ ماه، هیچ معلوم نمی‌کند تن برهنه‌ی داوود را.

ملاحظه می‌فرمایید توتون پیپ چه بوی خوشـی دارد؟ اجازه بدهید فوت فوت کنم به صورت شما. ببخشید، بنده همه‌ش خیال می‌کردم که این خُرناسه‌های شما صدای بیداری بیداری- بیداری؟

تهران، ۱۳۷۲

داستانی نه تازه

پیش از آنکه اتوبوس به ایستگاه رسیده باشد من او را دیده بودم. شاید چون داشت سیگار می‌کشید و من هفته‌ها بود سیگار نمی‌کشیدم. ولی چشمانم سیگارکش‌های توی خیابان را از دور شکار می‌کرد. و او مردی بود با موی بور و کیفی برشانه انداخته.

زنی که پشت سر او بر نیمکت ایستگاه نشسته بود، پاشد آمد چیزی به اوگفت. و به اتوبوسی که من در آن بودم اشاره کرد. مرد سیگار نیمه‌اش را لای انگشت‌هایش خاموش کرد و اتوبوس در ایستگاه ایستاد. مرد دست سیگاردارش را چپاند توی جیب کتش. عینک آفتابی برچشم داشت.

اتوبوس بزرگ و بلند بود و سه تا در داشت که می‌توانستی از هرکدام داخل یا خارج شوی. و حالا فقط او بود که از آن دری که من در حوالی‌اش ایستاده بودم سوار شد. درحالی‌که چیزی از جیب بغل درمی‌آورد، و به اندازه کافی راه داشت که از کنار آن دوتا دختر نزدیک به در، که روبه‌روی هم ایستاده بودند رد شود. اما نمی‌دانم چرا آمد درست از میان آن دو گذشت و کیف سیاه پلاستیکی‌اش اصابت کرد به دست دختری که هم داشت حرف می‌زد و هم روغنی به لب‌های خود می‌مالید. دخترگفت «هوی!»

مرد نشنید یا نشنیده گرفت؟ و سرانجام چیزی را که می‌خواست از توی جیب بغل درآورد. یک بلیط اتوبوس بود. آمد کنار من ایستاد که کمی آن‌سوتر چسبیده به شیشـه ایستاده بودم و سعی می‌کردم بی‌آنکه دخترها متوجه شوند نگاهشان کنم. و مرد حالا داشت دنبال کسی می‌گشت که بلیط خود را به او بدهد. انگار نمی‌دانست در این‌جور اتوبوس‌ها تو فقط باید بلیط خود را درجیب داشته باشی که اگر مأموران مربوطه وارد شدند تو بلیطت را به آنان نشان بدهی.

دخترگفت «با کیف لعنتی‌ش داشت من را کور می‌کرد».

دخترها در دو ایستگاه قبل سوار شـده بودند. حرف‌زنـان وخنده‌کنان. وچون جایی برای نشستن دراتوبوس نبود ترجیح داده بودند همین‌جا نزدیک به در بایستند و به گفتگوی خود که درباره یک دختر غایب بود ادامه بدهند. درباره دختری که از گفتگوی آن‌ها پیدا بود یکی از همکاران آن‌دو ست و مثل آن‌ها سیاه. اما تا رئیس سفیدِخود را می‌بیند شروع می‌کند به چاپلوسی کردن و بد گفتن از دیگران. چه طرف سفید باشند وچه سیاه. «انگشتش را این‌جوری کشید روی سطح میز و به رئیس نشون داد گفت «به نظر شما چطوره برای همه کارمندها یک یادداشت بنویسیم که خودشون مسئول نظافت میز و صندلی‌های خودشون هستن».

«چه پُررو! اون‌وقت مرتیکه چی گفت؟»

«به تخمش هم حسابش نکرد. فقط ازاون پرسید پرونده‌های دیروز را وارد کامپیوترکردی؟»

«نکرده بود. من می‌دونم. چون آخر وقت از من خواهش کرد که اون‌ها را براش وارد کنم».

«ولی به دروغ به یاروگفت بله کردم. گفت همه‌شون را نه، ولی خب خیلی‌هاشون وارد شده. بعد هم یارو مردک کونش را کرد طرف اون و رفت».

«مطمئنم داره سعی می‌کنه برای یارو دلبری بکنه».

«من، چیزه‌ها، منظورم اون یارو، مرد سفیده‌ست‌ها، گری».

«خب اون‌هم ترجیح می‌ده با مردهای سفید بره، نمی‌دونستی؟»

«نه. جدی؟ نمی‌دونستم».

این بخشی از مکالمات آن دوتا دختر بود که تا قبل از آمدن مرد موبور عینکی از آن‌ها شنیده بودم. حالا اما توجه آن‌ها معطوف شده بود به این مرد تازه وارد۔من، که انگار به قصد سربه‌سرگذاشتن، از میان آنان گذشته بود. با کیف و عینک ارزان بد قواره‌اش.

کدامشان گفت «ویش».

آنکه داشت روغن به لب‌های خود می‌مالید و قد وقواره‌اش از دیگری بلندتر بود، قوطی کوچک روغنش را بست و گفت «بعضی وقت‌ها فکر می‌کنی داری توی جنگل زندگی می‌کنی».

دختری که کوتاه‌تر بود و چشم‌های کشیده قشنگی داشت، سرچرخاند و به مرد نگاه کرد و من باز توانستم نگاهی بیندازم به او که مرا مجذوب خود کرده بود. اما دزدانه نگاهش می‌کردم چون می‌دانستم اعتنایی ندارد به من. زیرا که برای او یک مرد سیاه نیستم، نبودم.

«از عمد اینکار را کرد وگرنه پشت سر من این‌همه جا برای رد شدن بود، هست، ببین».

مرد صورت خود را به صورت دختر نزدیک برد و پرسید «ببخشید؟!»

دخترگفت «این‌قدر نفس بلند نکش توی صورت من.» و صورت خود را عقب کشید.

مرد برگشت به‌طرف من. با خشمی که حدس زدم در پشت عینک دارد. برگشت به‌طرف من تا با من درددل کند. نه، برگشت که فقط از من یک نگاه همدلانه بگیرد. از یک نفر سفید. اما یکهو دید که من یک نفر سفید نبودم، نیستم. پس باز چرخشی

بـه تـن خود داد و چرخید تا پشـت به من شـد. همان‌طورکه بلیـط را در جیب کت باز پس می‌گذاشـت و من ترسـیده از خشـم او سـرم را پس کشـیدم که لبه‌های تیز کیفش به صورتم سیلی نزند. بعد تنها قسمت رنگیِ روی بدنه‌ی آن کیف را دیدم. نقـش کوچـک باقی مانده‌ای از پرچم امریکا با سـتاره‌های رنـگ‌ورو رفته که بعضی هم از فرط کهنگی سـاییده و ناپدید شـده، وخطوط سرخی که به‌جای منظم بودن، مشـتی بودند از لکه‌های نامنظم پراکنده‌ی سـرخ. مثل قطره‌های خون خشک شده باقی مانده ازسال‌ها، سال‌ها.

دختـری کـه بلندتر بـود به دوسـتش گفت «فکر می‌کنـی توی این شـهر دیگه نژادپرستی نیست؟»

دختر قد کوتاه به لحن کشیده گفت «اوه نه چرا.» و هردو خندیدند.

مرد موبور چیزی نگفت. آویزان شده به میله‌ی اتوبوس. خیره شد به جایی دور و نامعلوم.

دختر قد کوتاه گفت «بعضیها عوض که نمی‌شن هیچ، بدتر هم می‌شن».

دختر قد بلند گفت «به‌خصوص حالا بعد از این انتخابات امریکا».

سـه چهارتا زن و مرد دیگر هم در اطراف ما بودند که گمانم همه سـفید بودند ولی سر و رویشان از مرد موبور مرتب‌تر بود.

دختر قد بلند به تلخی گفت «پات را بکش کنار».

مرد موبور پرسید «با من هستی؟»

دختـر قـد کوتاه گفت «نه، با راننده اتوبوس بود» و از دوسـت خود پرسـید «با راننده اتوبوس بودی، مگه نه؟» هردو دختر غش‌غش خندیدند.

مرد به لحنی تند و با صدایی پایین پرسید «چی گفتی تو؟»

مردم این شهر در این مواقع هیچ دخالتی نمی‌کنند و ترجیح می‌دهند یا به بیرون خیـره بشـوند و یـا به روزنامه‌ای که در دسـت دارنـد. حتی اگر در حـال خواندن آن

نباشـند. و دلیل عدم دخالتشـان البته، هم آزاداندیشی آنان است و هم ترس از قاتی شدن با جریانی که به آن‌ها مربوط نیست. نیست؟

دختـر قد بلنـد گفت «از ناراحتیِ انتخاب شـدنِ اوباما نمی‌دونه چه‌کار بکنه طرف».

دختر قد کوتاه از ته دل ریز خندید «پیداش کردی، همینه. آفرین».

دهنـم را بـه گوش مرد بـور نزدیک بردم وگفتـم «اونجا یک‌جا خالی شـد، برو بشین».

نمی‌دانست کدام جهت را نگاه کند «کجا؟»

ته اتوبوس را با دقت بیش‌تری به او نشان دادم «اونجا».

بدون اینکه از من تشـکر بکند خود را در راهرو به‌طرف انتهای اتوبوس کشـید و مثل مسـت‌ها رفت. در ردیف آخر یک صندلی خالی شـده بود و مرد بالاخره آن صندلی را پیدا کرد و پیش از نشستن برخوردی هم انگار با زن چاق بغل‌دستی پیدا کرد و زن خود را عقب کشید و مرد بر صندلی جا گرفت. دختر قد بلند به دوستش گفت «فقط او نیست که از این انتخاب ناراحته».

«می‌دونم».

به ایستگاه بعدی نزدیک می‌شدیم.

زن چاق از روی صندلی ته اتوبوس، از کنار مرد مورد توجه من بلند شـد. آمد برای پیاده شدن و من فرز و تند توی راهرو از کنار هیکل او به سمت صندلی خالی شـده خزیدم تا صاحب آن بشـوم، وشـدم. مرد، کاغذی از جیب بغل کت نخ نما شده‌اش بیرون کشیده می‌کوشید با نزدیک کردن به چشم‌های پشت عینک دودی، نوشته آن را بخواند. نوشته و نقشه دستی یک محل بود.

گفتم «ببخشید دنبال جایی می‌گردی؟»

پس از مکثی گفت «بیمارستان چشم مورفیلدز».

گفتم «چندتا ایستگاه دیگه مونده تا به اونجا برسی. یعنی خیلی دیگه مونده».

پرسید «خیلی؟»

«منظورم اینه که بعد یا باید یک اتوبوس دیگه بگیری و یا تقریباً یک ربع راه بری».

«یک اتوبوس دیگه؟»

«اما نگران نباش اصلاً، چون من‌هم دارم می‌رم همون‌طرف. راه را بهت نشون می‌دم».

پرسید «مطمئنی؟»

فکر کردم شاید توی راه سیگاری از او بگیرم و دود کنم چون بدجور هوس کرده بودم و او هنوز به من خیره بود که گفتم «بله».

و او با خیالی راحت شده لبخندی به روی من زد و کاغذ را در جیب کت باز پس گذاشت.

«پس ممنون».

بعد هردو مدتی در سکوت ماندیم. و اتوبوس به راه خود ادامه می‌داد. دخترها در ایستگاهی پیاده شدند. همچنان خوشحال بودند. این‌بار، باز که اتوبوس به راه افتاد من به مرد نگاه کردم، با لبخندی دوستانه، و او هم نگاهم کرد. پرسیدم «اون دخترها درست می‌گفتن؟»

گفت «ببخشید؟»

گفتم «که از انتخاب شدن باراک اوباما دلخوری؟»

روی از من گرداند و به روبه‌روی خود خیره شد. در یک سکوت طولانی. داشت به چه فکر می‌کرد. و بالاخره باز رو به من برگشت و پرسید «از انتخاب شدن کی؟»

لندن، ۲۰۰۸

زخم

از سلمانی برمی‌گشت و تراشه‌های ریز مو دور گردنش پخش بودند اما صدای بچه که تیز و خشک، مثل تیغ‌کشیدن بر آینه بود، بیشتر او را می‌آزرد.

«مردم دور فرخنده جمع شده بودن.»

پدر و پسر از شیب خیابان بالا می‌رفتند و از کنار تیرهای برق که شمردنشان یکی از سرگرمی‌های روزانه‌ی پدر بود می‌گذشتند. پای دیوارهای سیمی جابه‌جا بوته‌های علف رسته بود و گاه از لابه‌لای تیغه‌های سبز علف‌ها گلریزه‌ای بنفش یا زرد سر برآورده بود؛ اما پدر فقط گل بابونه را می‌شناخت که فصل بهار در بیابان‌های جنوب می‌رویید و حالا می‌توانست دشت سفیدی پوشیده از بابونه را به خاطر بیاورد.

دوباره پرسید «بگو. فرخنده چکار می‌کرد؟»

پسر گفت «فحش می‌داد.»

«به کی؟»

«به ننه‌هاجر دیگه.» مکثی کرد و ادامه داد «به ننه‌هاجر گفت خانم رئیس دهاتی» و باز کف دست را برای گفتن سکه‌ای دراز کرد «حالا دیگه می‌دی؟»

پدر بی‌اعتنا به روبه‌رو نظر انداخت «پیر سگ.» و تف گرد خود را زیر پا له کرد. پسر با بی‌قراری لولید. روبه‌رویشان ساختمان سرخ دولتی، پشت مه کم‌رنگ نم‌دار می‌لرزید

«مگه ننه‌هاجر به او چی گفته بود؟»

پسر با امیدی تازه گفت «به فرخنده گفت شکر خدا، خوبه مثل تو نیستم که برم بیفتم تو بغل تهرانی‌یا.»

عضلات پدر منقبض شد. غرید «بی‌شرف.» خواست چنگ بیندازد یقه‌ی پسرش را بگیرد. پرسید «کسی هم تو فروشگاه بود؟»

پسر گنگ و گیج نگاهش کرد. پدر پاهای کوتاه خود را از هم باز کرد و با همان لحن پرسید «وقتی به فرخنده گفت اگه خراب نبودی شوهرت طلاقت نمی‌داد کسی هم اونجا بود؟» و نفس محبوس را بیرون داد.

پسر با خونسردی گفت «بودن.»

«کی‌یا؟»

پسر هیچ نگفت. پدر یقه را گرفت «از فرخنده بگو. از روسری‌ش. افتاده بود؟ دگمه‌ی زیر گردنش...؟ اصلی کی به او گفته بود برو فروشگاه، ها؟ بگو.» بگو را با لحن عاجزانه گفت و یقه‌ی پسر را ول کرد، بعد صدای نفس‌هایش پیچید، انگار راه زیادی را دویده بود، و نگاهش به بچه که در ژاکت شل‌وول بلندی فرورفته بود در هوا متعلق ماند.

بچه پابه‌پا شد و مردد گفت «نه. ها. ننه هاجر می‌گفت شکر خدا. می‌گفت شکر خدا که پای شما هم به تهران واز شد که حالا این‌جور پز بدین.» و منتظر ماند. پدر نگاهی به نگاه سرگردان او انداخت و بار دیگر تمام جیب‌ها را گشت اما جز همان دسته کلید و چند برگ بلیط اتوبوس و پاکت سیگار چیزی پیدا نکرد. شقیقه‌هایش تیر کشید «تهران ارزونی خودش و دختراش. اگه جنگ نبود اصلاً پا می‌گذاشتم به این خراب‌شده؟»

پسر گفت «برق هم رفته بود.»

«دیگه بدتر.»

«پاشنه‌ی کفش فرخنده در رفت.»

«مگه کتک‌کاری هم شد؟»

«نذاشتن بشه، سوا کردن.»

پدر یکه خورد «لابد مردها پریدن وسط.» و با کف دست به پیشانی کوفت «یا ابوالفضل!» سرش گیج رفت. شاید پنج تیر از دوازده تیر سیمانی مانده بود، بعد صف تیرها می‌شکستند تا شش‌تا آن‌طرف‌تر باز به سمت شش‌تای دیگر بشکند و پابه‌پای دیوار سیمی دور ساختمان بگردد.

پسر میان خرت‌خرت کفش‌های پدر و هن‌هن نفس‌های خودش گفت «دیگه تموم شد، حالا بده.»

«یه طوری می‌گی بده انگار رو گنج نشستم.»

«دو سه تومن چکار به گنج داره؟»

پدر هیچ نگفت. سه چهار دختر آبی‌پوش محصل، خندان به طرف اتوبوسی که پشت زنجیر ورودی محوطه آماده‌ی حرکت بود دویدند.

کمی از ظهر گذشته بود. ساختمان خوابگاه با پنجره‌های بی‌شمار لانه‌زنبوری‌اش وسط بیابان تپیده بود. چند زنبیل بزگ خرما از چند پنجره آویخته ود.

پدر زمزمه کرد «پیرزن عفریته. نشونش می‌دم. به همه‌شون نشون می‌دم.» کمی چاق بود و پشت‌کله‌ی پهنی داشت و بازوهایش هنوز کلفت بودند «دیگه نمی‌ذارم فرخنده بره سر کار، حتی اگه از گشنگی بمیرم.»

پسر پرسید «چی؟»

پدر تشر زد «چی از جونم می‌خوای گه سگ؟»

پسر لحظه‌ای لرزید، خیره شد، لب‌ها را به‌هم فشرد، بعد قدمی عقب گذاشت و با چرخش تندی دوروبر را پایید، ناگاه به پدرش گفت «دروغگو.» و خود را از هجوم احتمالی او پس کشید.

پدر تکان نخورد، تلخیِ زیر زبان را مزه‌مزه کرد. بچه ناامید پا بر زمین کشید و رفت. پدر مات مانده بود.

آن‌سوی‌تر، روی پلکان باریک و بلند جلو ساختمان، زن‌های جامه‌سیاه نشسته بودند و اختلاط می‌کردند. حالا گذشتن از بین آن‌ها سخت‌تر از همیشه بود. به سمت پله‌ی اضطراری پیچید. رگ گردنش تیر می‌کشید. زیر لب غرید «می‌کشمش.»

پیش از آن‌که پا بر اولین پله بگذارد سیگاری در آورد گوشه‌ی لب گذاشت که سایه‌ای بالای سرش لغزید. سر بلند کرد و دید صندوق بزرگی از پله‌ها بالا می‌رود. با اوقات تلخی شتاب کرد تا هرچه زودتر از کنار صندوق بگذرد به اتاق خود برود و سیگارش را آتش بزند. اما وقتی رسید راه بسته بود. صندوق مثل لاک‌پشت سیاهی با یک جفت پای آدمیزاد آهسته بالا می‌خزید و او که راهی برای گذشتن نداشت سیگار را از لب برداشت و فریاد زد «جهاز می‌بری عمو؟»

صدایی از زیر صندوق برخاست «یا علی! ها؟» صدای سیفی بود. همکار سال‌های دور او، که حالا اتاقش در طبقه‌ی سوم بود.

پدر کلافه گفت «این هم از دولت گرفتی لابد، ها؟»

سیفی به پاگرد که رسید خم شد و با احتیاط بار را از پشت گرده پایین سراند، بعد آن را ایستاند. صورت گوشتالودش سرخ شده بود و نفس‌نفس می‌زد «دولت؟» جفت در صندوق که فقط با یک میخ وصل بود لق خورده و آویزان بود.

«پس از کجا آوردیش؟»

سیفی گفت «به خیالت راحت گیرش آوردم هه، این‌قدر تو تهران گشتم تا پیداش کردم. پس چی؟» دنباله‌ی حرف خود را خورد و سرو‌روی اصلاح‌شده‌ی پدر را برانداز کرد «مبارکا.»

پدر هیچ نگفت.

«خوبی‌ش اینه که سنگین نیست. خواستم از در اصلی بیارمش گفتن شیشه‌ها می‌شکنه. سنگین نیست اما خوب جا داره. هر چی بخوای توش جا می‌گیره. چطوره؟»

«اینکه صندوق یخی‌یه.»

سیفی گفت «صندوق یخی؟» خندید «طوری نیست.» و باز بار را بر گرده کشاند «حالا بی‌زحمت بگیرش تا بلند شم.»

«چرا این‌قدر درازه پس، نکنه می‌خوای بخوابی روش؟»

سیفی خندید «شایدم توش.» دوباره گفت «خدا عمرت بده، بیا پس.» سنگینی بار بر شانه‌هایش لمیده بود. پدر نفس عمیقی کشید، لحظه‌ای این پا و آن پا کرد و به هم‌ولایتی خیره ماند. بعد سیگارش را پشت گوش گذاشت و گفت «خب، بذار کمک بدیم با هم ببریمش.»

سیفی با ذوق گفت «خدا برات خوش بخواد.»

دو مرد زیر بار را گرفتند.

«خب.»

«بگو یا علی.»

صندوق را از جا کندند و مدتی خاموش آن را بر دوش بالا بردند ــ از پله‌ای به پله‌ای ــ و صندوق مثل قایقی آرام می‌جنبید.

فاصله‌ی بین دو مرد دو پله بود که بایستی حفظش می‌کردند اما سیفی گاه زودتر پا بر پله‌ی بالاتر می‌گذاشت.

پدر گفت «درست برو اقلاً.»

سیفی نشنید، گفت «نه. صندوق یخی که نیست. خوبه. قفل هم که براش بذارم خوب‌تر می‌شه.»

نرم‌نرمک به پاگرد بعدی می‌رسیدند.

پدر گفت «نفسم برید، تندتر برو.»

«هر چی بخوای توش جا می‌گیره. هر چی بخوای قایم کنی.»

پدر گفت «دیگه چی دارم قایم کنم؟» و آهسته‌تر «بی‌حیا. حلق‌آویزش می‌کنم.» و فریاد زد «این چه طرز صندوق بالا بردنه، پس؟»

تا به طبقه‌ی سوم برسند سیفی لابه‌لای نفس‌زدن‌هایش می‌گفت «کمدها بین خودشان تقسیم شده، گفتم از این شش‌تا یکی‌ش هم نصیب ما نمی‌شه؟ کی محل گذاشت؟ مادرشون برای خودش بقچه درست کرده اما نمی‌دونی چقدر از بقچه بدم می‌آد. گفتم پس من حالا با لباس‌های اضافه، با لباس کارم چه بکنم؟ گفتند از پنجره بندازش پایین. نه، تو بگو. این حرفه؟»

پدر زهرخند زد «لباس کار، کدوم کار؟»

«بالاخره یه روزی شاید...»

«آخ.»

«چی شد؟»

«انگشتم. یواش‌تر.»

«تموم شد، رسیدیم، بگو یا علی، بیا بیا، آها، مرحبا، همین‌جا.»

صندوق را در پاگرد پایین آوردند. سیفی چنان لبخند می‌زد انگار سهم خود را از دنیا گرفته بود. پدر اما مبهوت بود و حس می‌کرد خاکه‌های سیاهی از تنه‌ی صندوق به تنش چسبیده است. خود را تکاند، باز هم، با لرزش عصبی دست‌ها، اما خاکه‌ها سمج بودند و پایین نمی‌ریختند.

سیفی نگاهش می‌کرد. پدر می‌خواست چیزی بگوید، فریادی ــ هیچ نگفت.

سیفی گفت «خیلی زحمت کشیدی. بیا بریم یه آبی، چایی...»

پدر بی‌جواب جای سیگار را پشت گوش قرص‌تر کرد و با شتاب بالا رفت. انگار می‌گریخت.

سیفی گفت «مرحمت زیاد.»

کفش‌های پدر به پایش سنگین‌تر شده بود. روبه‌رویش بیابان بود با تپه‌های دراز پراکنده. نرده سرد بود اما همچنان باد گرم نموری بر پوست صورت تیغ‌کشیده‌اش تیغ می‌کشید.

در آخرین پاگرد ایستاد و نگاهی به پایین انداخت. سیفی دست‌به‌سینه و خاموش بالای سر صندوق‌اش ایستاده بود و از اینجا گردی سرخ وسط سرش دیده می‌شد.

چشم از سفی برداشت. در دو قدمی‌اش مردی تنها بر دیواره‌ی پاگرد، رو به بیابان خم شده بود اما پدر حوصله‌ی گپ‌زدن با هیچ‌کس را نداشت. به راهرو پناه برد و از میان بوی سیرِ سوخته گذشت. درهای گوگردی اتاق‌ها یکی‌یکی از کنارش گریختند.

در راهرو، مه‌شیری بود و از سقف می‌ریخت. چند زن پای اجاق‌هایشان ایستاده بودند. ناگاه صدای خنده‌اش در سرش پیچید. به سوی زنی که نزدیکش بود چرخید اما زن در فکر فرورفته و به بخاری که از لوله‌ی کتری بیرون می‌خزید خیره بود.

باز رفت.

سطل زباله‌ی پشت در اتاق روباز بود و او با بوی گندی در مشام داخل شد و دیوارهای نخودی کثیف دور سرش چرخید. کبریت روی تلویزیون بود و تیشه‌ی قندشکن روی تشکِ تنها تخت اتاق افتاده بود. آن را برداشت و بر طاقچه گذاشت، بعد لب تخت نشست.

قالیچه‌ی قرمز، یادگار زن مرده‌اش، وسط اتاق پهن بود. عکس زن بر دیوار بود، با ابروهای سبز و لبخند... دود سیگار را بلعید و چشم به در منتظر ماند.

دقایق به‌کندی می‌گذشتند. باز برگشت وسط اتاق ایستاد و آه کشید. فکر کرد ضربه را با لبه‌ی تیز قندشکن فرود بیاورد، از قسمت گرد آن. بار دیگر لب تخت نشست و کفش‌ها را به‌هم جفت کرد.

ناگاه دستگیره‌ی در تند چرخید و فرخنده خود را به اتاق انداخت و سر را به سوی راهرو برگرداند و گفت «کثافت.» در را محکم پشت سر بست.

پدر بلند شد و فرخنده با همان خلق تلخ پشت در یکی از کمدها از نظر افتاد. پدر منتظر ماند. مدتی بعد فرخنده گفت «خیال می‌کنن هنوز تو دهات پدرشون هستن، نمی‌بینن توالت خودش شیلنگ داره، تو هر کدام ده تا آفتابه چیدن، خاک بر سرها.»

پدر تکان نمی‌خورد و به دنبال فرصت مناسب لحظه می‌شمرد.

فرخنده باز پیدا شد. آستین‌های مانتو را بالا کشید و ساعدهای لختش را بیرون انداخته بود. پرسید «ها؟» سالکی مثل یک سکه‌ی پرچ‌شده با گردی نامنظم بر گونه داشت «وحشی‌ان، همه‌شون.» چند عکس دیگر به دیوار بود و از همه بزرگ‌تر عکس افراد تیم ملی فوتبال بود «همیشه‌ی خدا می‌ایستن تو مستراح و جلسه می‌گیرن، بچه‌هاشون هم از این‌طرف ریق می‌زنن به راهرو.»

باز مدتی خاموشی بود. فرخنده روبه‌روی آینه ایستاد و به صورتش کرم مالید. پدر بار دیگر دست‌های بزرگ خود را برانداز کرد و به گردن باریک و لخت دخترش نگاهی انداخت و قدمی پیش‌تر گذاشت. دیگر حواسش به سیگار نبود. قدمی دیگر، سنگین، و از پشت پرده‌ی خون‌گرفته‌ی مردمک‌ها همه چیز را سرخ دید، حتی موهای خرمایی دخترک را ــ قدم بعد... که دختر سر بلند کرد.

پدر ایستاد، بی‌هیچ چاره‌ای و بی‌اختیار گفت «فرخنده!»

فرخنده انگشت چرب را پشت پلک‌ها کشید «جگر ماهی ریختن وسط راهرو، یه غریبه بیاد چی می‌گه؟ نمی‌گه این‌ها قوم لوطن؟»

پدر لرزش تندی در زانوها حس کرد، از کوره در رفت و چانه‌ی لهیده را بالا کشیده فریاد زد «قوم لوط، ها. همه‌تون قوم لوطین.»

فرخنده برگشت و با نگاهی که زن‌ها به چینی شکسته‌ای می‌اندازند به پدرش نگاه انداخت.

پدر گفت «پس چرا شوهرت طلاقت داد؟ بگو... مال همینه دیگه.»

فرخنده با شگفتی و کشیدگی گفت «باه!»

«پس چی؟»

«تو چت شده؟»

«اصلاً کی گفته من به پولی که تو در میاری احتیاج دارم؟»

فرخنده به خاکستر بلند خمیده‌ی سیگار او اشاره کرد «مواظب باش.»
پدر پک زد و خاکستر روی قالیچه افتاد. عصبانی‌تر شد، گفت «اه... ریدم به هرچی سیگاره، دود نمی‌ده.» نصفه‌ی سیگار را بر طاقچه انداخت.
فرخنده به مرتب‌کردن موها پرداخت. شکل عکس مادرش بود، با چهره‌ی کشیده و سفید «همه‌ش گوشت رو با این حرف‌های پوچ پر می‌کنن، تو هم می‌آی خِر منو می‌چسبی، می‌گی چکار کنم؟»
پدر آهسته گفت «خسته شدم.» چرخید تیشه را از طاقچه برداشت و پشت خود پنهان کرد.
برس سیمی در دست فرخنده شل شد «نبی مقصره. بی‌شرف عوض اینکه بیاد سر درس و مشقش، هی دور ساختمون می‌چرخه و خبرچینی می‌کنه. فقط نیفته دستم.» و با بغض برس را روی میز انداخت. پدر صدای شکستن چیزی را شنید.
«مقصر خودتی. اگه راست می‌گی چرا بیخود می‌ری فروشگاه؟ چرا از پله‌ی اضطراری رفت‌وآمد نمی‌کنی؟»
«قبلاً هم گفتم، پله اضطراری لخته، آدم سرش گیج می‌ره.»
پدر گفت «خلوته. برای همینه که بدت می‌آد، برای همین هم هست که از حرف‌های من سرت گیج می‌ره.»
فرخنده از روی شانه‌ی چپ به او نگاه کرد. پدر باز که حرف زد حباب کف گوشه‌ی لبش ترکید «می‌خوای بگی باز دارم چرت‌وچرت می‌گم؟»
فرخنده شانه جنباند و پشت در کمدی گم شد «نمی‌دونم چته.»
«من می‌دونم تو چته. دلت می‌خواد از میون یه مشت جوون لختی که تو پله‌های داخل ساختمون می‌لولن آیند و روند بکنی.»
«باز تکرار.»
و تا پدر بیاید باز چیزی بگوید بغض فرخنده ترکید «می‌دونم چته. به حرف یه خانم

رئیس پیر گوش می‌دی.» پدر تیشه را در پنجه فشرد. فرخنده ادامه داد «تو دیگه چرا؟ تو که پدر ما هستی یعنی.»

پدر گفت «یعنی!»

«اگه بدون کار کردن من هم زندگی‌مون می‌چرخه حرفی ندارم، بچرخون. ولی دیگه داغ به دلم نذار.»

«اصلاً تو بیخود می‌ری فروشگاه. بیخود دم به دم این جور آدم‌ها می‌ذاری.»

«تو حواست به ما نیست. حواست به خودت هم نیست.»

«من حواسم به شما نیست؟ من که تمام زندگی‌م پای شما تلف شد؟»

صدای گریه‌ی بچه‌ای در راهرو برخاست که یک‌بند جیغ می‌کشید.

فرخنده باز پیداش شد. نوک دماغش برق می‌زد. روسری را روی شانه انداخته بود «همین. حالا وقتشه که استراحت بکنی.»

«استراحت زوری.» آرام گفت و دیگر چیزی برای گفتن نیافت. ناگهان تشنه شده بود، خیلی زیاد ــ گردید. تیشه را با خود نگرداند. نگاهش کرد. خاکه‌های سفید قند هنوز بر جداره‌ی تیغه‌اش نمایان بود. آرام به سمت یخچال رفت، در آن را باز کرد، بوی ترش و بخار خنک به صورتش خورد. پارچ را برداشت و نصف آب آن را در گلو خالی کرد. فرخنده با چند پر دستمال کاغذی اشک‌ها را می‌خشکاند «بیخود جوش می‌زنی، انگار این مردم رو نمی‌شناسی.» گوشه‌ی دستمال را لوله کرد و در گودی زاویه‌ی چشم فرو برد. بعد دهان خود را جمع کرد «دیگه می‌خوان چه بلایی سرمون بیاد. بس نیست؟»

پدر نفس به تعویق‌افتاده را بیرون داد. پارچ را در یخچال باز پس گذاشت. بخار خنک ترش دوباره گم شد. با دستِ بی‌تیشه شانه را مالید. پشت گردن را خاراند. تراشه‌ای مو به دهانش رفته بود و سخت اذیتش می‌کرد. تفش را جمع کرد زیر زبان. تراشه روی زبان بود. تف را بلعید و با دندان‌های بالایی مخاط زبان را تراشید. دهانش گس

شد. مو هنوز بود. انگار رفته بود لایه‌ای پایین‌تر. گاهی هم جا عوض می‌کرد. کوشید ردیف‌دندان‌ها را از آخرین نقطه‌ی زبان که می‌تواند پایین بسراند. پایین سراند. اما مو عقب‌تر می‌رفت، به چپ و راست می‌غلتید. انگشت به دهان برد بلکه با ناخن زبان را بتراشد و مو را بیرون بکشد اما باز تلاشش به نتیجه‌ای نرسید و به سرفه افتاد. چند سرفه پشت سر هم و ناگهان لغزش سردی در گلو حس کرد. سر بلند کرد. آب دهان را کمی مزه‌مزه کرد و گشت، مو را پیدا نکرد. فهمید آن را بلعیده. حالا خیالش آسوده شد. گفت «خب؟»

«خب. چی می‌گی؟»

«من چی می‌گم؟»

«پس چی؟ بالاخره من باید چکار کنم؟ برم سر کار یا نه؟»

پدر چیزی نگفت. برگشت و به بیابان که مثل دریای بی‌جنبش پهن شده بود نگاه کرد.

فرخنده گفت «می‌دونم کی مقصره.»

پدر زیر لب پرسید «کی؟» و ناگهان افتادن چیز خیلی سنگینی را شنید. سر چرخاند و دید یک سکه‌ی مسی پنج تومانی بر روی میز تاب خورد و درخشید و افتاد.

فرخنده گفت «اینو بذار کف دستش، ولی وادارش کن حتماً مشق‌هاش رو بنویسه.»

پدر دست تیشه‌دارش را رو به زمین آویخت «وقتِ هر شب می‌آی؟»

فرخنده نگاه مهربانی به پدر انداخت و پوزخند زد «شب؟ مگه همیشه شب می‌آم؟»

«غروب. شب. وقتِ همیشه...؟»

فرخنده گفت «پس چی؟ کجا رو دارم برم؟» و دکمه‌های مانتو را از پایین به بالا بست «اگه باز قلبت گرفته پیشت می‌مونم.»

پدر گفت «نه» و دخترش را پایید. از لبه‌ی پایین مانتو تا زیر چانه، تا آن لکه‌ی سیاه کوچک که مثل هیچ خالی نبود «دوشاخه یادت نره. سیم یخچال هنوز لخته.»

فرخنده کفش‌ها را هم پوشید «ها. باید یادم به قرص‌های تو هم باشه. خاک بر سر این مطب ما که یک داروخانه هم دوروبرش نیست.»

باز خاموشی بود. پدر در انتظار لحظات ناشناخته، و فرخنده در حال بیرون‌کشیدن آخرین طره‌هایی که می‌شد از زیر روسری بیرون کشید.

فرخنده گفت «خوبه دوش بگیری، تراشه‌های مو تنت رو اذیت می‌کنن.» و با لبخند آرامی جلوتر آمد «بد نزده. پشتش رو خیلی کوتاه کرده. نباید می‌ذاشتی این‌جور تیغ بندازه به گردنت. دور سبیلت رو هم یه کمی قیچی‌کاری بکنی خیلی بهتر می‌شه.» رودررویش ایستاد و دست دراز کرد دمه‌ی بالایی پیراهن او را گشود. بعد به گردنش فوت کرد. پدر رقص بخار خنک را بر پرز پوست گردن حس کرد، به خود لرزید و هوشیار ناهوشیار عقب‌رفت. فرخنده چرخش شکسته‌ای به کمر داد و برگشت «حمام باید پیش از نهار باشه. کتلت و دوغ تو یخچال هست. بعدش هم بگیر بخواب. بی‌خوابی و بی‌غذایی بیشتر متشنجت می‌کنه. نباید این‌قدر به خودت فشار بیاری، برات خوب نیست. اگه آدم بره تو نخ این‌جور چیزا همیشه یه چیزی برای کلافه‌کردن هست. چند دقیقه سرت رو زیر آب سرد بگیری آروم می‌شی.»

پدر گفت «لعنت به پله‌ها.»

«دیگه با من کاری نداری؟»

«اگه زودتر رسیده بودیم یه اتاق تو طبقه‌ی اول گیرمون می‌اومد.»

«به خودت بگو که باورت نمی‌شد جنگ شده.»

«خیال می‌کردم سر یکی دو هفته تموم می‌شه.»

«پروایی نیست. از روی پله‌ها تند اومدی. پله‌ی اضطراری عیبش اینه که تیز می‌آد بالا، سر آدم گیج می‌ره. مواظب خودت باش. بیرون‌رفتن و با دیگرون حرف‌زدن حالت رو بدتر می‌کنه. اگه بی‌خوابی زد به سرت ضبط‌صوت رو از چمدون در آر، فقط نبی انگولکش نکنه یه وقت.» و بی‌اعتنا نگاهی به تیشه‌ی قندشکن انداخت و رفت «دیگه

با من کاری نداری، خداحافظ.»

در باز و بسته شد. منظره‌ی پشت در یک پل کُنده‌درختی بود بر رودخانه‌ای آرام با آب زلال آبی‌رنگ. آسمانِ جنگلِ منظره سبز بود.

نشست روی تخت و دست تیشه‌دارش را بلند کرد و به سمت طاقچه برد. گوشه‌ای از تیغه‌ی تیشه به پیشانی‌اش خورد، تکان نخورد اما سوزش گزنده‌ی گریزنده‌ای را بر ابروی چپ حس کرد. تیشه مثل ماهی مرده‌ای پای پنجره سرید و افتاد.

دراز کشید و پاها را بر نرده‌ی پایین تخت انداخت. سطح سفید سقف جابه‌جا دودزده بود. پلک‌ها را بر هم گذاشت. پیش از آن‌که دانسته باشد جیغ بچه بریده بود. اتاق بوی نم می‌داد. خلق خوابیدن نداشت. نیم‌خیز شد نصفه‌سیگار را برداشت. کونه‌ی سیگار تلخ بود. از تخت پایین آمد و به‌کندی کسی که نخواهد برود، به طرف در رفت و آن را باز کرد. جوانکی با بالاتنه‌ی لخت و موهای خیس در راهرو می‌دوید و پشت سر خود خطی از آب به‌جا می‌نهاد.

پدر رفت و از میان ردیف آشپزخانه‌های خاموش گذشت. هر میز فلزی کشودار یک آشپزخانه‌ی کامل بود. از در خروجی راهرو بیرون رفت و بار دیگر مرد را دید که هنوز بر دیواره‌ی پاگرده خم شده و به بیابان نگاه می‌کرد.

«سلام همشهری.»

مرد برگشت، با موهای سفید و عینکی که به صورتش کوچک می‌نمود. انگار سال‌های زیادی آنجا ایستاده بود. گفت «خدا قوت. کی دیده تهران این‌جور شرجی بشه.» زیر چشم‌هایش پف کرده بود «این شرجی فقط مخصوص آبادانه.» و خندید «بلکه هم به هوای ما اومده اینجا.»

آن دورها، خط بین زمین و آسمان درهم بود. خاکه‌های معلق مه آرام بر تپه‌ها می‌نشست.

پدر دستی به پیشانی داغ کشید و گفت «شاید. شاید هم فقط امروز شرجی باشه.»

«از صبح که بوده.»

پدر لبخند زد «صبح؟» و ابروها را بالا انداخت «صبح مگه تو اینجا بودی؟»

پیرمرد گفت «ولی رو قلب آدم فشار می‌آره. فرقش با شرجی آبادان اینه.»

پدر گفت «تو که بیشتر صبح‌ها توی فروشگاهی انگار.»

پیرمرد هیچ نگفت. پوست سوخته و سبیل سفید باریکی داشت. پدر باز منتظر ماند اما پیرمرد چیزی نمی‌گفت.

پدر سیگار نیم‌سوخته را دور انداخت و دو تا سیگار تازه درآورد و آتش زد و یکی‌اش را به پیرمرد داد و گفت «بکش، چاره چیه؟»

پیرمرد سیگار را گوشه‌ی لب گذاشت و به بیابان نگاهی انداخت، بعد انگار چیزی به یادش افتاده باشد به طرف او برگشت و به پیشانی‌اش خیره شد.

پدر به چشمان او نگاه کرد.

پیرمرد پرسید «اینجات چی شده پس؟»

پدر وحشت‌زده پرسید «چی!» و دست کشید بر پیشانی، بر آنجا که پیرمرد نشان داده بود، بعد دستش را پایین آورد و بر روی انگشت‌ها دنبال چیزی گشت اما هیچ پیدا نکرد.

حالا پیرمرد آرام بر بالای ابروی چپ او انگشت مالید و لکه‌ی کم‌رنگ خونِ تازه را به او نشان داد. صدای بچه بار دیگر در راهرو پیچید.

تهران، ۱۳۶۳

غارتگر

من غارتگر نیستم. باور کن. من اصلاً این‌قدر دل و جرئت‌دار نیستم. لازم نیست زنم این را بداند. من ترسوتر از آن هستم که از لای شیشه‌ی شکسته‌ی فروشگاهی دزدانه داخل شوم. این را هم لازم نیست زنم بداند. می‌دانم که دوربین‌ها تصویر مرا ضبط کرده‌اند؛ با یک بسته توی بغلم دارم گیج و گنگ در فروشگاه آشوب‌زده حیران به دور خود می‌گردم برای یافتن راه فرار. اما باور کن جنسی که من در بغل گرفته‌م جنس دزدی نیست. نبود. زنم در بازجویی گفته که من به قصد غارتگری و قاتی شدن با آشوبگرها از خانه بیرون زدم. او راستگوترین زن دنیا است. البته که من به قصد غارتگری از خانه بیرون زدم. اما اتهامِ قاتی شدن با آشوبگرها! من با آن‌ها قاتی نشدم. مقصود زنم این نبود که او مرا به این کار تحریک کرد و به قصد غارتگری از خانه بیرونم فرستاد. او تأکید کرد که با آشوبگرهای بیکاره کاری نداشته باشم و در هیچ خرابکاری شرکت نکنم. من‌هم به او قول دادم که خیلی مراقب باشم. همان‌طور که خودش هم گفت ما هنوز نمی‌دانستیم چه اتفاقی افتاده. او صداهایی از بیرون شنیده بود. هر صدایی را او پیش از من می‌شنود و هر بویی اول به مشام او می‌رسد. چه آسودگیِ خیالی برای مردی که با چنین زنی زندگی می‌کند. بعد کنجکاوی‌ش بیش‌تر شده می‌خواسته بیاید توی بالکن از همسایه‌ای

رهگـذری چیزی بپرسـد. امـا همان‌موقع من توی حمام بودم و او نتوانسـته از روی ویلچـرش بلند شـود چفـت درِ رو به بالکن را باز کند. من کـه از حمام بیرون آمدم او گفت «شـنیدی که مردم دارند می‌روند توی فروشـگاه‌های بزرگ و هرچه دلشان می‌خواهـد برمی‌دارند!» پرسـیدم «بدون اینکـه پولش را بپردازنـد؟» گفت «بدون پرداخت یک سکه.» گفتم «پلیس دستگیرشان می‌کند و می‌تپاندشان توی زندان.» گفت «کجای کاری مرد؟ از پلیس دیگر کاری ساخته نیست.» گفت «اگر درِ بالکن را بـاز بکنیم می‌توانیـم از همین‌جا هم صحنه را ببینیم.» صداها در اطراف گوشـم حتـی داخـل ذهنم هنوز درهم و بی‌معنی بودنـد. آن روز فقط یک‌بار از خانه خارج شـدم فقط تا محل تجمع کیسـه‌های زباله. توی راه‌پله یکی از همسـایه‌ها گفت که «پلیـس یک شـخصِ بی‌گناه را توی خیابان کُشـته و الان هم مـردم آمده‌اند یک‌جا جمع شده‌اند و توضیحی برای این اتفاق می‌خواهند.» من خندیدم و گفتم «بالاخره درسـت می‌شـود. نگران نباش.» وقت نداشتم بایستم با او مکالمه کنم و بگویم که این‌جور اتفاق‌ها چیزی نیسـت که من و او از آن سـر دربیاوریم؛ چیزی اسـت بین پلیس و مردم، و مثل همیشـه حل می‌شـود. همسایه با تعجب نگاهم کرد. با خنده از او دور شـدم. زنـم حتـی یک‌بار هم از درِ آپارتمان بیرون نـزده بود اما اطلاعاتش بیش‌تر بود. پرسید «داری درِ بالکن را باز می‌کنی؟» گفتم «بله.» درِ شیشه‌ای رو به بالکن را باز کردم. پشـت صندلی او را هُل دادم. چرخید رو به من خندید. از بالای سـر او می‌توانسـتم کمی از لختیِ سـینه سـفیدش را ببینم. چرخ‌های صندلی را از روی پاشـنه‌ی در پراندم رسـاندم به بالکن کوچک. صندلی را طوری قرار دادم مثل همیشـه که او بتواند آرنج‌هایش را بگذارد بر لبه دیوار بالکن. گفت «یعنی تو واقعاً صـدای مردم را نمی‌شـنوی؟» صدای همهمـه آن‌قدر بلند بود که به خوبی شـنیده می‌شـد. گفتم «یک نوجوان هسـتند با ماجراجویی‌هایشان.» گفت «خوبی‌ش اینه که با دست پُر به خانه برمی‌گردند.» خندید. گفتم «نه به‌خاطر نیازی که دارند بلکه

فقـط بـرای پُز دادن.» اما انگار من چیزی نگفته بودم. او حرف خود را بدون اعتنا به حرف من ادامه داد گفت «و مهم اینه که چیزهای با ارزش به خانه می‌آورند.» گفتم «خدا را شُکر ما دیگر نوجوان نیسـتیم کـه فکر این‌جور ماجراجویی‌ها به سـرمان بزند.» گفت «پیر هم نیستیم».

صـدای هجـوم مـردم بیش‌تـر می‌شـد. اوج می‌گرفـت. قاتـی با صـدای عبور ماشین‌های آتش نشانی، صدای دور شدن آژیر ماشین‌های پلیس و صدای شکستن. زنم چرخید به‌طرفم طوری نگاهم کرد. انگار می‌خواسـت بگوید دوسـتم دارد. یا گفـت؟! مدت‌هاسـت ایـن را به مـن نگفته. لبخند هـم روی لب‌هایش بـود. از آن لبخندها که مدت‌هاسـت بین ما رد و بدل نشـده. گفت اتفاقاً تو از سن خودت هم جوان‌تر به نظر می‌آیی. این حرف او حس خوشحال کننده‌ای در تنم لغزاند. بعد باز سر به‌طرف خیابانی چرخاند که محل حادثه بود و از روی بالکن ما دیده نمی‌شد. نمی‌شود. گفت «خوش به حال دوست دخترهاشان.» پرسیدم «برای اینکه دوست پسـرِ غارتگر دارند؟» زنـم انـگار داشـت با شـخص دیگـری حرف مـی‌زد. گفت «موضوع پول نیسـت.» سـکوت کردم. ادامـه داد «موضوع اینه که طرف لباسـی را می‌پوشد که می‌داند عاشقش به‌خاطر به دست آوردن آن خودش را به خطر انداخته به‌خصوص اگر آن جنس لباسِ زیر باشد.» غش‌غش خندید. گفت «یک چیزی که فقط عاشق و معشوق از آن خبر دارند.» می‌خندید. گفت «مگر نه؟» هیچ نگفتم. خنده‌اش را قطع کرد و آه کشید. گفت «حیف که من نمی‌توانم از این صندلیِ گاییده بیرون بیایم وگرنه می‌رفتم برای تو یک چیزی می‌آوردم که وقتی می‌پوشیش همه‌ی مردانگی‌ت از پشـتش دیده بشـود به راحتی.» می‌خندید و انگشت‌های دستش در تماس با شـلوارم می‌جنبیدند. باز با خنده نگاهی به من انداخت که قبل از مریض شـدنش معنای قشـنگی برای ما داشـت. مرا برد به یاد روزها و شـب‌های دور. بعد دیدیم از جایی همان نزدیکی‌ها دود سیاه مثل مار به خود پیچید و به آسمان رفت.

می‌رفت. اعتراف می‌کنم که ناخودآگاه این فکرِ شوم در سرم گذشت که حالا مأموران پلیس و آتش نشانی به محل آتش گرفته خواهند رفت و تعداد کمی پلیس در خیابان محله‌ی ما باقی خواهند ماند. زنم گفت «مطمئنم که همین‌طور هم هست.» یکه خوردم پرسیدم «چی همین‌طور است؟» گفت «پلیس که نمی‌تواند در یک زمان در همه جای شهر باشد، می‌تواند؟» گفتم «نه، نمی‌تواند.» از بالکن به اتاق برگشتم کفش‌های کتانی‌ام را پوشیدم. صدای زنم پرسید «داری می‌روی بیرون؟» گفتم «زود برمی‌گردم.» این بار با صدای بلندتر حرف زد. انگار می‌خواست همسایه‌ها صدای گفتگوی ما را بشنوند. گفت «پس بالاخره خودت را جمع و جور کردی که بروی شیر بخری.» گفتم «تو چطور می‌توانی فکر مرا بخوانی؟» گفت «چون یک قطره هم توی خانه نداریم.» بلند خندید. یک اسکناس و چندتا سکه روی میز غذا بود. همه را برداشتم ریختم توی جیبم. رفتم یک بوسه‌ی تُند ترسیده از لب‌های او برداشتم. گفتم «پس به‌زودی می‌بینمت.» زیر نگاه او که انگار مرا به تختخواب دعوت می‌کرد از خانه بیرون زدم. توی کوچه نگاهی به بالا رو به بالکن انداختم. زنم با خنده دستی برایم تکان داد. از حرکت لب‌هاش خواندم که گفت عاشق من است. به‌طرف خیابان اصلی رفتم که حالا بچه‌های جوان محله بر آن حکومت می‌کردند. بیش‌تر آن‌ها صورت‌های خود را پوشانده بودند. فریاد می‌زدند. گاه عده‌ای هجوم می‌بردند به داخل فروشگاهی. من با آن‌ها قاتی نشدم. ایستادم لابه‌لای مردم تماشاگر و از دور ماجرا را پاییدم. بوی دود همه جا بود. از لابه‌لای فریادها حرف به‌خصوصی تشخیص نمی‌دادم. متوجه نبودم که چه شده و این بچه‌ها چرا دارند این‌جور به همه‌چیز حمله می‌کنند! صدای زنی در نزدیکی گفت «وقتی نه کار برای جوان‌ها باشد نه آینده خب معلوم‌ست به اینجا کشیده می‌شوند.» صدای مردی گفت «الان پلیس می‌رسد حقشان را می‌گذارد کف دستشان، می‌بینی!» درست گفت. چون یک عده پلیس سوار بر اسب ظاهر شدند.

اما هنوز نمی‌توانستند مردم را از توی فروشگاه‌ها بیرون بکشند. نگاه من به فروشگاه بزرگ لباس فروشی محله بود. فروشگاهی که هر دوسه هفته یک‌بار صندلی زنم را به داخل آن هُل می‌دهم. او لباس‌های زنانه را یک به یک نگاه می‌کند و بعضی‌ها را محضِ امتحان در مقابل آینه روی سینه می‌گذارد و خیره به خود می‌شود. گاه از من می‌پرسد «این چطور است؟» من همیشه می‌گویم «خوب است، خیلی به تو می‌آید.» او لباس را به طرفی می‌اندازد. دیگری را بر تن برانداز می‌کند و در آینه از من می‌پرسد «این یکی چی؟» می‌گویم «بهتر از قبلی است.» او این یکی را هم به کناری می‌اندازد. می‌دانیم که نمی‌خواهیم چیزی بخریم چون ما آن‌قدر پولدار نیستیم. فقط گاهی او لباس زیر از آنجا می‌خرد. می‌گوید این فروشگاه فقط لباس زیر زنانه‌ش ارزش پوشیدن دارد نه هیچ چیز دیگرش. وقتی پلیس‌های سواره توی خیابان بودند من خزیده بودم توی یک کوچه تنگ که ناآشنا بود. همه محل را من مثل کف دستم می‌شناسم ولی متوجه نبودم که از ترس لگد اسب‌ها پناه برده‌ام به یک کوچه بُن بست. وحشت و اضطراب از این که پلیسی بیاید این‌طرف اسب خود را هدایت کند توی این کوچه غریبه. من از پلیس نمی‌ترسم. به زنم نگو لطفاً. از اسب می‌ترسم. بچه‌های توی خیابان هرچه دم دست داشتند مثل سنگ و چوب و بطری خالی پرت می‌کردند به‌طرف اسبها که ترسیده دور می‌شدند. شیشه‌ی بزرگ فروشگاه لباس کی شکسته شد؟ ندیدم. دیدم که یک سوراخ کوچک درست شده وسط شیشه پهناور فروشگاه و آدم‌ها مثل مورچه با عجله هُل می‌خورند می‌روند تو. انگار نه به اراده خود، که به اراده‌ی غریزه از لای سوراخ تازه درست شده فرستاده می‌شوند داخل فروشگاه. سعی کردم مسلط بشوم بر ترسی که بر من غالب بود. لازم نیست زنم این را بداند. نمی‌دانستم دقیقاً کجا هستم و چطور می‌توانم دست و پاهایم را جمع و جور کنم. مردم توی فروشگاه تبدیل شده بودند به سایه‌هایی که هراسان درهم می‌لولیدند. از لحظه‌ای که پوتین آویخته‌ی پلیسی سواره ناگهان جلو

صورتم ظاهر شد آن ترس بر من حاکم شده بود. برای دستگیر کردن من به پیاده‌رو آمد؟ زنی جیغ کشید. مردی با صدای بلند فحش داد. سگی پارس کرد. پلیس توی بلندگو فریاد زد «تکان بخور تکان بخور.» همه در تکان و در تلاش بودند مگر من. مثل دزدی پشت دیواری پنهان شده منتظر فرصت برای گریز از صحنه. اما من نمی‌خواستم پیش از به دست آوردن چیزی که به دنبالش بودم از صحنه بگریزم. تمرکز اصلی نگاهم به سوراخ روی شیشه فروشگاه بود که حالا عده‌ای مثل مورچه‌های درحال فرار از لای سوراخ می‌پریدند بیرون. درحالی‌که بسته‌ای چیزی را می‌تپاندند زیر لباس‌هایشان بعد مثل زن‌های حامله می‌دویدند توی پیاده‌رو. گُم می‌شدند و فکر نمی‌کردند که چند شب بعد پلیس شبانه درِ خانه‌شان را به صدا دربیاورد. من یکی از آن‌ها را که از سوراخ فروشگاه بیرون جهیده بود نشان کردم. هنوز نمی‌دانستم مرد است یا زن. اصلاً خود او به طرف من آمد. دوید از عرض خیابان گذشت آمد به‌طرف کوچه‌ای که من در آن بودم. سرش کاملاً فرو رفته داخل کلاهی که دوتا لبه آویخته در دو طرف داشت. دستمال رنگارنگی که زن‌های کولی را به یادم آورد، چهره او را پوشانده بود. از توی سوراخ که بیرون پرید ایستاد. بار خود را برد زیر بلوز بلند سیاهش و جاش داد و از محکم بودن جای آن مطمئن شد. بعد شروع کرد به دویدن. اول کمی بی‌هدف بر همان پیاده‌رو به این‌سو و آن‌سو دوید. بعد باز ایستاد به اطراف نگاه کرد. پلیسی در نزدیکی او نبود. هنوز تصمیم نگرفته بود به کدام سمت برود. انگار جایی برای رفتن نداشت و یا انگار جهت خانه خود را گُم کرده بود. بالاخره از عرض خیابان گذشت. آمد پیچید توی کوچه‌ی من و ایستاد. به من نگاه کرد. پرسیدم «چی داری؟» با علامت سر به زیر لباس او اشاره کردم. یکهو لبه بلوز را بالا زد و نشانم داد که چه دارد. بسته‌ها را ماهرانه زیر لباسش جا داده بود. گفت «می‌خری؟» لابه‌لای خرت‌وپرت‌هاش چیزی را هم داشت که من به دنبالش بودم. لباس زیر زنانه، از همان فروشگاهی که زنم دوست می‌دارد.

فوری اسکناسم را درآورده نشانش دادم. به علامت نه کله‌ی خود را به این‌سو و آن‌سو تکان داد. سکه‌ها را هم درآوردم. پاهای اسب گریزانی از سر کوچه تُند گذشت. من و زن هردو ترسیده چسبیدیم به دیوار. پاهای اسب قهوه‌ای کثیف و عصبانی بودند. زن پول‌های مرا از توی دستم قاپید و مقداری از شورت‌ها را از زیر پیرهنش انداخت جلوی پای من و دوید به‌طرف عمق کوچه. می‌خواستم بگویم کوچه بُن بست است. شاید هم گفتم اما او صدایم را نشنید یا حرفم را نفهمید، دوید رفت. من‌هم بسته‌هایم را برداشتم و از کوچه بیرون دویدم. هنوز دور نشده بودم که فکر کردم باید شماره اندازه شورت‌ها را نگاه می‌کردم، پیش از آن که پول را به زن داده باشم. بهرحال حالا نگاه کردم. در مجموع سه تا بسته‌ی سه‌تایی بود. یکی از بسته‌ها شماره دوازده، درست همان که می‌خواستم بود اما دوتای دیگر نمره چهارده بودند. دو شماره بزرگ‌تر از آنچه مورد نیازِ من، مورد نیازِ زنم بود. اول تصمیم گرفتم با همان‌ها به خانه بروم ولی بعد فکر کردم اگر زنم برای آوردن لباس زیری که دو نمره بزرگ‌تر از اندازه‌ی بدن اوست، موضوعی که آن‌همه برای او مهم است، مرا سرزنش کند، من در مقام یک شوهر عاشق چه جوابی دارم بدهم؟ دو شماره اضافه کردن به اندازه واقعیِ لباسِ زنی، اشتباهی است که به سختی بخشیده می‌شود. به خود گفتم حالا که من قدم‌هایی عاشقانه‌ی چنین ترسناک برای نشان دادن عشقم به او برداشته‌ام بگذار درست و کامل برداشته شوند بدون کم و کاستی. پس آن تصمیم احمقانه را گرفتم. دوروبَر فروشگاه خلوت شده بود. مردم هجوم برده بودند به فروشگاه‌های دورتر و پلیس هم در تعقیب آن‌ها بود. عرض خیابان را نمی‌دانم چگونه طی کردم که آن موتورسیکلت مرا زیر نگرفت. فقط دیدم یک هیولا به‌طرفم می‌آید و من کاری نمی‌توانم بکنم جز ایستادن بدون هیچ تکانی. بعد، از تونل وحشتی به تونل وحشت دیگری پرتاب شدم و یا خود با تنِ خود در آن‌ها خزیدم. آرزو کردم چند نفری غیر از من هنوز توی فروشگاه باشند، ندیدم. نبود. زمین پوشیده از لباس‌های جوربه‌جور

بـود. چـاره‌ای نبود جز دویدن روی پارچه‌های نرم لغزنده تا رسـیدن به آنجا که من می‌شناختم. در عمق فروشگاه ردیف لباس زیر زنانه. این بار باید خم می‌شدی رو به زمین دنبال جنس مورد نظرت می‌گشتی. آن‌هم در روشنی‌های کم‌رنگ. چشمان من لابه‌لای آن‌همه رنگ به دنبال دیدن شماره دوازده بودند، و سرانجام پس از تلاش زیاد در اضطراب، دیدند. از تنوعِ رنگ‌ها آن‌ها را می‌شناختم و از تور سفیدی که دور تا دورشان دوخته شده بود. بسته‌ها بیش‌تر از دوتا بودند باور کن. این را به زنم نگو. من فقط دوتا بسته‌ی شماره دوازده برداشتم و آن دوتا بسته‌ی شماره چهارده خودم را انداختم روی بسـته‌های دیگرِ روی زمین. وقتی بسـته‌های دلخواهم را بغل کردم با رنگ‌هـای سـفید، فیـروزه‌ای و صورتـی، پرت شـدم به آغـوش زنم بـا نوازش‌های دست‌های گوشتالودش. لازم نیست این را به او بگویید. نمی‌توانستم از جای خود برخیزم چون داشتم می‌آمدم و همزمان داشتم جلوی آمدن خود را می‌گرفتم. سخت بود و مقاومت زیاد می‌خواست ایستادن در مقابل آن‌همه لذتِ ناگهانی که به تمام رگ‌هـای بدنـم دویـده بـود. لذتـی کـه حـالا در آن فروشـگاه درهـمِ آشـوب‌زده نمی‌خواستمش و داشتم به زور آن را از خود دور و دفع می‌کردم. چون می‌خواستم تـوان مردانگـی‌ام را حفـظ کنم برای وقتی کـه در منزل پیش زنم هسـتم. بهترین راه مقابله با آن ناگهان برخاسـتن بود. ناگهان برخاسـتم، با سه بسته‌ی شماره دوازده که هر بسـته سـه عدد شورت داشـت. دزدانه از فروشـگاه بیرون خزیدم غافل از آن که عکس‌هایم که مرا به وضوح نشان می‌دهند در تمام زاویه‌های فروشگاه ماندند.

خب سـر و صورتم را نپوشـاندم چون نمی‌خواسـتم توی خیابان به عنوان یکی از غارتگرها دیده بشوم. فقط خلافکارها خودشان را پشت نقاب پنهان می‌کنند. من خلافکار نبودم. نیسـتم. حالا هم نگران خودم نیسـتم. قول بدهید که پای زنم را از این ماجرا بیرون می‌کشید لطفاً. چون آن لباس زیر اصلاً به درد او نخورد. من اشتباه کـردم. در انتخـاب اندازه‌ی آن‌ها اشـتباه کردم؛ وقتی که مطمئن بـودم دارم اندازه‌ی

درست را انتخاب می‌کنم. بسته‌ام را در یک کیسه پلاستیک آبی‌رنگ بی‌هویت گذاشتم و آن را مثل یک چیز خریده شده معمولی در دست گرفته راه رفتم. دوتا پلیس مرد توی پیاده‌رو در مقابلم ظاهر شدند. پیش از آن که به آن‌ها برسم پیچیدم توی یک گاراژ که برای غریبه‌ها مثل یک کوچه معمولی است اما کوچه نیست. از داخل گاراژ می‌توانی بروی توی راه‌پله متروک که پنجره‌ای رو به خیابان دارد. وانمود کردم خانه‌ام در آنجاست. رفتم داخل و از پشت پنجره بیرون را پاییدم تا پلیس‌ها بروند. دور شوند. دهانه آن کوچه بُن بست را دیدم. دوتا پلیس دویدند رفتند توی کوچه به‌سوی تاریکی. من از مخفیگاه بیرون آمدم و باز در خیابان بودم که داشت خلوت‌تر می‌شد. عرض خیابان را طی کردم. در پیاده‌روی مقابل از لابه‌لای مردم طوری گذشتم انگار با همه‌ی ماجرا کاملاً بیگانه‌ام. باز باید از مقابل دهانه آن کوچه باریک می‌گذشتم. زنی که به من جنس فروخته بود هراسان از عمق کوچه پیش دوید. قدم‌هایم را تندتر کردم. دوتا پلیس به‌سوی کوچه یا به‌سوی او دویدند. دستمال خوش‌رنگ از روی صورت زن پایین افتاده بود. داشت گریه می‌کرد؟! با دیدن پلیس‌ها باز دوید برگشت به عمق کوچه. دور شدم از هیاهو به خانه رفتم. زنم در تنهایی خودش را از توی ویلچر کشیده بود روی تختخواب. من مثل جوان مُشت‌زنی که بازی را برده و حالا با صورت پُر از زخم اما پیروز به خانه‌ی معشوقه آمده پا توی خانه گذاشتم. ملافه روتختی هم عوض شده بود. او در سکوت به بسته توی دستم نگاه کرد بعد نگاهش را بالا کشید و به چشمانم لبخند زد. پیدا بود در مدتی که من از خانه بیرون بودم او مشغول آرایش چهره‌اش بوده. لب‌های صورتی‌اش بی‌آنکه صدایی در بیاورند نام مرا تکرار کردند. لب‌هایی که قرار بود به‌زودی روی سینه لخت من حرکت کنند و لذتی را که مدت‌هاست در خانه ما گم شده بار دیگر بازپس بیاورند. نگاهم به‌سوی شکاف بین دو سینه سفیدش، قدم به‌سوی او برداشتم. دست‌هایش را باز کرد. خودم را به آغوشش انداختم. بسته‌ها

از دستم ول شدند افتادند پشت سر او روی تختخواب. مرا بوسید گفت «نگرانت بودم.» با صدای لرزان گفتم «نمی‌دانستم هنوز دل و جرئت سابق را دارم.» گفت «داری.» همه‌ی خودم را ول کردم روی ران‌هایش. او چرخید و بسته‌ها را با خنده برداشت. پشت خود را ولو کرد روی تختخواب. نیمی از تن من هنوز روی تن او بود. او دراز کشیده رو به سقف، روی بسته‌ها را نگاه کرد. یکهو سعی کرد خیز بردارد بلند شود نتوانست. پرسیدم «چه شد؟» گفت «این‌ها که همه‌شان نمره دوازده هستند.» صدایش خشک و خش دار، به تک سُرفه‌ای نیاز داشت. گفتم «همان اندازه‌ای که تو می‌پوشی.» گفت «من شماره چهارده می‌پوشم.» ضربه‌ای از کجا به سرم کوبیده شد. برخاستم از تخت پایین پریدم. گفتم «اتفاقاً من‌هم توی شک بودم. اما همین هفته گذشته که خواهرم اینجا بود و شما داشتید درباره همین چیزها با هم حرف می‌زدید، تو به او گفتی که نمره لباس زیرت دوازده‌ست.» زنم گفت «این چیزی بود که من به خواهر تو گفتم نه به خود تو.» گفتم «من مشغول آشپزی بودم که شنیدم، پس نباید می‌شنیدم.» گفت «اما تو می‌دانستی که نمره لباس زیر من چهارده‌ست.» گفتم «من آن روز خیال کردم تو داری به خواهرم واقعیت را می‌گویی.» گفتم «شنیدم که او با تعجب کشیده پرسید واقعاً؟!» زنم به طعنه گفت «نه اینکه خواهر تو درباره زندگی خودش و شوهرش واقعیت را به ما می‌گوید!» مکث کرد. باز گفت «او هم درباره بعضی چیزهای خصوصی‌اش به ما دروغ می‌گوید. البته که می‌گوید.» گفتم «اما من نباید می‌شنیدم.» گفتم «اصلاً چرا باور کردم؟» گفتم «باور کردم چون شنیدم!» سکوت. بعد صدای پرت شدن کیسه‌ها بر زمین اتاق، و صدای زنم که آرام و تلخ گفت حالا کمکم کن برگردم به ویلچرم لطفاً.

لندن، ۲۰۱۱

قربانی

آن‌ها بالاخره من را می‌کشند. در یکی از روزها یا هفته‌های آینده. شاید در همین سلول. شناخته‌شده‌ترین محلِ خودکشیِ زندانی. من را هم می‌کشند. مأموریت‌هایم تمام‌شده. آن‌ها فکر می‌کنند که من از شغلم خسته شده‌ام. خسته شده‌ام؟ نشده‌ام. من چیزی به کسی نگفته‌ام، اما آن‌ها داخلِ وجود تو را با خیره شدن به چشم‌هایت می‌خوانند. خواندند داخل چشم‌هایم را، پس کارم تمام است. آن‌ها مرا می‌کشند. چیزهایی می‌دانم که نباید. اگر به آن‌ها ثابت می‌توانستم بکنم که همه چیز را فراموش کرده‌ام. اگر دستگاهی بود که سرم را از آن می‌گذراندند و حافظه‌ام را از هرچه توی آن بود خالی می‌کردند. خالی بدون هیچ. حتی بدون هرچه از عملیات آخر بود. هست. نه نباید بهانه می‌آوردم. چه احمقانه خودم را لو می‌دهم «حاجی دخترم مریض است.»

«تو دلواپس دخترت نباش سید، او را همراه مادرش بفرست مریضخانه، ما هم یکی از بچه‌ها را می‌فرستیم اونجا به زنت کمک کند، کدام مریضخانه؟»

«اجازه بدهید با زنم تماس بگیرم اسم مریضخانه را بپرسم.»

حاجی یک نگاه ترسناک فرومی‌کند داخلِ عمق چشم‌هایم «ترسیده‌ای سید.»

«نه، من؟ هرگز.»

می‌گوید «خدمت به مردم نباید ترس به دل خدمتگزار بیندازد، آن‌طور که خدا و

رسولش گفتند.»

«بله.»

با یک تکه آهن در جیب کتم می‌نشینم پشت موتورسیکلت طالب. محل مأموریت در قبرستان شهر جایی که مردم جسد یکی از دختران را که در خیابان کشته‌شده به خاک می‌سپارند. چند تا مرد و زن همکارِ من هم لای جمعیت هستند که عکس و فیلم امنیتی از محل تهیه کنند. مأموریت من کشتن یک مردِ همکار با یک ضربه‌ی آهن. فقط یک ضربه. من با ماسکِ ضد کوید و کلاه پشمیِ تا پیشانی پایین، دستکش‌هایم را می‌پوشم و قاطی جمعیت می‌شوم و کارم را به‌موقع با دقت انجام می‌دهم. اسم قربانی زینال است. لابه‌لای جمعیت او را پیدا می‌کنم. قبلاً همدیگر را در پایگاه دیده‌ایم و گاهی هم دور میز نهار روبه‌روی هم نشسته‌ایم. تازه‌کار است. دستم در جیب کتم آهن را محکم گرفته. پشت سر او هستم. قبل از ضربه، او سر می‌چرخاند نگاهی به چشم‌های من می‌اندازد. چشم‌ها همدیگر را شناخته‌اند، چشمان او لبخند می‌زنند، من ضربه را تُند و با احتیاط طوری که کسی متوجه نشود به سر او می‌کوبم. لبخند بر لب‌های او می‌ماسد. افتادنش را نمی‌بینم، به‌سرعت برگشته‌ام و پریده‌ام پشت موتورسیکلت طالب. صدای جمعیت بارِ دیگر اوج می‌گیرد، من دور شده‌ام. حاجی می‌گوید یک هفته بمان توی منزل پیش زن و بچه‌ات استراحت کن. وارد آپارتمان که می‌شوم دخترم با پیرهن کوتاه و پاهای لخت ایستاده با وحشت به من نگاه می‌کند. ترسیده، خیره به چشم‌هایم. زنم می‌پرسد «آمدی.» می‌گویم «باید حمام کنم.» می‌گوید «من برایت حوله می‌آورم.» می‌پرسم «این بچه از چه اینجور ترسیده.»

«غذا نمی‌خورد، پوشک نمی‌پوشد، بی‌جهت هی جیغ می‌کشد.»

«خب بگذار آزاد باشد.»

خودم را زیر دوش می‌شورم. بچه جیغ می‌کشد. نه! من با بالاتنه‌ی لخت و پایین‌تنهی

پوشیده لای حوله، در کُنجی از اتاقِ نشیمن، کنار دیوار به پشت دراز می‌کشم. زنم می‌پرسد «چرا نمی‌روی توی اتاق‌خواب.» می‌گویم «همین اینجا راحت‌ترم.» راحت‌ترم؟ از تنهایی می‌ترسم. صدای زنم و دخترم به من آرامش می‌دهد. آرامش که ندارم اما از وحشت تنهایی بهتر است. دل‌خوشم که یک هفته توی خانه می‌مانم اما پیام روز بعد حاجی مرا به پایگاه می‌کشاند.

«انگار شناسایی شده‌ای سید.»

«حالا چکار باید بکنم؟»

«چیز مهمی نیست. فقط برای حفظ امنیت خودت بهترست چند روز اینجا باشی.»

«همین‌جا؟ چند روز؟»

«همین‌جا که نه. طول نمی‌کشد.»

مرا می‌فرستد به این سلول انفرادی. جایی که بعد از گذشت یک هفته تنهایی و دوری از زن و بچه‌ام مطمئن شده‌ام که ایستگاه آخر است. سه مرد جوان به جُرم کشتن زینال دستگیر و محکوم به اعدام شده‌اند. روزنامه‌ها عکس‌هایشان را چاپ زده‌اند. عکس مرا اما هنوز چاپ نزده‌اند. شاید هرگز چاپ نزنند. چه لازم است که مردم بدانند من که هستم، که بودم. خبر دستگیری‌ام هم منتشر نشده. معلوم نیست به همسرم چه گفته‌اند. که من کجا هستم و جرمم چیست. جرم آن زندانی که سال گذشته توسط من و طالب سربه‌نیست شد دشمنی با نظام بود. زینال دشمن نظام نبود، من هم نیستم. اما برای آن‌ها مهم نیست زینال و من درباره‌ی نظام چه فکر می‌کنیم، مهم این است که نظام درباره‌ی ما چه فکر می‌کند. جُرم مهم نیست. هر شخص مجرم است اگر لازم باشد. مهم این است که چه کسانی باید بمیرند تا چه کسانی زنده بمانند. من هم به همین جرم می‌میرم و به همان شیوه. طالب که در عملیات علیه آن مرد دستیار من بود، حالا فرمانده عملیات علیه من است و یک مرد جوان دستیار او. طالب با لگد درِ سلول انفرادی را باز می‌کند. من با صدای بلند

می‌پرسم «در چه حالی مستر؟» زندانی از روی پتوی خاکستری که تنها کف‌پوش سلول است بلند شده ایستاده در سکوت به ما نگاه می‌کند.

«خودت را جمع‌وجور کن که بالاخره وقت آزادی رسید.»

زندانی ناباور و وحشت‌زده نگاهش می‌پرد از من به طالب و برعکس. دست زنم یک بالش کوچک هُل می‌دهد زیر سرم. صورتم را از طرف دیوار برمی‌گردانم به‌طرف اتاق. با چشم نیمه‌باز پاهای دخترم را می‌بینم که ایستاده شاید به من نگاه می‌کند. نگاهِ ترسیده مثل نگاه زندانی؟

«شما می‌خواهید مرا بکشید.»

«بیارش بیرون.»

«بیا بیرون.»

صدای خشن طالب به آن مرد یا به من؟

«با ملافه طناب دار مرا به سقف حمام آویزان کرده‌اید.»

«زن و بچه‌ات بیرون منتظرند.»

دروغ می‌گویی؟

«به‌زور بکشش بیرون.»

طالب متخصص درست کردن طناب دار با ملافه است؛ مخصوص خودکشی کردن افرادی که باید خودکشی کنند. طالب و دستیارش مرا از سلول بیرون می‌کشند.

«بابا خسته‌ست، مزاحمش نشو.»

«بابا اجازه می‌دهی روی کمرت راه بروم؟»

دخترم دیده گاهی که برادرم حسین به اینجا می‌آید پشت مرا ماساژ می‌دهد و کمی هم روی کمرم راه می‌رود.

«بله بابا.»

دو دست کوچک روی پوست کمرم حرکت می‌کنند. بعد دخترم به‌زحمت می‌رود

بالا و دست به دیوار گرفته روی کمرم راه می‌رود. وزن او را حس نمی‌کنم؛ فقط جابه‌جایی پاهایش را حس می‌کنم که نرم حرکت می‌کنند روی پوست تنم. پوست تنم خراشیده می‌شود به دیوار سلول وقتی دستیارِ طالب یقه‌ی مرا می‌گیرد و بیرونم می‌کشد. او را قبلاً ندیده‌ام. یک مرد جوان قوی‌هیکل که من توان مقاومت در برابر او را ندارم. آن زندانی هم توان مقاومت در برابر خشونت طالب را ندارد.

«داد نزن مرد، فقط یک حمام ساده‌ست.»

طالب کارش را خوب بلد است. با یک حرکت تند غافلگیرکننده سینه و صورت زندانی را به دیوار سلول می‌چسباند و می‌خراشد و من از پشت به دست‌های او دستبند می‌زنم. او را به حمام می‌بریم. آنجا که طالب طناب ملافه‌ای دار را از سقف اتاق آویزان کرده. مقاومت‌ها بی‌فایده است. بالاخره طناب به گردن انداخته می‌شود. به طالب نگاه می‌کنم، مرا نمی‌شناسد. برای او یک قربانی غریبه‌ام که هرچه زودتر باید بمیرد. او از یک سو سرِ ملافه را محکم در دست‌هایش گرفته و دستیار او پاهایم را با دو دست چسبیده. با دست‌هایم کاری نمی‌توانم بکنم چون به دستبند گرفتارند. دستیار طالب پاهای مرا از روی زمین حمام بلند می‌کند می‌گذارد روی یک سطل که به پشت روی زمین است. طالب ملافه را بیشتر می‌کشد. او را نمی‌بینم چون پشت سر من است. هنوز زنده روی سطل ایستاده‌ام.

می‌پرسم «حاضری طالب.»

«حاضرم سید.»

«پس بزن.»

طالب لگد به سطل می‌زند. صدای غلتیدن سطل. چشمان زندانی درشت می‌شوند و رنگ پوست صورتش تیره. دیگر حرکت پاهای دخترم را حس نمی‌کنم. پاهای زندانی مدتی در هوا سرگردان به هر طرف می‌چرخند، دنبال جایی که روی آن قرار بگیرند، اما می‌دانم کار تمام است و دیگر جایی نیست که پاهایم روی آن

قرار بگیرند. مایع سوزنده‌ای روی کمرم ریخته می‌شود. پوستم را می‌سوزاند. توان گریختن از آن‌همه سوزش را ندارم ندارم. شُره‌ی آتش روی کمرم و داخل همه‌ی وجودم.

پالتو

چلچراغ درست بالای سرمان بود و نور مستقیم برمان می‌پاشید. سلیم هر لحظه سر بلند می‌کرد و به آن نگاه می‌انداخت. انگار از افتادنش وحشت داشت و من هم گاهی تا فکرش را می‌کردم ناخودآگاه خودم را آن‌طرف‌تر می‌کشیدم.

اگر می‌خواستیم که زیرش نباشیم باید میزمان را عوض می‌کردیم اما مستی چنان در ما افتاده بود و نرمیِ صندلی‌ها چنان گرفته بودمان که دلمان نمی‌خواست حتی خیزی هم برداریم.

سلیم روبه‌رو نشسته بود و سردر کاسه‌ی دست‌ها داشت، انگشت کوچك را دراز می‌کرد و به سبیلش می‌کشید. سالن روشنِ روشن بود. تخم چشم‌های سلیم از مستی به سرخی می‌زدند.

خسته شده بود. سرش را ناگهان کج کرد و صدای جابه‌جا شدن استخوان‌هایش سکوت بین‌مان را شکست.

کافه داشت خلوت می‌شد و گارسون‌های یونیفرم‌پوش از تك و دو افتاده بودند اما سعی می‌کردند همانطور چابکی اول شب‌شان را داشته باشند.

گاهی یکی‌شان رو بر می‌گرداند و خمیازه می‌کشید، بعد دوباره پاپیونش را مرتب می‌کرد. چندتا از گارسون‌ها سیاه بودند، کتشان سرخ بود. ازدحام دود سیگار

را در روشنایی چراغ بهتر می‌توانستی ببینی. صدای خنده از هر صدایی بلندتر بود و نوای آهسته موزیك را که ترومپت اصیل آمریکایی بود، در خود گم می‌کرد و ما مضطرب و ترسیده بودیم.

سلیم گفت: «چطوری تو؟»

گفتم: «خوشه خوش، تا حالا اینجوری نگرفته بود.»

«بازم بگم بیاره.»

اما من خندیدم.

«نه دیگه. کاهدون که مال خودمونه»

گفت: «گور پدر صاب کاهو صاب کاهدون. بگم؟»

و من پنجه در موهایم کردم: «دست وردار سلیم».

هوای سالن گرم بود. پالتوها و بالاپوش‌ها به جارختی آویزان بودند: پالتوی سلیم هم بود. برگشتم و نگاهش کردم. تا به زمین می‌رسید. کلفت بود و خط‌های باریك و سفیدی بر زمینه‌ی خاکستری داشت، بایقه‌ای پهن که در پایین از دو طرف شیار عمیق می‌خورد و به پالتو پوستی جفت شده بود.

پالتوی سلیم به پالتوی مردهای دیگر می‌رسید اما موهای درهم سلیم مثل موی هیچ مردی در آن کافه نبود. موهایش ریخت و پاش بود و تا به پیشانی‌اش می‌رسید. اول شب که پالتو را تنش دیدم، تعجب کردم و خنده‌ام گرفت. خیلی بلند بود و اصلاً بر تن سلیم نمی‌نشست.

گفتم: «از کجا؟»

گفت: «چکار داری. فقط برای امشب».

میزها داشتند یکی یکی خالی می‌شدند و دیگر کسی جایشان را پر نمی‌کرد. با این همه هنوز میز پر زیاد بود. من و سلیم هیچ‌کدام پولی نداشتیم و من خیالم راحت نبود. سلیم فقط پنج تومن داشت. کم کم باید راه می‌افتادیم چون اگر

خلوت‌تر می‌شد ممکن بود بفهمند.

گفتم: «اول کی بره؟»

سلیم لبخند زد «توبرو.» سیگاری دیگر آتش زدم و کبریت سوخته همان‌جور روی گل‌های رومیزی ولو شد. اگر روبه‌روی آینه بودم سرخی گونه‌ام را حتماً می‌دیدم و لرزش گوشه‌ای از پوست صورتم را در زاویه‌ی بینی‌ام.

آخرین لیوان را هم جرعه جرعه سر کشیدم. تلخی عرق بریده بود و من تکه خیارشوری هم توی دهانم نگذاشتم. دستشویی بیرون از سالن بود. از پیش صندوق‌دار که می‌پیچیدی، توی راهرویی می‌افتادی که دیگر هیچ نگاهی دنبالت نبود و دربان هم که جز تعظیم‌کردن کار دیگری نداشت. تعظیمش را می‌کرد و انعامش را می‌گرفت.

وقتی داشتم می‌رفتم بلند شد، در را باز کرد، تعظیم کرد و من بدون انعام بیرون زدم. باران تازه باریدن گرفته بود و خیابان را خیس می‌کرد. مهتاب نمی‌تابید و خیابان سیاه بود. باران ریز می‌بارید. قدم‌های پر لرزشم مرا به زور می‌کشیدند و در زانوهایم سستی بود. ترس، سوز سرما و مثانه‌ی پر، هرسه بر من فشار می‌آوردند. تك و توك نور ماشینی در خیابان پخش می‌شد و آسفالت را براق می‌کرد. آهسته آهسته قدم‌ها را گشادتر می‌کردم. به آن ور خیابان که رسیدم خودم را به نرده‌ها چسباندم. سرد و خیس بودند. ریه‌هایم را از نفس محبوس خالی کردم. مثانه هنوز زور می‌آورد. صورت به نرده نهادم. بوی آمونیاك و آبجو همراه نفسم شد.

از کافه فقط درش پیدا بود و نئونی که در سه ضلع در حاشیه بود و هی روشن خاموش می‌شد و در هر ضلع یکرنگ داشت. سرخ و سفید و سبز روشن که می‌شد پرچم درست می‌کرد. سفید در وسط بود.

دست‌هایم را توی جیب چپاندم و منتظر سلیم شدم. باد سردی به سینه‌ام می‌کوفت. یقه‌ی کتم را بالاتر کشیدم و به گوش‌هایم دست مالیدم. دو تکه گوشت

یخ‌زده بودند. قدم زدم. تا ته نرده‌ها رفتم و برگشتم. بار دوم قدم‌هایم را شمردم. روی جدول راه رفتم. بالاخره سلیم از کافه بیرون زد. سر به تو داشت و دست‌هایش توی جیب شلوارش بود. خیلی عادی رفتار می‌کرد. وقتی که دربان در را برایش باز کرد، او برگشت و یك چیزی به دربان داد. لحظه‌ای ایستاد و دست‌هایش را از هم باز کرد و به سینه کوفت. انگار صورت‌حساب را پرداخته بود. من از پشت دو ردیف نرده که با هم زاویه ساخته بودند نگاهش کردم و دیدم که درست وسط پرچم، جلوی دربان ایستاده بود. برگشت و برای دربان دستی تکان داد و به طرف نرده‌ها سرازیر شد.

قدم‌هایش را تندتر می‌کرد و من حالش را می‌دانستم. خودم را عقب‌تر کشیدم و نئون پشت ستون گم شد. صورت سلیم پر از خنده بود. تلوتلو می‌خورد و نزدیك می‌شد، وقتی رسید، نگاهی به دور تا دور انداخت، با ذوق گفت «من یکی که خواهر بورژوازی رو...» در صدایش لرزشی بود. هردو خندیدیم و او دست به دور گردنم انداخت.

«چی شد سلیم. ندیدنت؟»

«نه بابا. یارو سرش توکار خودش بوده.»

«نه بابا» را با آرواره‌ی شل‌وول کشید. خندیدم: «همش تو فکرت بودم.» خودش را جلوتر آورد و شانه‌ی چپش پیش افتاد.

گفت: «بریم. اما حسابی به‌شون انداختم‌ها.»

تاریکی و سرما هردو بر ما هجوم داشت. راه افتادیم. پاهایمان را می‌کشیدیم و سلیم همینطور حرف می‌زد.

«یه عمره اونا دارن به ما می‌ندازن، بذار یه شب هم ما به اونا...» و زد زیر آواز. کلمات نامفهوم بودند. دست به نرده‌های شهرداری کشیدیم. حالا باران تندتر می‌بارید و سایه‌بانی هم نبود که زیرش بایستیم. سلیم به مستی می‌خواند و به مستی سر تکان می‌داد. صدایش سکوت خیابان را می‌شکست. ما پیروز می‌رفتیم. عرق

مفتی. ضربه به بورژوازی!

ساعت از دوازده می‌گذشت و اگر پاسبانی آن‌طرف‌ها پیدایش می‌شد، که نشد، حتماً چیزی به‌مان می‌گفت. دکان‌ها همه بسته بودند و ما خود را به پای آن‌ها می‌رساندیم. باران اُریب می‌بارید و یك متری جای خشك در کنج دیوار بود.

سلیم آوازش را قطع کرد. «فردا شب می‌ریم یه کافه دیگه.» و دوباره خواند و دوباره قطع کرد. «چهار هزاروسیصدوشصت ریال». سر سوی کافه بر گرداند و دست راست را حواله داد. برگشت و پنجه در پنجه‌ام فرو برد. «لااقل عرقشونو که می‌تونیم سر بکشیم.»

در پیچ بانك پیچیدم و افتادیم توی خیابان زند. راه طویلی در پیش بود. ناطوری چوب به دست گشت می‌داد. پالتوی سربازی پوشیده بود و پالتو به تنش گشاد بود. پیرمرد با کنجکاوی نگاهمان کرد. کنج دیوار، از دهانه‌ی پیت حلبی، آتش کم‌سوزی می‌سوخت.

گفتم «حقه شونه»

سلیم درحالی‌که از سرما به خود می‌لرزید، دست روی شانه‌ام داشت و به کلماتی که خودش می‌ساخت ریتم می‌داد. مسجد و کلیسا بغل هم بودند و ما از هردوشان با مستی گذشتیم. صلیب انگار چسبیده به گلدسته بود و نور چراغ‌هاشان در هم آمیخته بود. سوز از سمت شمال می‌آمد و باد در چهارراه می‌پیچید.

گفتم «با تاکسی بریم؟»

گفت «پولو دادم به دم دریه»

پوزخندی زدم. خیلی راه باید می‌رفتیم. چراغ سرخ بود و من جلوتر از سلیم راه افتادم. کفش‌هایش را بر زمین می‌کشید و صدای خرتوخرت‌شان را در می‌آورد.

گفتم «پس تند بیا».

یقه‌ی کتم را چسبیدم و دویدم. سلیم دوباره آواز خواند. این بار «مرا ببوس» را با

صدای بلند می‌خواند. نگاهش کردم. حواسش به آوازش بود و دست به پایه‌ی چراغ گرفته بود. گفت «کجا داری اینقدر تند میری؟». گفتم «لااقل بریم زیر ایستگاه». شانه‌هایش را بغل گرفت.

«ای خدا تو... چقدر سرده»

«خوب پالتوتو بپیچون دور خودت».

و چند قدمی جلو رفتم. دوباره نگاهش کردم. زانو زده و زیر باران نشسته بود. به طرفش رفتم.

«چته؟»

سر بلند کرد و پوزخندی زد: «پالتو!»

پالتو تنش نبود و روی جارختی کافه جامانده بود. ژاکتش خیسِ خیس می‌شد و پناهی جز سایه‌بان ایستگاه نبود.

آبادان، ۱۳۵۸